抗洪精神耀曙光之文字集

铸油魂
峰头浪尖
中共辽河油田曙光采油厂委员会 ⊙ 编

石油工业出版社

图书在版编目（CIP）数据

峰头浪尖铸油魂：抗洪精神耀曙光之文字集／中共辽河油田曙光采油厂委员会编. —北京：石油工业出版社，2022.12
ISBN 978-7-5183-5836-6

Ⅰ.①峰… Ⅱ.①中… Ⅲ.①采油厂-抗洪-救灾-史料-盘锦 Ⅳ.①D632.5

中国版本图书馆CIP数据核字（2022）第255052号

峰头浪尖铸油魂：抗洪精神耀曙光之文字集
中共辽河油田曙光采油厂委员会　编

出版发行：石油工业出版社
　　　　　（北京市朝阳区安华里二区1号楼 100011）
网　　址：www.petropub.com
编 辑 部：（010）64523714　图书营销中心：（010）64523633
印　　刷：北京晨旭印刷厂

2022年12月第1版　2022年12月第1次印刷
710毫米×1000毫米　开本：1/16　印张：29.5
字数：380千字

定　价：108.00元
（如发现印装质量问题，我社图书营销中心负责调换）
版权所有，翻印必究

编 委 会

主　　任：辛向忠　周　鹰
副 主 任：郭世磊　许林祥　王　强　孔凡峰　郎宝山
　　　　　董绍刚　刘奇鹿　石　刚　孙绍彬
主　　编：刘　力
副 主 编：张舒宁　王琪皓　王　野　杨　川　姜旭沐
编　　辑：牛　迟　廉宇飞　阎早霞　高　伟　张　良
　　　　　王　琳　谢　丽　刘雪晴　孙晨茜　谢武娇
　　　　　王海英　吴尚颖　柳转阳　王全仓　孙骥壮
　　　　　刘　阳　高　沣　程　乐　齐庆鹏　潘　晶
　　　　　王　越　贾　爽　姬红莉　周忠可　王大玮
特邀编辑：陈允长　孙洪洲　杨晓华　赵　伟　季玉琪

一幕幕心潮澎湃的瞬间

一幅幅感天动地的画面

一个个感人肺腑的故事

都是辽河人无比珍贵的精神财富

——谨以此书献给所有为曙光采油厂抗洪复产付出心血和汗水的人们!

代　序

艰难方显勇毅　磨砺始得玉成
——在油田抗洪复产表彰大会上的讲话（题目为编者所加）

辽河油田公司执行董事、党委书记　李忠兴

在油田上下深入学习宣传贯彻党的二十大精神之际，我们召开油田公司抗洪复产表彰大会，以党的二十大精神为指引，深入学习贯彻习近平总书记在辽宁考察时的重要讲话精神，总结抗洪复产经验成果，表彰先进典型，动员激励广大干部员工大力弘扬伟大建党精神、石油精神和大庆精神铁人精神，继续保持昂扬斗志和奋进姿态，攻坚克难、苦干实干，一步一个脚印推动各项工作快落地、真落实、早见效，为全面打赢年度工作收官战、全力推动油田高质量发展而团结奋斗。

刚才，我们共同观看了抗洪复产纪录片，一起聆听了受表彰代表的交流发言和青年代表的精彩演讲，表彰了先进单位、先进集体和先进个人。相信大家此刻的感受和我一样，既对今年抗洪复产历程记忆犹新、历历在目，又为这些先进典型事迹深深感动、倍受鼓舞，我们在党的旗帜下团结成"一块坚硬的钢铁"，心往一处想、劲往一处使，一幕幕心潮澎湃的瞬间、一幅幅感天动地的画面、一个个感人肺腑的故事，都是辽河人无比珍贵的精神财富。在此，我代表公司党委和油田公司，向受到表彰的集体和个人表示热烈祝贺！向所有经历这场大战大考的参与者、奋斗者、奉献者表示衷心感谢，并致以崇高敬意！

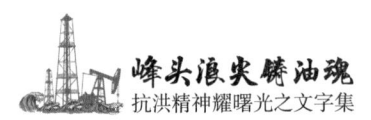

6月下旬以来，流经油区的5条河流汛情齐发，又受到海潮袭击，油田主力生产区域连续遭受三轮洪峰冲击，特别是绕阳河发生1951年以来最大洪水，数千井站及设备被迫停运，近万吨原油产量受到影响，部分矿区员工家属生命财产安全面临严峻威胁。面对历史罕见洪水灾害，在集团公司党组和辽宁省委省政府坚强领导下，在盘锦市委市政府统一指挥下，在政府部门、兄弟单位、社会各界鼎力支持下，油田上下全员参战、尽锐出征，全力以赴防大汛、抗大洪、抢大险、救大灾，精准组织抗洪抢险、安全环保、灾后复产、油气上产各项工作，经过四个月的艰苦奋斗，取得了抗洪复产全面胜利。

——**在这场史无前例的大考大战中，我们全员打好抗洪抢险阻击战。**汛情发生后，公司党委第一时间成立防汛领导小组，设立前线指挥部，提出保证"三个安全"、确保"四个到位"、坚守"四道防线"总要求；公司领导靠前指挥、靠前决策，干部员工闻令而动、逆水而行，油地双方携手同行、共克时艰，兄弟单位火速驰援、并肩作战，危急关键抢险12次、调动人员上万人次、紧急处置管涌100余处、抢修堤防60余千米；组织50多支党员突击队、抢险队和2000多名党员冲锋在第一线，我们听到也看到有的同志冒着生命危险跳进洪水查找管涌点，有的同志手脚被水浸泡直至溃烂，有的同志"5+2""白加黑"一直奋战在前线。每一幕荡气回肠的动人场景、每一个拼搏奉献的难忘时刻，都值得载入史册、永远铭记。广大干部员工以"遇险不避险"的大无畏精神，挺起了抢险救灾的"辽河脊梁"。

——**在这场史无前例的大考大战中，我们全力打好安全环保保卫战。**坚决贯彻集团公司党组"守住安全底线、环保不出问题、损失降到最低"总要求，以战时思维、战时标准、战时状态、战时纪律抓实抓细防汛救灾安全环保工作。全面实施"点对点、区域化、清单制、网格化"升级监管措施，组建安全监督专班、24小时驻守现场，紧盯交叉作业、高风险作业、承包商队伍；压紧压实责任、签订"军令状"，划分200余个安全监督网格、三个环保管控区域，铺设隔油栏6.2万米，全面构建井站、区块、河道、入海口环保"四道防线"。始终将人员生命安全放在第一位，配合地方政府转移疏散灾区家属，密切关注员工健康，加强后勤服务保障，做好劳动保护，全面开展灾后防疫消杀，确保员工生命健康安全。经过共同努力和不懈奋斗，做到安全生产未伤一人、环保风险全面受控、整体损失降至最低、原油产量按期上线。广大干部员工以"知难不畏难"的坚定意志，扛起了守护一方平安的"辽河担当"。

——**在这场史无前例的大考大战中，我们精准打好灾后复产攻坚战**。国堤溃口合龙后，排涝抢修成为复产关键一环。公司上下团结一心、众志成城，班子成员常驻现场，因时因势制定工作策略；各单位各部门抓紧重点区域，盯住关键环节，统筹布泵排涝、道路修复、电力保障、设备进场等各项工作；干部员工不讲条件、不讲困难，与23支队伍共同奋斗20多天，累计排水将近1.3亿立方米，相当于抽干3座红旗水库。常规非常规措施并进，加班加点推进"一站三线"核心工程恢复，千方百计解决水电路、采注输、井站线各路复产作业等一系列"卡脖子"现场难题，用15天完成7座变电站抢修，用11天完成杜84块8条跨坝管线改造，用40天的持续奋战提前5天完成全部井站复产。广大干部员工以"负重不言重"的奋斗姿态，跑出了复工复产的"辽河速度"。

——**在这场史无前例的大考大战中，我们全程打好油气上产进攻战**。公司上下将"原油产量损失控制在70万吨以内、坚守千万吨稳产生命线"作为政治任务，启动开展劳动竞赛，明确"三个统筹""四个同步"原则和防范"六大风险"底线要求，高效推进油气上产工作，全力追欠产、多超产，最大限度弥补灾害损失。发出《致油田干部员工一封信》，号召油田上下坚定信心、凝聚合力，开始战斗、继续战斗、永远战斗，群策群力抢上产、保效益。树立过"紧日子"思想，在年初预算基础上，优化投资2.3亿元、控降成本近

2亿元，全力保障复产上产。采取加快产能建设、增加措施产量、精细老井管理等一系列措施，推动油气产量提升，在全油田共同努力下，原油产量连上9个"千吨台阶"、日产油水平恢复至27000吨，实现了竞赛目标。广大干部员工以"进步不止步"的豪迈气魄，展示了上产提效的"辽河力量"。

——**在这场史无前例的大考大战中，我们全心打好融合共进协同战**。油田与地方政府始终坚持一家人、一条心、一盘棋，风雨同舟、同甘共苦，共同奏响了抗洪抢险的壮丽凯歌。汛情发生后，上级领导赴盘锦检查指导工作，油地双方对策共商、资源共享、难题共解，同洪水赛跑日夜除险护堤，与时间赛跑构筑安全防线，与水位赛跑全力抢排洪涝，展现出了空前的凝聚力、执行力和战斗力。正是油地双方守望相助、患难与共，汇聚起了团结奋斗的强大合力，才确保了人民生命安全和公司大局稳定。

今年8月习近平总书记来辽宁考察时，听取辽宁省防汛工作情况汇报，询问辽河油田损失情况、安全环保情况，并就做好防汛工作、提高灾害防御能力作出重要指示，极大地鼓舞了辽河儿女的斗志和士气，极大地坚定了我们夺取抗洪复产全面胜利的信心和决心。我们牢记总书记殷殷嘱托，坚决做到"总书记有号令，党中央有部署，集团公司党组、辽宁省委有行动，辽河油田见实效"，守土有责、守土负责、守土尽责，取得了抗洪复产全面胜利。

艰难方显勇毅，磨砺始得玉成。回顾这场史无前例的大考大战，再大的洪峰也没有阻挡我们奋进的步伐，再大的困难也没有动摇我们必胜的信念。我们迎着困难上、顶着压力干、冒着风险冲，以坚定信念、坚强意志、坚韧努力经受住了严峻考验，创造了重要经验，积累了十分宝贵的精神财富。

——**油田能够取得抗洪复产全面胜利，最根本的是统一领导、干群同心**。公司党委第一时间学习贯彻习近平总书记在辽宁考察时的重要讲话精神，坚决落实集团党组和辽宁省委省政府工作要求，为抗洪复产提供了坚强保证和思想引领。油田上下坚持不懈强"根"铸"魂"，驰而不息学党史、强党建，

代 序

各级党组织充分发挥战斗堡垒作用,一大批党员干部在急难险重第一线冲锋陷阵,广大员工始终岗位坚守、无私奉献。正是红色引擎激发出的不竭动力,才让我们把一个个"不可能"变成"可能"、把"可能"变为现实。只要我们始终坚持和加强党的全面领导,持续增强领导班子凝聚力、党员干部执行力、员工队伍战斗力、企业发展成长力,就一定能够从容应对各种复杂局面和风险挑战。我相信经过这次考验,辽河人更加坚定,未来发展信心更加坚定。

——油田能够取得抗洪复产全面胜利,最关键的是为油奉献、团结奋进。 这次洪灾牵动着油区33万员工家属的心,在前所未有的考验面前,我们迸发出无比强大的凝聚力和战斗力。回顾整个抗洪复产历程,虽然各单位各部门都有不同分工,但是我们打破了机关基层、干部员工、一线二线、受灾未受灾等界限,在思想上同心同德,时刻紧跟公司党委的决策部署;在目标上同心同向,形成了咬定任务不放松、狠抓落实不懈怠的集体共识;在行动上同心同行,切实做到调度令下到哪里,工作就跟进到哪里、力量就汇聚到哪里。只要我们坚持共同的前进方向,心往一处想、劲往一处使、拧成一股绳、铆足一股劲,就一定能够不断开创高质量发展新局面,为建设中国式现代化"加油增气"贡献辽河力量。

——油田能够取得抗洪复产全面胜利,最重要的是科学应对、精准施策。 我们积极加强与气象水文部门实时联动,密切跟踪雨情水情汛情,及时启动应急响应,共享信息数据资源,在科学分析和整体研判的基础上,果断调整工作重心,落实落细各项应对举措。在迎战前两轮洪峰过程中,统筹组织抗洪与抢产,最大限度抵御洪水冲击、降低产量损失;遭遇史上最大的第三轮洪峰冲击后,统筹组织排涝与复产,提前完成采注输"三大系统"恢复任务。只要我们站在人与自然和谐共生的高度谋划发展,持续加强对自然规律、生产规律的探索和把握,统筹发展和安全,强化防灾减灾和稳产上产的系统性、整体性、协调性,就一定能够把千万吨油田稳产、百亿方气库建设、外围区

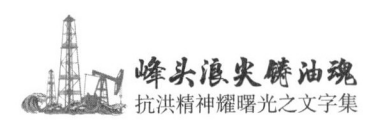

效益上产"三篇文章"书写得更加稳健、更加有力。

——油田能够取得抗洪复产全面胜利，最有力的是弘扬传统、传承精神。油田上下齐心协力、油区内外同舟共济，洪峰高一尺、斗志高一丈，敢于斗争、敢于胜利，生动诠释了伟大建党精神、石油精神和大庆精神铁人精神，也为辽河精神注入了新的元素。在这场抗洪复产战斗中，这些精神是敢同艰难困苦做斗争的信心所在，是面对挫折挑战不低头的底气所在。只要我们继续传承弘扬伟大精神和光荣传统，把伟大精神转化为干事创业、攻坚克难的澎湃动力，我们就一定能够成功跨越难关、取得胜利，在新征程不断推动各项事业取得新进步。

习近平总书记就"全面建设社会主义现代化国家向建设社会主义现代化强国转变"再次发出了动员令。聚焦"建设中国式现代化"，作为党和国家最可信赖的"种子队"，我们要不断发扬抗洪复产精神，把"顶梁柱"扛的更牢更实更好，以奋斗者的姿态继续奋斗、以战斗者的姿态继续战斗，努力用争创一流的状态持续创造一个个新的奇迹。

踏平坎坷成大道，斗罢艰险又出发。现在距离全年收官不到2个月时间，各项工作已进入最后冲刺阶段。我们要以深入学习宣传贯彻党的二十大精神为契机，动员油田广大干部员工对照党的二十大对国有企业和能源行业改革发展提出的新任务新要求，以"越是艰险越向前"的斗志、"狭路相逢勇者胜"的豪迈、"一锤接着一锤敲"的坚韧，巩固拓展抗洪复产胜利成果，迎难而上、聚力攻坚，奋力开创油田高质量发展新局面。

——**我们要旗帜鲜明讲政治，在学习贯彻党的二十大精神上见行动、求实效**。党的二十大精神是新时代新征程党和国家事业发展、实现第二个百年奋斗目标的行动指南，是油田公司做好改革发展、党的建设等各项工作的根本遵循。要提高政治站位，把深入学习贯彻二十大精神作为当前和今后一个时期的首要政治任务，坚决落实习近平总书记"五个牢牢把握""三个全面"

代 序

等重要要求，广泛开展学习讨论和宣传引导，切实把干部员工思想和行动统一到党的二十大精神上来，统一到油田党委工作安排上来。要抓好示范带动，各级党员领导干部要在深学细悟、宣讲教育、贯彻落实上走在前、做表率，先学一步、学深一层，更加自觉地用党的创新理论来研究、谋划、推进各项工作。要切实提升成效，统筹抓好党的二十大精神与习近平总书记系列重要讲话精神的深化学习，与落实公司第三次党代会工作部署相结合，与做好今年收官、谋划未来发展相结合，切实将学习成果转化为破解难题、推动发展的有力举措。

——**我们要咬定目标加油干，在坚决完成年度生产经营指标上聚合力、解难题**。党的二十大报告强调，加大油气资源勘探开发和增储上产力度，加快规划建设新型能源体系，加强能源产供储销体系建设，确保能源安全。辽河油田新型能源体系不仅仅是"三篇文章"，要坚持油气并举、常非并重，大打勘探开发进攻战；要坚持油气与新能源并重，加快新能源业务发展，在风光电、地热、储能等方面"大步加速"；要扛起辽宁振兴责任，优化调整发展思路，明晰油田发展战略定位。要抓紧组织冬季勘探井位部署，分层次确定风险勘探三个区带、预探甩开六个区带、集中勘探两大外围区重点目标，加快部署研究和现场实施，努力取得新突破，为明年勘探增储打好基础。要牢牢锁定"原油943万吨、天然气9.1亿方"目标，多系统联动、全链条提速，推动各类上产工作量加快实施、原油日产稳步攀升，确保全年产量任务顺利完成，守住油气当量千万吨生命线，力争多做贡献。要全力履行天然气保供重大政治责任，坚决贯彻集团公司天然气保供工作安排部署，加强统筹协调，强化资源筹措，平衡好产、用、供的关系，增强关键节点冲锋能力和应急处置能力，确保今冬明春天然气安全平稳供应。要深化提质增效价值创造行动，进一步采取革命性措施控制成本支出，一企一策推进亏损企业治理，确保各项经营指标控制在总部要求以内，持续巩固上市未上市"双盈利"态势。要

兼顾当前与长远,统筹推进冬季安全生产、年度决算、考核兑现、职代会筹备等年终岁尾重点工作,超前研究部署今后一段时期重点任务,确保明年工作高起点起步。

——**我们要求真务实勇担当,在推进公司治理能力建设上补短板、下真功**。党的二十大报告强调,推进多层次多领域依法治理,完善中国特色现代企业制度,弘扬企业家精神,加快建设世界一流企业。要突出问题导向、目标导向、结果导向,紧紧围绕建设中国特色社会主义制度,坚持党的领导与公司治理相统一,持续优化公司治理"六大体系",持续提升治理效能。要突出依法合规治企和强化管理,全面落实"管理提升年"部署要求,深入推进"六个专项治理",加快建设治理现代、经营合规、管理规范、诚信守法的法治企业,全面提升企业管理科学化、规范化、法治化水平。要扎实开展国企改革三年行动"回头看",聚力攻坚年度剩余 6 项改革重点任务,做好总结评价、经验推广和巩固提高,切实提升改革综合成效。要着力防控安全、环保、疫情、经营、稳定、廉洁"六大风险",聚焦重点领域和关键环节强化风险管控,加快推动洪涝区域水患根治,持续巩固安全和谐稳定发展环境。

——**我们要乘势而上开新局,在奋力开创高质量发展新局面上做示范、创一流**。党的二十大报告强调,高质量发展是全面建设社会主义现代化国家的首要任务,这一重要论断进一步凸显了发展质量的全局和长远意义。作为国有企业要坚决扛起高质量发展责任,全面做好结构调整、科技创新、绿色低碳发展,为建设社会主义现代化国家贡献辽河力量。要致力高水平科技自立自强,坚持常非并重、油气和新能源并重,全面建设世界一流稠(重)油开采研发中心,提升基础研发能力,打造人才创新高地,着力攻克一批卡脖子技术,提速油气生产物联网建设,不断塑造发展新动能新优势。要大力推动绿色发展,积极落实集团公司清洁替代、战略接替、绿色转型"三步走"总体部署,加快优化完善"绿色低碳613工程"规划,加快重点新能源项目

代 序

建设和指标落地，协同推动减污、降碳、降能耗、提效益，实现新能源与油气业务全面融合发展。要落实新时代党的建设总要求，健全全面从严治党体系，全面提升党建质量，深化拓展"党建联盟""党建+"等载体，大力推进基层党建"三基本"建设与"三基"工作有机融合，坚持以严的基调强化正风肃纪反腐，以高质量党建引领保障高质量发展。

同志们，团结就是胜利，奋斗才会成功。让我们更加紧密地团结在以习近平同志为核心的党中央周围，全面贯彻落实习近平新时代中国特色社会主义思想，牢记"三个务必"，勇担使命任务，踔厉奋发、勇毅前行，在端牢能源饭碗、助力辽宁全面振兴全方位振兴上展现更大担当和作为，用实干实绩检验学习贯彻党的二十大精神的成效。

最后，再次向参加抗洪复产的全体干部员工表示衷心感谢和崇高敬意！

抗洪复产时间轴

6月27日
启动防洪防汛应急预案,成立曙光采油厂抗洪复产指挥部

7月7日
绕阳河杜家水文站流量达288立方米/秒,开始关井

7月8日
绕阳河杜家水文站流量达393立方米/秒,继续加高堤防阻挡洪水

7月9日
绕阳河杜家水文站流量达670立方米/秒,紧急加高"回"形堤,杜84核心区域暂时撤离,右岸破堤分洪力保左岸生产

7月10日
绕阳河杜家水文站流量达809立方米/秒

7月11日
"L"形路发生倒灌,1.8千米路段筑高1米,守住了杜84主力生产区块

7月12日
42号平台坝体滑坡,道路阻断,迂回抢险

7月13日
奋战"L"形堤坝,杜84区域首次被洪潮包抄后路,全面水淹

7月29日至31日
绕阳河发生1951年以来最大洪水,绕阳河杜家水文站流量达1850立方米/秒,连续三天三夜加高加固国堤

8月1日
10时30分,国堤历史首次溃口,重创前所未有,产量首次归零

8月1日至4日
抢筑曙13支第三道防线,成功保卫了曙光矿区

8月6日
国堤溃口成功合龙

8月7日
制发《曙光采油厂2022年抗洪复产实施方案》,开始排洪,第一批15个采油站、143口油井正式恢复

8月15日
辽河油田公司启动"凝心聚力再奋战、安全日增一万吨"劳动竞赛,采油厂随即开展"学贺信、鼓干劲、找差距、再作为,深入开展劳动竞赛"主题活动

8月18日
第一个联合站曙一联率先复产

8月19日
盘锦市防汛抗旱指挥部降低应急响应等级

8月24日
第一台注汽锅炉67号炉顺利启炉

9月2日
水淹区排水完成

9月3日
曙四联恢复基本运行,集输系统全线畅通

9月4日
绕阳河左岸杜84主力区块复产第一个采油站——602采油站

9月6日
SAGD1号站复产,第一口百吨井杜84—馆H52井顺利复产

9月13日
第一台SAGD炉子(SAGD3号)锅炉复注

9月14日
全厂井站总体恢复运行,辽河油田公司党委致信祝贺

目 录

第一篇
信来书往

慰问信 …………………………………………………………… 003
致油田干部员工的一封信 ……………………………………… 004
贺信 ……………………………………………………………… 006
防汛抗洪倡议书 ………………………………………………… 007
倡议书 …………………………………………………………… 009
曙光采油厂防汛抗洪倡议书 …………………………………… 011
感谢信 …………………………………………………………… 013
一封家书 ………………………………………………………… 014
给爸爸的一封信 ………………………………………………… 019
一封挂号信 ……………………………………………………… 020

第二篇
典型发言

战洪斗汛保家园　攻坚克难抢复产 ………………………… /周　鹰 023

守住三条基线　筑牢三道保障　在大风大浪中履责担当……/ 董绍刚　026
心中无畏斗洪潮　迎险逆行见精神………………/ 生产运行科党支部　029
以战时状态坚决打赢抗洪上产攻坚战…………/ 采油作业一区党总支　033
捍卫油区勇做"排头兵"　共克时艰锻造"特战队"
　　……………………………………………/ 热注作业一区党总支　037
跑出畅通动脉"加速度"　打好精准复产"第一枪"
　　……………………………………………………/ 集输大队党总支　040
守护"三道底线"担使命　誓为"百面红旗"添新彩……/ 门福信　043
磨砺初心践使命　抗洪复产当先锋………………………/ 白　龙　046
不抛弃不放弃筑牢抗洪防线　抢进度提速度高奏复产凯歌…/ 迟　宇　049
当好抗洪复产"勤务兵"……………………………………/ 姬红莉　053

第三篇
文件资料

关于表彰辽河油田公司抗洪复产先进单位、先进集体和先进个人的决定
　　………………………………………………………………………… 059
辽河油田分公司曙光采油厂会议纪要（7月26日）……………… 061
辽河油田分公司曙光采油厂会议纪要（8月11日）……………… 064
辽河油田分公司曙光采油厂会议纪要（8月14日）……………… 069
辽河油田分公司曙光采油厂会议纪要（8月18日）……………… 076
2022年抗洪复产实施方案 ………………………………………… 079

目 录

关于开展"强堡垒 树先锋 全力复工复产"岗位实践活动的通知
.... 089

党群办公会纪要（8月29日）............................ 092

关于表彰曙光采油厂抗洪复产模范集体、先进集体和先进个人的决定
.... 095

第四篇
新闻报道

油田公司领导到曙光地区检查指导防汛工作 看望慰问抢险干部员工
.... /刘 力 王 野 113
坚定信心聚合力 科学有序打赢抗洪复产攻坚战............ /葛 勇 115
打破常规加快节奏 坚决打赢复产上产攻坚战............ /杨世龙 118
争分夺秒固堤坝................................... /刘 力 杨 川 120
精细管理 防汛保产齐步走........................... /祁卓君 121
迅速出击.. /李春雪 122
闻"汛"而上 筑牢监督屏障.......................... /刘 新 123
集体"失联"20小时.......................... /李宁豫 姜旭沐 125
无惧"烤"验迎挑战................................. /谢武娇 127
党员冲锋 迎战防汛"大考"........................... /杨彧荣 129
曙采厂绕阳河两岸井站复产方案有序推进......... /刘 力 姜旭沐 130
奋楫争先立潮头................................... /刘 力 王 野 131
"黑"与"白"是我们的勋章........................... /刘雪晴 138

3

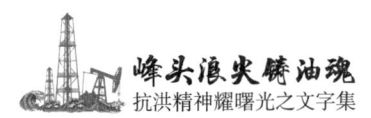

紧急支援	/何冬蕾 140
抗洪前线 一纸家书	/刘 力 姜旭沐 王 野 王琪皓 141
曙采厂恢复日产能力二百三十五吨	/刘 力 姜旭沐 144
曙采厂开足马力科学高效复产	/刘 力 姜旭沐 王琪皓 146
曙一联全面复产	/刘 力 王 野 148
不等不靠 备战复产	/刘雪晴 150
永不褪色的"旗帜"	/刘 力 杨 川 王 野 杨晓华 151
众志成城迎"大考" 打赢复产攻坚战	/刘 力 王 野 153
全面完成复产工作 日产原油305吨	/王海英 162
曙四联恢复基本运行	/刘 力 杨 川 163
曙采厂采油作业三区提前15天复产	/姜旭沐 刘雪晴 165
曙采厂两口SAGD百吨井提前五天复产 /刘 力 杨 川 王 野 姜旭沐 166	
曙采厂热注锅炉快速有序复注	/姜旭沐 马立平 168
"涅槃重生"再启炉	/李 莹 169
科学编制复产方案 247口油井12天全部开井	/孙晨茜 171
复产亮"剑"	/杨世龙 172
80号青年采油站顺利复产	/白 阳 176
吹响复产"冲锋号"	/柏 涵 杨彧荣 177
"快递小哥"	/孙晨茜 178
复产"尖兵"	/孟令君 180
"三举措"构筑"复产健康战线"	/孙晨茜 182
全面打好"三个战役" 强力助推原油上产	/刘 力 姜旭沐 王 野 183
多措并举保障复工复产	/李春雪 185

曙采产量迅速攀升　日产超月度生产线运行……………… / 王敏馨　姜旭沐 186
曙采厂第一阶段复产热注锅炉全面恢复注汽……… / 姜旭沐　马立平 187
复产"一块砖"……………………………………………… / 孙晨茜 188
"重生"的609采油站…………………………………… / 柏　涵　杨彧荣 190
洪流激荡"磐石"坚……………………………………………… / 李　莹 192
抢修百吨井的"发动机"………………… / 刘　力　姜旭沐　李　莹 195
优化措施　吹响上产"冲锋号"…………………………… / 刘雪晴 198
曙采厂严守质量关口　确保复产上产物资优质…… / 姜旭沐　刘　新 199
为快速复产上产增添底"汽"…………… / 王　远　邱大维　姜旭沐 201
有力跳动的"心脏"…………………… / 隋泠泉　季玉琪　姜旭沐 202
上产黄金周……………………………… / 靳海峰　王　凡　姜旭沐 204
重建"小家"…………………………… / 罗前彬　杨晓华　姜旭沐 206
曙采厂原油日产连升四个千吨台阶…………………………… / 郑水平 208

第五篇
故事讲述

年轻就要能顶上去…………………………………… / 刘高昕　刘　震 213
保障线上看老骥伏枥………………………………… / 刘高昕　王国庆 215
守住安全底线　保卫员工平安……………………… / 高　鑫　王奎淞 217
紧急关站……………………………………………… / 高　鑫　王利新 219
老站长洪水攻坚勇逆行…………………………………………… / 赵　磊 221
我的身体能行………………………………………… / 高绮妮　王海英 223

责任在肩　奉献在前	/李丙帅 225
这次抗洪让人难忘	/王　巍 226
吹响抗洪"集结号"　党员一线践初心	/焦志洪 228
电路"指挥官"	/祁卓君 230
板砖"英俊"哥	/何冬蕾 232
连轴转的"10086"	/何冬蕾 234
送餐大哥曹"坚持"	/何冬蕾 236
专业蹚水的小杨	/何冬蕾 238
预备党员抗洪一线显担当	/孙晨茜 240
守住最后一道防线　保护曙采家园	/杨彧荣 242
被晒伤的"红鼻头"	/臧旭峰　杨彧荣 245
防洪大堤上的青年先锋	/杨彧荣 247
洪峰浪尖党旗红	/马春艳 249
同心同力战洪水　众志成城保大堤	/白　阳 251
撤　离	/顾百峰 254
抗洪抢险　青年冲在前	/高　原　洪　宇 256
抗洪抢险"他"力量演绎铁骨担当	/杨　菁 259
抗洪抢险一线有我	/黄　娟 261
身边的"微感动"	/陈　陈 263
曙光家园的守护者	/王向明 265
坚守抗洪一线的"80后指挥官"	/李　莹 267
不畏潮汛护好小"家"	/刘杜娟 270
党员就要带好头	/富晓丹 272
请放心　等我回来	/臧亚娟 274

目 录

党员的责任	/杨颜滋 276
心中有信念 肩上有担当	/高德鉴 278
一名电工的抗洪情怀	/张伟艳 280
上坝抢险，我去！	/富晓丹 282
我是党员我先上	/迟克新 284
用责任坚守 守护美丽家园	/臧亚娟 286
重坚持不言退 筑牢抗洪生命线	/杨颜滋 288
老李和小付的"父子情"	/刘 力 杨 川 290
"铁脚板"踏出平安堤	/孟令君 于 浩 292
青春有担当 抗洪做先锋	/孟令君 294
志在付出写忠诚	/段春蕾 296
"汛"猛出击 勇担使命保安全	/刘 英 297
抗洪抢险战线上的"排头兵"	/赵国利 孟令君 299
抗洪抢险大堤上的最美"逆行者"	/迟鑫灵 301
抗洪后方的"信息员"	/王远航 303
化学驱注入现场化学药剂撤离记	/郭永强 305
油泥调剖游击战的排头兵	/郭永强 307
带领"突击队"冲锋在抗洪一线	/李春雪 309
不怕"啃硬骨头"的"90后"电焊能手	/李春雪 311
抢回200万元损失	/李春雪 313
为保障抗洪复产交通畅通倾尽全力	/冯建山 刘 新 315
与时间赛跑	/张焱鼎 319
"白胖子"变形计	/刘 凯 321
抗洪一线的"标配"人员	/张 瑜 322

小个子　大担当	/王　烽	324
伫立在堤坝的"先锋者"	/张馨元	326
逆流而上照亮堤坝守住"家"	/路　阳	328
关键时刻冲得上　危急关头打得赢	/王俊东　马志敏	330
"大管家"们抗洪记	/潘一方	334
抗洪后方的"协调官"	/孙冰清　王宜芮　郑聪源	338
"5595"档案转移记	/胡迪蛟	340
竭尽全力为复产	/高　鑫　胡青山	341
中秋鏖战	/高　鑫　马士军	343
从"小迷糊"到"大本事"	/高　鑫　尹雁南	345
稀油小站复产忙	/孙　月	346
"一点都不能差，差一点都不行"	/王海英	348
热血青年争分夺秒　全力以赴安全供电	/王海英	350
合力攻坚　吹响复产冲锋号	/孙骥壮	352
模范决战"五千五"	/祁卓君	354
"步数达人"孙博文	/何冬蕾	356
"黑脸"站长复产记	/何冬蕾　王　雪	358
风雨同舟　抗洪复产中谱写责任与担当	/孙晨茜	360
"她力量"同心为复产	/孙晨茜	363
千磨万击还坚劲　任尔东西南北风	/唐　婧	367
铁肩担使命　行动守初心	/房　光	368
以快制快抢送电	/孙晨茜	371
最是"风雨"见真心	/房　光	373
危难之际敢担当	/侯春华	375

党员就要干出样来	/张　鑫 378
技能专家匠人心	/孙晨茜 380
与洪潮搏斗的日子	/廖　丹 382
复产"高速路"上的赶路人	/张　雷 384
抗洪一线的党员尖兵	/李营良 386
复产排头兵"贾站长"	/杨彧荣 388
九天何以破冰	/贾　爽　杨彧荣 390
小站"半边天"	/杨彧荣 392
哨兵"刚子"	/罗　楠 394
"白＋黑"坚守一线的"逆行者"	/张伟艳 395
复产冲锋兵	/杨颜滋 397
复产保电忙	/迟克新 399
晒黑了的张书记	/杨颜滋 401
勇者无畏　英雄留名	/杨颜滋 402
在曙一联复产的日子里	/姜会会 404
排涝小站守护人	/刘　洋 406
为油而战的开发"斗士"	/王远航 408
责任如山　迎难而上	/胡晓宇 410
7分钟完成减速箱换油	/李春雪 412
"安全卫士"许坤	/刘　新 414
抗洪复产　电力先行	/邹　敏 416
忙碌奔波的金宇人　复产清淤的主力军	/王　烽 419
平凡的党员　不平凡的坚守	/张爱宁 421
握好手中焊枪　站好最后一班岗	/王焕英 423

一根迟到的雪糕………………………………………… / 王焕英 425
邰宇的复产"日记"………………………………… / 刘 力 姜旭沐 427
解金良"分身有术"………………………………… / 刘 力 杨 川 429

众志成城战洪图…………………………………… / 刘 力 王 野 433
代　跋………………………………………………………… /439

第一篇
信来书往

第一篇　信来书往

慰 问 信

奋战在防汛抗洪一线的全体干部员工：

　　6月下旬以来，辽宁多地遭遇强降雨天气，流经油区的5条河流汛情齐发，特别是受上游来水、支流汇入和潮水顶托叠加影响，辽河、绕阳河发生1995年以来最大洪水，造成曙光、特油、冷家等单位部分区域关井，给油田公司正常生产经营带来严重冲击。

　　面对历史罕见洪灾，在集团公司党组的高度重视和亲切关怀下，在地方各级党委政府的大力支持下，油田公司统筹组织、科学调度，受灾单位守土负责、守土尽责，其他单位闻令而动、火速驰援，机关部门深入一线、主动服务，迅速打响了防汛抗洪保卫战。连日来，油田上下众志成城、同舟共济，党员干部率先垂范、冲锋在前，员工群众顾全大局、敬业奉献，大家日夜坚守、并肩战斗，吃苦不怕苦、知难不畏难，生动诠释了伟大抗洪精神、石油精神和大庆精神铁人精神，彰显了新时代辽河人的精神风貌。在此，公司党委向你们表示诚挚慰问并致以崇高敬意！

　　当前，防汛抗洪、复工复产任务依然艰巨繁重，油田各级党组织要牢固树立过紧日子、苦日子思想，立足"防大汛、抗大洪、抢大险、救大灾"，协同推进防汛度汛与复产上产工作，坚决守住安全环保底线，最大限度把洪灾损失降至最低。希望广大干部员工以更加昂扬的精神状态和奋斗姿态，战洪水、斗酷暑、保产量，同时务必注重自身安全，注意劳逸结合，确保身心健康。相信在油田上下的共同努力下，我们一定能够打赢抗洪复产攻坚战，圆满完成各项工作任务，以优异成绩迎接油田公司第三次党代会胜利召开，向党的二十大献礼！

中共辽河油田公司委员会
2022年7月18日

栉风沐雨勇担当　洪峰浪尖铸油魂

——致油田干部员工的一封信

6月下旬以来，辽河、绕阳河汛情频发，洪水流量之大、来势之猛、破坏之强，超乎预期，超出历史，一场力度空前的洪水阻击战和产量保卫战全面打响。在集团公司党组和地方党委政府坚强领导下，油田上下闻汛而动、向水而行，油地携手风雨同舟、抗击洪峰，兄弟企业星夜驰援、倾力支持，取得了抗洪复产阶段性胜利。两个月的奋战实践，既是"磅礴力量"的汇聚地，又是"责任担当"的浓缩版，更是"抗洪精神"的实验场。

面对历史罕见洪水，我们见证了共克时艰的磅礴力量。集团公司党组和辽宁省委省政府领导高度重视、真切关怀，亲临现场指挥抢险；油地双方精诚合作、团结一心，全力以赴共渡难关；兄弟单位逆行出征、慷慨支援，形成抗洪强大合力，一支支应急队伍集聚辽河、一车车抢险物资直抵现场，携手筑就起抗击洪水的层层防线。

面对历史罕见洪水，我们见证了休戚与共的责任担当。油田各单位坚持集中力量办大事，一方有难、八方支援，苦干实干、昼夜赶班，在守望相助中勇毅前行，在大战大考中实干担当，勠力战洪水、战酷暑，全力保产量、保稳定，共同构筑起挺立风雨的坚强脊梁。

面对历史罕见洪水，我们见证了顽强拼搏的抗洪精神。广大干部员工心系油田、情系家园，遇险不畏险、知难不避难、吃苦不怕苦、负重不言重，数万名员工夜以继日奔赴抗洪第一线，33万员工家属手相牵心相连，抗洪复产中的每一帧画面、每一次感动，都是辽河精神的生动体现、集中迸发和凝练升华。

忘却什么都不能忘却祖国，丢掉什么都不能丢掉事业，没有什么都不能没有志气。当前，辽河油田正处于最为紧迫、最为关键、最为吃劲的紧要时刻。复产上产这场战斗，除了胜利，别无选择；没有退路，必须打赢！我们坚信，洪水是无情的，困难是暂时的，任何困难都难不倒英雄的辽河人，辽河人一定能，辽河油田一定行！

守护我们共同的家园，捍卫千万吨油气规模，需要全体辽河人同时间赛跑、与命运较量，全身心投入"凝心聚力再奋战、安全日增一万吨"劳动竞赛，牢牢守住安全、环保、合规、稳定、防疫"五大底线"，视困难为机遇，变压力为动力，让"不可能"变成"一定能"，让"办不到"变成"办得到"，勠力同心把灾害的影响和损失降到最低。

守护我们共同的家园，捍卫千万吨油气规模，需要全体辽河人站在保障国家能源安全、实现辽河永续发展的大局，在自强的信念中凝聚勇气力量，进一步强化使命担当，勇挑最重的担子、敢啃最硬的骨头，众志成城复工复产，全力以赴加油增气，坚决守住油田高质量发展"生命线"。

守护我们共同的家园，捍卫千万吨油气规模，需要全体辽河人拿出"越是艰难越向前"的精气神，进一步传承弘扬石油精神和新时代辽河精神，在迎接挑战中砥砺坚强意志，在化解风险中拓展精神疆界，为油田持续以新的姿态大踏步奔向未来提供重要支撑和不竭动力。

纷繁世事多元应，击鼓催征稳驭舟。一次洪水，挡不住辽河人前进的铿锵步伐，更挡不住辽河油田"加油增气"的梦想征途。希望与辽河同在！实践必将证明，我们一定能从笃行中坚定信心，从奋进中汲取力量，经得住"荡涤"，受得起"洗礼"，在这场突如其来的"大考"中交出优秀答卷。

开始战斗，英勇无畏的辽河人！

继续战斗，奋勇向前的辽河人！

永远战斗，敢于胜利的辽河人！

中共辽河油田公司委员会
2022 年 8 月 20 日

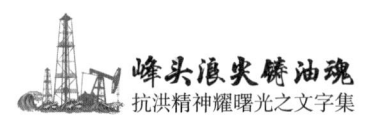

贺　信

曙光采油厂：

  欣闻曙光采油厂采油井站总体恢复运行，油田公司党委向曙采厂全体干部员工表示热烈的祝贺，并致以亲切的慰问和衷心的感谢！

  非常之时担非常之责。面对历史罕见洪涝灾害，曙采厂坚决贯彻落实公司党委总体部署，克服受灾井站多、地域广、历时长等多重困难挑战，科学组织、合理规划、紧盯节点，争分夺秒复产上产、全力以赴重建家园，在"大战大考"中交出了优秀的"答卷"。连日来，曙采厂领导班子以身作则、率先垂范，党员干部不畏难险、冲锋在前，员工群众同心协力、众志成城，全厂上下同欲抢时间、抢进度、抢产量，对照原定计划提前5天复产百吨井、提前10天复产稀油井、提前15天恢复作业区运行；历经17个昼夜奋战成功恢复集输系统，实现输油、输气、输水中枢环节全线畅通，为全面复产创造了有利条件。你们用实际行动践行了"水退人进、抢产减损""设备不转、复产不松"等承诺誓言，展现了辽河第一大厂"大的样子""大的担当"，诠释了伟大抗洪精神、石油精神和大庆精神铁人精神。

  行而不辍，未来可期。希望你们继续弘扬顽强拼搏、敢于胜利的精气神，为石油奉献、为曙光增辉，全力以赴抢抓上产，坚决完成原油产量目标，在"凝心聚力再奋战、安全日增一万吨"劳动竞赛中展现更大作为，为油田公司圆满完成千万吨稳产硬指标做出更多贡献，以优异成绩向党的二十大献礼！

中共辽河油田公司委员会
2022年9月14日

第一篇 信来书往

防汛抗洪倡议书

各级党组织、全体共产党员：

受连续强降雨和上游水库泄洪影响，流经辽河油区的辽河、绕阳河等河流水位持续升高，天气预报显示未来一段时间油区仍将经历一轮强降雨，防汛抗洪形势十分严峻。油田公司召开了防汛紧急调度视频会，强调要迅速进入战时状态，强化组织领导，统筹做好防洪与生产、安全等各项工作。汛情就是命令、防汛就是责任，油田公司党委号召：各级党组织和广大共产党员要充分发挥战斗堡垒作用和先锋模范作用，以实际行动在防汛抢险中干在实处、走在前列、做出表率。

一要提高政治站位。 油田各级党组织和广大共产党员要把防汛抗洪作为践行初心使命、做到"两个维护"的实践检验，坚决贯彻落实习近平总书记对防灾减灾救灾的重要指示精神，全面落实油田公司党委各项决策部署，把最大限度降低产量影响、保障职工群众生命财产安全放在第一位，抓细抓实各项防汛抗洪措施。要立足于防大汛、抢大险、救大灾，身先士卒、靠前指挥，坚决克服麻痹思想和侥幸心理，以最严态度、最实作风、最硬担当做好思想和工作准备。

二要强化责任担当。 油田各级党组织要充分发挥战斗堡垒作用，切实加强组织领导，担当作为、鼓舞斗志，当好"主心骨"，团结带领广大党员干部投入防汛抗洪工作中。要做好应急处置，全面巡查排查重点区域和薄弱环节，在遭受洪涝灾害时要按照防汛预案准确预警、积极应对。要注重发挥"党建联盟"作用，组织成员单位协同作战，齐心协力、共克汛情，引导党员积极投身"突击队""志愿服务队"，主动援助防汛重点单位，齐力筑牢"防洪墙"，汇聚起防汛抗洪的强大合力。

三要敢于攻坚克难。广大党员干部要发挥先锋模范作用，积极发扬斗争精神、练就斗争本领，带头战斗在防汛抗洪工作最前沿。防汛抗洪主战场的一线党员干部要坚守岗位、主动担当、恪尽职守、密切配合，主动深入汛情最严重、防汛工作最困难的地方，当好顶梁柱、主力军、排头兵，确保各项工作高效有序运行。其他单位党员干部要密切关注雨情、水情和天气变化，科学组织防控，备足防汛抢险物资，集结各类抢险救援保障队伍，汛情一旦出现，确保能够迅速、科学、高效开展应急救援工作。全体党员要始终坚持守土有责、守土担责、守土尽责，保持严阵以待、尽锐出战的昂扬斗志，做到哪里有汛情、有危险，哪里就有党组织坚强有力的工作，哪里就有党员冲锋在前的身影，让党旗始终在防汛抗洪一线高高飘扬。

各级党组织要注重在防汛抗洪一线考察识别干部、发现和考验入党积极分子，把在防汛抗洪中的表现作为评价党员干部的重要依据。要及时发现和大力宣传防汛抗洪中涌现出的先进典型和先进事迹，发挥示范引领作用，激励广大党员干部奉献在前、冲锋在前、战斗在前。我们坚信有以习近平同志为核心的党中央坚强领导，有辽宁省委省政府和集团公司党组的科学指导，有盘锦市委市政府和油田公司党委的周密部署，有各级党组织和广大党员干部的众志成城，我们必将战胜灾害、渡过难关，夺取防汛抗洪的全面胜利！

辽河油田公司党委组织部

2022 年 7 月

倡 议 书

油田公司各级团青组织、广大团员青年：

近期，受连续强降雨和上游泄洪影响，油田公司防汛抗洪形势十分严峻。油田公司召开防汛紧急调度视频会，强调要迅速进入战时状态，强化组织领导，统筹做好防洪与生产、安全等各项工作，做到"防大汛、抗大洪、抢大险、救大灾"。目前，油田公司部分团青组织积极响应公司团委号召，已组织青年突击队、青年志愿者服务队、青年文明号等第一时间投入防汛抗洪第一线，充分展示了新时代辽河青年的责任与担当。面对仍然严峻的防汛抗洪形势，公司团委进一步向各级团青组织、广大团员青年发起倡议：

统一思想，坚决响应号召

汛情就是命令，防汛就是责任。公司各级团青组织和广大团员青年，要以强烈的政治意识和大局意识，坚决贯彻落实习近平总书记对防灾减灾救灾的重要指示批示精神，切实把思想和行动统一到油田公司有关防汛抗洪工作的决策部署上来，自觉传承和发扬石油精神和大庆精神铁人精神，坚决服从指挥、主动参与、冲锋在前、顽强拼搏，主动承担"急难险重新"任务，切实发挥好生力军和突击队作用，让团旗在防汛抗洪的第一线高高飘扬。

尽锐出战，展现责任担当

各级团青组织要主动与本单位防汛管理和生产保障部门报备沟通，按照统一指挥、统一调配原则，以"青年突击队""青年志愿者服务队"等形式，组织动员广大青年冲锋在第一线、战斗在最前沿，重点做好巡查堤坝、防汛抢险、后勤保障等工作，层层压实防汛责任，以实际行动彰显新时代辽河青年的使命担当。要坚持"一方有难、八方支援"，各单位团青组织间要加强沟通、密切协作，充分发挥"团建联盟"工作优势，统筹调配支援保障力

量，协助受灾单位开展防汛救灾、复工复产等工作，汇聚起防汛抗洪的强大合力。

严肃纪律，发挥示范作用

各级团青干部要把本次防汛抗洪工作，作为加强团青工作基础、锤炼个人党性的有效载体，切实发挥好示范带头作用，始终在汛情最严重、抢险最困难、企业最需要、青年最集中的地方，靠前指挥、率先垂范、恪尽职守、勇于担当，始终做到哪里有险情，团员青年就奋战在哪里；哪里有困难，团青干部就驻扎在哪里。另外，要坚持以人为本、安全第一，在防汛抗洪工作的同时，准确及时掌握青年身体健康和身心状态，科学做好工作预案和人员调配，做到"只添彩不添乱"。

汛情无情人有情，危难时刻显本色。我们坚信，在油田公司党委的正确领导下，各级团青组织和广大团员青年一定能够勠力同心、众志成城，全力以赴做好防汛抗洪和复工复产各项工作，为油田公司夺取防汛抗洪的全面胜利贡献青春力量！

共青团辽河油田公司委员会

2022 年 7 月

曙光采油厂防汛抗洪倡议书

各党总支、直属党支部，金宇公司党委：

受近期持续降雨、上游泄洪和天文大潮叠加影响，绕阳河水位持续上涨，天气预报显示未来一段时间油区仍将经历一段强降雨，防汛抗洪形势十分严峻。采油厂认真落实油田公司党委部署，第一时间召开防汛应急工作会议，成立四个小组，厂领导担任负责人，统筹推进防汛协调、汛期上产等工作，并在前线注空气站设立防汛应急指挥部，安排部署防汛工作。为做好汛情应对工作，厂党委号召：各级党组织和广大党员干部要汲取2021年抗洪复产宝贵经验，充分发挥战斗堡垒和先锋模范作用，在防汛抗洪中走在前、当先锋、做表率。

一、各级领导干部要恪尽职守，在防汛抗洪一线奋勇担当

各级领导干部要坚持人民至上、生命至上，切实扛起防汛抗洪重大政治责任，坚持预防预备和应急处突相结合，抓细抓实各项防汛抗洪措施，切实保障采油厂原油生产和职工群众生命财产安全。要密切关注雨情、水情和天气变化，科学研判，周密部署，确保灾情一旦出现，迅速科学高效开展应对工作。要立足防大汛、抢大险、救大灾，加强值班值守，做好应急处置，身先士卒，深入一线，靠前指挥，坚决克服麻痹思想和侥幸心理，以最严态度、最实作风、最硬担任做好思想和工作准备。

二、各级党组织要强化组织，在防汛抗洪一线筑牢堡垒

基层党组织要把防汛抗洪摆在重要位置，充分发挥组织功能，加强组织领导，强化风险隐患巡查排险，加强重点设施安全防护，认真组织做好汛情通报、监测预警、应急处置等各项工作，最大程度防范化解灾害风险。要结合实际，充分利用好共产党员工程、责任区、示范岗、突击队（服务队）等

实践载体，受洪潮影响的单位要根据需要组建临时党支部和党员突击队，其他单位也要成立适当规模的共产党员突击队，随时做好奔赴抗洪一线准备，做到招之即来、来之能战、战之必胜。要注重发挥党建结对、党建协作工作优势，组织相关单位协同作战、齐心协力、共克汛情。要加强防汛抗洪一线党员干部的关心关爱，帮助解决实际困难。

三、广大党员要冲锋在前，在防汛抗洪一线彰显本色

广大共产党员要继承发扬曙光人肯吃苦、能战斗、敢攻坚的意志品质，在防汛抗洪中践行初心使命。坚持"汛情就是命令，防汛就是责任"，听从指挥，服从安排，有序投入防汛抗洪工作。要积极参加党组织安排的防汛抗洪党员责任区、突击队（服务队）等工作，在防汛抗洪斗争中自觉接受党性锻炼和考验。要勇于负责，敢于担当，冲锋在前，迎难而上，主动承担急难险重任务，争当防汛抗洪主力军，做到哪里有汛情、有危险，哪里就有党员冲锋在前的身影，让党旗在防汛抗洪一线高高飘扬。

各级党组织要注重在防汛抗洪一线考察识别干部、发现和考验入党积极分子，把在防汛抗洪中的表现作为评价党员干部的重要依据。要及时发现和大力宣传防汛抗洪中涌现出的先进典型和先进事迹，发挥示范引领作用，激励广大党员干部奉献在前、冲锋在前、战斗在前。我们坚信，有油田公司党委的科学指导、有采油厂党委的周密部署、有各级党组织和广大党员干部的众志成城，我们必将战胜灾害、渡过难关，夺取防汛抗洪的全面胜利。

曙光采油厂党委

2022 年 7 月 8 日

感 谢 信

曙光采油厂：

  今年夏天，一场历史罕见的洪灾突袭辽河油田，水势之猛、破坏之大、灾害之重远远超出预期。这一期间，贵单位在肩负抗洪抢险、复工复产艰巨任务的同时，还为油田公司新闻舆论正向引导和媒体采访服务工作给予了大力支持和全力配合，展现了大厂风范和责任担当。

  特别是在 8 月 3 日至 6 日期间，贵单位宣传部部长刘力带领王野、姜旭沐两位同志，高效、优质协助公司党委宣传部完成了央视、新华社等国家、省市媒体记者的后勤服务保障工作，展示了贵单位干部员工较强的业务素质和良好的精神风貌。

  在此，对贵单位在油田公司抗洪复产服务保障工作的鼎力支持表示衷心的感谢！

辽河油田公司党委宣传部

2022 年 10 月 31 日

一封家书

所有投身抗洪复产可亲可敬的亲人们、朋友们：

　　洪水滔滔，油田同患；兄弟齐心，其利断金。2022年盛夏，辽河油田遭遇数十年罕见的特大洪涝灾害，超乎猛烈之想象，超出防御之能力，超过灾害之预期，我们曙采、特油、冷家受灾最重，辽河冷家段民堤27年来首次决口，绕阳河左岸国堤71年来首次溃口，油田主力区块杜84块首次全面停产，4座联合站和国堤外部分生产区域建产以来首次被淹。面对历史罕见洪灾，油田党委坚强领导，油地双方不分你我，油田上下众志成城，油田内外携手并肩，为曙采雪中送炭，与特油共克时艰，向冷家倾力施援，一支支抢险队伍、一车车应急物资、一台台特种设备，源源不断奔赴一线，最短时间打赢了抗洪抢险保卫战、最快速度打响了复产上产攻坚战，生动诠释了抗洪精神，继承弘扬了石油精神，极致彰显了辽河精神。惊涛骇浪虽已过去、劳动竞赛接近尾声，但是，一幅幅红衣执甲的英雄图、一首首逆行出征的好汉歌，仍然萦绕在脑海，时时回荡在胸膛，集聚蕴藏在心中的千言万语不吐不快、一吐为快。在此，我们三家单位、9360名干部员工，谨以家书的形式，向所有投身抗洪复产的亲人们、朋友们，表达倾诉我们的感动、感谢和感悟！

　　我们不会忘记，历史不会忘记，油田公司党委决策有高度，站位全局，统筹谋划；指挥有力度，执行到位，落实到位；措施有深度，切合实际，精准管用；要求有温度，以人为本，生命至上，始终是我们防大汛、抗大洪、抢大险、救大灾的主心骨、定盘星。汛情发生后，第一时间成立防汛领导小组，设立指挥部，建立了两河作战、靠前指挥的战时协调机制；主要领导夙夜在公、把舵定向，分管领导驻守一线、全程指挥，班子成员深入现场、向险而行；在抗洪抢险最危急的时刻，坚持"三个安全"、突出"四个到位"、死守"四道防线"等一道道命令,稳住了我们的心神;在复产上产最艰难的时刻,做到"三个统筹""四个同步",抓好"排涝"一号工程、"一站三线"核心工程,防范"五大风险","四分法"复产上产等一项项决策,坚定了我们的信心;在干部员工最吃劲的时刻,及时发出的慰问信、"战斗"信、贺信,及时组织的调研慰问、座谈走访、现场办公、上产动员大会,抽调选派挂职干部、生产骨干和技术技能专家及时支援,胜利召开的油田公司第三次党代会等一系列举措,极大振奋了我们的士气,带着组织深情的关怀、殷切的期望和巨大的鼓舞,"开始战斗、继续战斗、永远战斗"响彻百里油区。

我们不会忘记,历史不会忘记,油田机关部室科学的安排部署、高效的协调服务。生产运营部、基建工程部、钻采工程技术部打破常规、挂图作战,千方百计解决排涝、基建、水电路、采注输、井站线各路难题;设备管理部、土地公路管理部、质量安全环保部、数字和信息化管理部守土有责、守土尽责,打通了复产设备保障线、道路交通生命线、无线通信信息线,守住了安全红线、环保底线和健康防线;规划计划部、财务资产部、企管法规部、审计部坚持原则、紧抓快办,最大限度缩短周期,最高程度提高效率,跑出了经营"加速度";党委组织部擎党旗筑堡垒、亮党徽当先锋,党委宣传部以音画聚力、用笔墨铸魂,党委办公室以督办促执行、以执行保时效,纪委办公室前移把关口、敲好风纪钟,群团工作部用爱心助力复产、用温暖守护家园,维稳信访办公室全力以赴促和谐、多措并举保平安;机关党委组织机关各部门党员干部,包括科技部、国际合作部,一个不少、一个不落,与受灾单位干部员工同吃同住同劳动,石油优良传统强势回归、发扬光大!

我们不会忘记,历史不会忘记,油田公司专业保障等队伍高超的业务素质、过硬的战斗作风。油田建设有限公司紧急排水、日夜施工,展铁军风采为复产加速;电力分公司群策群力、争分夺秒,奋力鏖战在复产保电最前线;消防支队紧急集结、破浪冲锋,"火焰蓝"以过硬功夫守护井站平安;车辆服

务中心车不停、人不歇，抢运人员物资，抢赶扫线消杀；辽河工程技术分公司闻汛而动、多点奋战，在抢险抢难中当主力、挑大梁；油气集输公司、环境工程公司、燃气集团公司、石油化工分公司等单位顶风冒雨、大干快上，协同重启各类系统，按下全面复产"快进键"；以中油发展、金宇集团、辽海集团、恒泰利实业、晨宇集团、宏泰公司为代表的多种经营企业，想抗洪之所想，急复产之所急，以"硬核"担当完成多重极限挑战！

我们不会忘记，历史不会忘记，油田采油生产等单位顾全大局的自觉、不讲代价的相助。兴隆台采油厂坚持增产、支援"两线"作战，效益大厂尽显一流担当；欢喜岭采油厂急调队伍、长线作战，党建联盟合力守护家园；沈阳采油厂急行百里披星而来，来之即战再现先锋本色；锦州采油厂自身受灾仍倾力施援，患难之间更显情深义重；高升采油厂尽锐出征，援助队伍素质高、作风硬、本领强；金海采油厂倾囊相助提供"搬家式"支援，危难之际挑重担打硬仗；茨榆坨采油厂主动增援、与水搏斗，水患面前展示精悍力量；还有荣兴油气开发公司、储气库有限公司、石油化工技术服务分公司、人力资源调剂中心、辽兴油气开发公司、外部市场项目管理部、新能源事业部、国际事业部、资本运营事业部等单位，积极主动投身抗洪抢险，酷暑中垒坝，烈日下筑堤，无私援助日夜奋战，同心协力难事不难！

我们不会忘记，历史不会忘记，油田服务和科研等单位保姆式的后勤保障、融合式的生产支持。物资分公司、招标中心和振兴服务分公司、公共事务管理部等后勤保障单位，前后方协同、全方位服务，事不过夜、高效办公，昼夜不停送来物资装备、生活补给，为抗洪复产争取了主动、赢得了时间；安全环保技术监督中心、审计中心、辽宁恒鑫源工程项目管理有限公司等监管单位沉浸式排查、拉网式监督，力排安全、环保、合规、质量风险；勘探事业部、开发事业部、勘探开发研究院、钻采工艺研究院、辽河设计院等科研设计单位，坚持地质工程一体化、科研生产一体化，为抗洪复产、快速上产注入强劲动力、提供技术支撑；新闻中心穿苇走坝记录珍贵历史，党的喉舌颂歌先进、鼓舞斗志；宝石花医院改名改制不改赤诚初心，防疫救治彰显医者仁心；辽河公安局及所属驻曙光各部，全力保障交通畅通，全力维护平安环境！

  我们不会忘记，历史不会忘记，中国石油一面旗的石油情结、油地携手一家亲的家国情怀。国家部委、地方政府、驻辽部队、中国安能、辽宁百胜、焦作华禹、大庆油田、吉林油田、中油海上应急响应中心、辽河石化公司、东方物探公司、渤海装备公司、长城钻探公司……以各种方式给予我们宝贵支持，留下了许多感人肺腑的故事。你们的守望相助、患难真情，让我们在紧张忙碌之中心有慰藉，在千难万难面前不减斗志！

  有一种力量，叫一方有难、八方支援。当前，油田抗洪复产取得阶段性成果，特别是对我们三家单位，油田公司党委给予了高度评价和充分肯定。我们深知，我们自身的工作，相比上级要求、众人期许、一流目标还有差距，能够最大限度控制损失、最快速度抢险复产，源于油田公司的坚强领导，基于兄弟单位的鼎力相助，得于社会各界的大力支持。成绩是集体的，荣誉是大家的。考验若火，淬炼真金。这份金子般的深情厚谊，我们将永远铭记于心、感激不尽！在此，我们郑重、庄严地向所有为抗洪复产付出艰辛努力、洒下心血汗水、做出突出贡献的亲人们、朋友们，致以最崇高的敬意，表示最衷心的感谢！

  有一种激励，叫心手相连、荣辱与共。经历灾害，我们倍感平安的珍贵；遭受损失，我们备感时间的宝贵；经受考验，我们倍感真情的可贵。作为油田主力生产单位，我们将坚决贯彻油田公司第三次党代会精神，保持清醒头脑，再焕勃勃生机，在"凝心聚力再奋战、安全日增一万吨"复产上产劳动竞赛中再创佳绩，与兄弟单位一道，团结奋战、努力拼搏，坚决完成公司党委下达的各项目标任务。

  有一种信念，叫艰难困苦、玉汝于成。经历了这一场艰苦卓绝的大战大考，我们更加坚信，只要我们紧紧依靠广大职工群众，守住"苦干实干、三老四严"的石油精神，辽河油田就一定能够战胜各种艰难险阻，无往而不胜！只要我们始终坚持党的领导、加强党的建设，守住国有企业的根和魂，辽河油田就一定能够乘风破浪、行稳致远，到达胜利的彼岸！只要我们坚决做好党和国家最可信赖的种子队，守住"我为祖国献石油"的初心使命，辽河油田就一定能够端牢能源的饭碗，在实现中华民族伟大复兴的征程中谱写加油增气的新篇章，以优异成绩向党的二十大献礼！

  此致

最崇高的敬礼！

曙光采油厂全体干部员工
2022 年 10 月

第一篇　信来书往

给爸爸的一封信

亲爱的爸爸：

　　好多天没见到您，也没跟您说会话了。只能给您写封信，也让您看信的时候，多休息一会。

　　以前，您也因为工作忙，常常回家很晚，我经常能听到您深夜回家开门的声音，可是自从7月7日开始，我就听不到那个声音了。妈妈说，您在一线抗洪抢险，吃住在一线，不能回家了。

　　那天，我睡得迷迷糊糊，隐约听见妈妈和您打电话，说什么开会到半夜，起早还要上大坝。我心里猛地一颤，在我睡得正香的时候开会，却又在我没睡醒的时候，又去工作，尽管您年富力强，但休息不足，身体怎么能扛得住呢？

　　那个周末，您终于抽空回了趟家，但没像往常那样和我逗乐，满脸疲惫走进卧室，头刚碰到枕头就沉沉睡去了，手里还紧紧攥着连着充电宝的手机。就连我提前给您订的冰咖啡都没顾得上喝，从来没见您这么快入睡过。

　　可是，没等您睡多久却又接到紧急任务，晚饭都没陪我吃，就上现场了。我望着您匆匆的背影，内心五味杂陈。

　　以前，您虽然工作也很忙，但每天早上都会出现，趴在我屋门口问："宝宝比，想吃啥，爸比给你做！"偶尔我没睡醒时候还会不厌其烦。可是这阵已经好久没听到这样的话了，真希望洪水早点退走呀！

　　听别人说，爸爸都是孩子的英雄。在我心里，您不仅是我的英雄，更是抗洪英雄。

爱你的小五
2022年7月23日

（编者注：此信为土地公路管理中心副主任吴涛的女儿写给他的信原文）

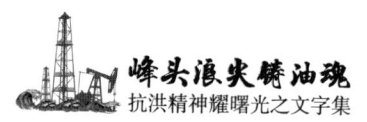

一封挂号信

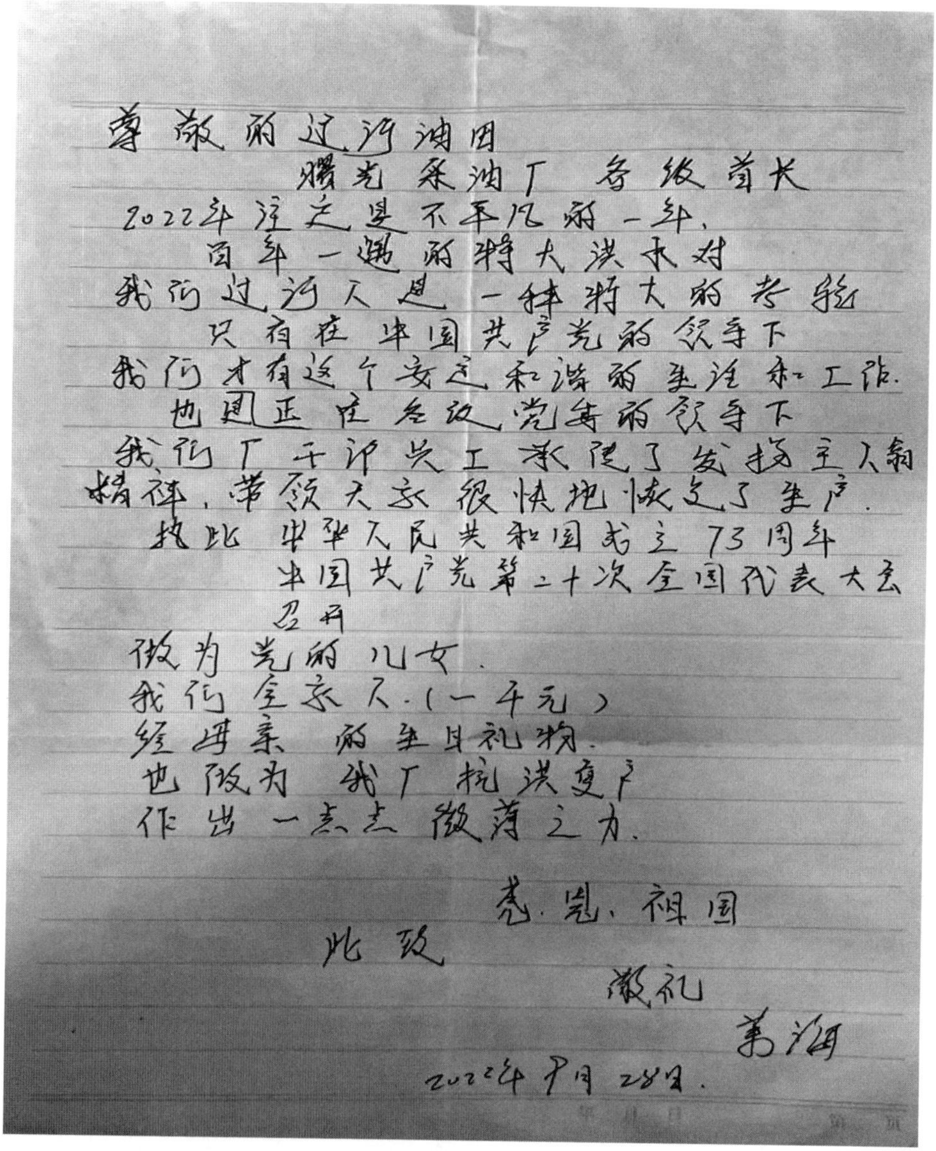

尊敬的辽河油田
　　曙光采油厂 各级首长
2022年注定是不平凡的一年。
　　百年一遇的特大洪水对
我们这个人是一种巨大的考验
　　只有在中国共产党的领导下
我们才有这个安定和谐的生活和工作。
　　也是正在各级党委的领导下
我们厂干部员工发挥了发扬主人翁
精神，带领大家很快地恢复了生产。
　　恰逢 中华人民共和国成立73周年
　　　　中国共产党第二十次全国代表大会
　　　　召开
做为党的儿女，
我们全家尽（一千元）
　　经母亲 的生日礼物。
　　也做为 我厂抗洪复产
作出 一点点 微薄之力。

　　　　爱党、祖国
此致
　　　敬礼
　　　　　苇海
2022年9月28日

（编者注：此信为署名为苇海的员工写给采油厂的挂号信原文，后经查找，写信人为热注作业一区员工史志刚）

第二篇

典型发言

战洪斗汛保家园　攻坚克难抢复产

——在油田公司抗洪复产表彰大会上的发言

曙光采油厂厂长　周　鹰

今年夏季,曙采遭遇了 70 年一遇的特大洪灾,远超最大防洪能力,被迫关井 2277 口。危急时刻,公司主要领导靠前指挥、决策部署,分管领导驻扎一线、组织抢险,曙采全员逆势而为、决战决胜。

我们同声相应,向险而行战洪峰抗洪灾。 汛情就是命令,防洪就是责任。第一时间成立 10 个小组、12 个党员突击队,擎党旗驻守堤坝堡垒,亮党徽抵御洪峰侵袭。因胜利塘及曙光大桥封闭,每天到现场需绕行 100 多千米,为提高效率成立 7 个前线指挥部,建立了两岸作战、整体联动的战时协调机制。10 余次抢险中,建立 9 个砂石料场,日均协调车辆 510 台次、船只 25 台次、人员 2700 人。共打桩 800 多根,抛石笼、抽油机基础 300 多个,堵大型管涌 70 多个,修复堤坝 35 处,牢牢把握抗洪抢险主动权。

坚守阵地,保卫曙光。在构筑"第三道防线"时,我厂驻守水位最深的渔圈沟区域,面对西线无抢险通道、水位急速上涨、风浪侵蚀堤坝的严峻形势,在牛都无法通过的狭窄泥泞堤坝上,挖光新堤周围的树根和玉米、稻田地,在风雨中连夜铺设塑料布、木板,艰难守住曙光地区百姓安全的"生命线"。

洪灾面前,没有旁观者、没有局外人。500 多名女员工尽显巾帼担当,有的与男员工一样坐船上站倒流程、巡回检查;有的开展疫情防控、安全监督等工作;有的为抗洪前线人员送饭送水、清理垃圾、核酸检测,提供全方位服务保障。

最是风险考验人,最是风险见精神。抗洪斗争中涌现出千百个"抗洪脸""抢险嗓""防洪步",践行了"吃苦不怕苦、遇险不畏险、知难不避难"的新时代辽河精神。

我们同心前行,尽锐出战建家园保产量。 复产上产中,成立6个专班,按照"三个统筹""四个同步"原则,挂图作战、网格管理、每日销项,全力推进"凝心聚力再奋战、安全日增一万吨"上产劳动竞赛。

强制排水专班夜以继日排洪涝。在左右岸、溢油中心、联合站、采油站等处布设排涝泵200余台,提前为复产做好准备。井站恢复专班复工复产忙抢修。员工每日工作近15小时,在齐腰水中抢修配电系统及各类机泵近万台套,提前6天完成所有井站复产。工程系统重构专班争分夺秒稳运行。昼夜不停恢复管线230千米,检修罐体400余台套,提前完成3座联合站、77台锅炉复产任务。地质工艺措施专班复产上产强攻坚。制定各类措施60余项,增调钻井、作业队21支,完成千余井次上产任务,日产迅速攀升至灾前86%。QHSE管理专班严控风险保安全。开展沉浸式排查、区域化防控、网格化监管,严格管控承包商,守住了安全环保的底线。复产保障专班统筹协调强服务。与机关处室一起严细核定工作量,加速市场运作,强化合规管理和过程监管;全面做好物资保障、井站消杀、员工心理疏导等工作。各专班密切协作合力攻坚,坚定扛起干事创业的责任担当。

我们同舟共济,携手并肩渡难关克时艰。 一方有难,八方支援。油田机关处室驻扎曙采,昼夜不停为我厂排忧解难。多家单位多次组织千人会战支援曙采,在近40摄氏度的高温雨水天气下,装沙袋、抛石块、扛水泥、布泵排水。外单位190多名挂职干部、技能专家、专业电工,协助完成1200余台套的机泵拆装、电气维修、现场管理等工作。各兄弟单位拆卸自家200余套机泵、配电柜、变频器送至我厂助力复产,"一家人、一条心、一盘棋",众志成城并肩战斗,共同奏响荡气回肠的抗洪战歌。

近三个月的连续奋战，曙采经受住了汛情和疫情双重考验。我们深知，能够最大限度控制损失、最快速度抢险复产，得益于公司党委的坚强领导、兄弟单位的鼎力相助和社会各界的大力支持。成绩是集体的，荣誉是大家的。对于大家的无私帮助，曙采人将永远铭记！借此机会一并表示衷心感谢！

征衣未解再跨鞍，接续奋斗谱新篇。我们将以党的二十大精神为动力，抓住当前油气上产的黄金时期，勇担使命、踔力奋发坚决完成全年任务，为辽河油田加油增气贡献曙光力量！

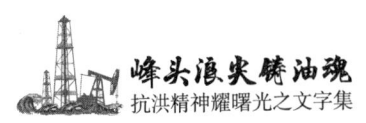

守住三条基线 筑牢三道保障 在大风大浪中履责担当

——在油田公司抗洪复产表彰大会上的书面发言

曙光采油厂副厂长 董绍刚

我叫董绍刚,作为曙光采油厂的副厂长、安全总监,在此次抗洪复产过程中,担任采油厂前线副指挥。我始终坚持把安全环保健康三条基线贯穿防洪复产全过程、各个环节,特别是坚定"守住安全环保就是守住抗洪复产最终胜利"的理念,实现了"零伤害、零事故、零溢油",为采油厂和油田公司取得抗洪复产全面胜利贡献了一份力量!

一、毫不松懈守住三条基线,确保抗洪复产全面胜利

一是坚决守住安全底线。安全不能肯定一切,但绝对能否定一切。针对抗洪复产现场交叉作业多、承包商队伍多、施工风险高等特点,全过程辨识风险点源,制定七大重点风险防控清单,逐一落实管控科室、明确防控措施,安全监管与复产过程嵌入式并轨运行。整合现场安全告知、承诺、派驻形成安全入场告知书,在施工区域入口设置公示栏,明确施工项目、人员、风险管控措施;使用动态施工审批单,简化手续提高时效;配备安全监督黄马甲,实现监管人员身份目视化。

施工区域实施网格化管理,选派厂级、科级、站队三级监督,运用"沉浸+剖析、专业+专职"的监督方式,实现施工现场监管全过程、无死角,累计下发通报27期,通报问题565项,罚款9.8万元。在曙一联、曙四联等重点路段进行交通管制,实施单向流通,日均疏导车辆3500台次,保障了曙光地区抗洪复产期间道路交通的高效、安全、有序运行。

二是坚决守住环保红线。坚决防止油污入河入海检验我们的政治担当。执行"网格化＋重要点位"围控方案,确立"远防近守、先控后收、分割处置、缩小范围、快速清理"处置思路,明确"一控、二拦、三收、四清、五测"工作举措,累计出动水陆特种设备6000余台次,吸油毡33400块,围油绳10130根,隔油栏2000套,消油剂1000桶。对泄洪区域3座油管厂提前管控,在4个小时内回收全部井场管杆,倒运沾油管柱到泄洪区外存放,周边隔油围控,保证了油管厂上水期间未发生溢油事件。为防止污油入河、入海,在关键部位布控隔油栏19道,其中入河11道,入海8道;迅速组织水面杂物收集,累计收集工业垃圾1000余吨,含油杂物及油泥4000余吨。

三是坚决守住健康防线。确保员工健康是抗洪复产的基石。强化员工健康管理,设立24小时前线医务服务站,发放急救小药箱45个,建立突发医疗事件绿色通道,针对突发状况及时开展救助。强化人员流动管控,严密跟踪最新疫情形势,在复产现场设置核酸检测点,培训员工自主检测,累计检测承包商及员工10000余人次,抓实抓细审批报备、隔离、居家健康监测等疫情防控措施,构筑复产上产"安全岛"。每日跟踪督导水淹区消毒消杀工作,完成消杀214万平方米,确保灾后无大疫。

二、争分夺秒筑牢三道保障,确保抗洪复产高效进行

一是坚决筑牢堤坝屏障。始终坚持早发现、快处置,把险情消灭在萌芽。根据防汛整体工作安排,全力以赴进行大坝修筑、封堵等工作。根据分工,在新一字坝、六区大坝等堤坝区域,采用"铁笼支撑＋桩基加固"的方式进行加固;在绕阳河右岸区域对8处较大的溃口,采用"打桩加固＋吨袋充填"的方式进行封堵。按照油田公司领导安排,对重点风险部位污水处理厂,用10小时时间连夜修筑1300米长、2米高防洪堤坝,为保障污水处理厂平稳运行奠定了基础;在安能公司封堵溃口时,及时组织六分厂至大锦线国堤处大坝路面维修工作,打通上料通道,保障了溃口合龙工作的顺利开展。

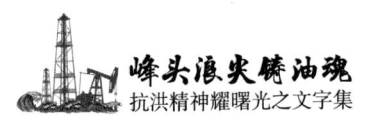

二是坚决筑牢基建保障。提前组织基建系统勘查现场、编制方案、材料申报、队伍准备,确保了管线设施维护、板房维修、保温施工等工作的顺利开展。针对SAGD 6号站工艺流程整体移位情况,组织现场办公,连夜组织施工,用5天时间恢复缓冲罐区流程,实现超前投产运行。截至目前累计完成各类管线扶正4200米,管线更换1100米,拆除管线旧保温层420千米,重做保温层360千米;板房维修完成312间,预计11月25日全部完成;工程和产品质量监管同步进行,监督项目43个,产品抽检50批次,通报质量问题18个,为工程质量达标提供有力保障。

三是坚决筑牢道路保障。坚持以水退人进、水落路通为原则,打通水淹区道路,水深1米以下立即组织水面清理,10厘米以下立即组织道路场站清淤。抢抓站场及道路维修,组织井场铺垫125个,进井路铺垫12.4千米,沥青路补坑槽3650平方米,保证了21.2千米专用公路的畅通。

这次历史罕见的特大洪涝灾害,是对各级干部能力素质、责任担当的一次重大检验和考验。作为一名石油人,我将继续发扬苦干实干、三老四严的石油精神;作为一名安全总监,我将继续牢守安全环保底线红线,以此次表彰为新起点、新动力,不断激励自己,勤勤恳恳、履职尽责,为采油厂安全发展、清洁发展、高质量发展做出自己应有的贡献。

心中无畏斗洪潮　　迎险逆行见精神

——在曙采厂抗洪复产表彰大会上的发言

生产运行科党支部

2022年，曙特地区遭遇数十年罕见的特大洪涝灾害，超乎猛烈之想象，超出防御之能力，超过灾害之预期，作为防洪防汛的主管科室，负有信息收集、汇报和落实现场指挥部指令的职责。在长达两个多月的抗洪复产战斗中，我们按照抗洪抢险指挥部的部署，充分发挥党支部的战斗堡垒作用和党员的先锋模范作用，开始战斗、继续战斗、永远战斗，用全部的付出和汗水，为油田公司取得抗洪复产全面胜利，贡献了智慧和力量。

警报！洪水来袭，前线告急。 当我们收到500立方米/秒的洪峰即将到来的消息时，大家正在彻夜加固溢油中心段因大雨冲刷导致防护薄弱的1.2千米防潮堤。堤坝设计极限防护能力只有400立方米/秒，堤坝危机、井站危机，为了保卫生产生活的家园，我们决心与这场特大洪水死战到底。7月7日开始，右岸支流开始漫水，7月9日绕阳河河水持续升高，回形堤局部漫水，我们开始了多点作战模式。科室17人当中有15名党员，平均年龄45岁，除一名女同志外，全部冲上抗洪抢险一线。每个人都身兼数职，手机不间断地响，工作一个接一个安排，满负荷运行，连睡觉都成了奢侈。我厂负责4个区域近15千米的堤坝防控任务，防线点多面广，科室人员分布在各个关键点位独当一面。无论在哪个现场都能看到科室的人，然而有临时任务却又调不出一个人，因为大家分管的工作都特别关键。393立方米/秒的洪水我们抵御住了，670立方米/秒的洪水我们挡住了，但在7月10日当洪峰流量达到809立方米/秒的时候，无情的洪水淹没了我们加高了一次又一次的堤坝，淹没了我们

的井站道路。洪水最高一度达到了1850立方米/秒,是去年的4.5倍。在大自然面前我们感受到了自身的无助和渺小,现场的领导和抢险队员们看着被淹没的家园,泪眼蒙眬。

战斗!聚是一团火,散是满天星。7月8日,我们接到立即组织杜84块人员全部安全撤离指令后,安排"90后"副科长朱靖宇驻守23号站围堤,看守新筑的"L"形堤坝。当晚,洪峰从河道下游冲出,逆流到了"L"形堤坝,叠加潮水顶托作用,将坝内几吨重的水闸瞬间推向坝外,发出巨响。"L"形坝也出现豁口,冲破了我们今年建成的自建厂以来最强洪潮防御屏障。由于当时施工风险巨大,第二天朱靖宇按照采油厂工作部署,调集钩机、砂石料进行封堵。因为全身心投入加固这条堤坝,手机没电也顾不上充,一度"失联"36小时。而这只是我们全员战斗的一个缩影。

坚守!保卫曙光,保卫家园。8月1日对我们来说意义非凡,洪水逼着我们打响了曙光矿区保卫战。这是一场输不起的战斗,我们要誓死保卫矿区人民生命财产安全。

当晚,我们按照指挥部部署,在曙十三支连夜筑坝。第二天洪水就冲到了新筑的坝底,逐渐抬升。周边的居民早就开始了紧急撤离,甚至连跌落在水线的牛都丢弃不顾。我们科室人员连同采油厂抗洪将士依然坚守、巡坝,在这里我们与近千人的队伍共同战斗,我们是指挥员,是协调员,也是战斗员。这时洪水已经到达了坝顶,最低处马上要漫水。在大家都紧盯水势、协调封堵、加高过程中,党员焦杰反应过来一个问题,应该及时分流避险,减轻堤坝防守压力,于是他在黑夜中沿水线找到水闸,努力用管钳打开闸板。由于不是专业工具,进度缓慢,焦杰就找来钩机,用铁铲将管钳把砸断,成功实现开闸泄水分流,有效缓解了漫水处堤坝的压力,为抢险赢得了时间。从7月7日到8月4日间,焦杰从未请过一天假,直到累倒,被送上救护车。尽管如此,大家还是坚持奋战,有的人累到出现幻觉也毫无退缩。因为每个人都清楚，抗洪抢险离不开我们，我们更不能离开阵地。在情况最危急的时候，大段出现渗水，由于路窄泥泞，多次派调物料送不上去。那时我们感到特别焦急和无助，战友们在前面战斗，我却给不了他们枪和子弹，是大家徒手踩着齐膝的泥巴守住了洪水一次次的冲击。

在长达一个多月的抗洪抢险过程中，我们共组织大型抢险10次，建堤修坝13千米，封堵决口9处，组织调运沙袋15万余袋，水泥4000余吨，物资20余大类共20.7万件，各型车辆1万台次，船只669船次，抢险人员1.5万人次，昼夜连续作战成为常态。

复产！我们是先锋军，排头兵。9月14日，我们提前15天完成了复产任务。

为什么复产推进会如此之快？

这得益于我们的精准决策和科学管理，建立复产计划会机制，每晚7点召开会议安排次日复产工作量，将工作量具体到站和单井，靠实配电设备和电机等重点设备设施配备到位时间和台数，并对当日完成情况进行检查。

为什么晚上还要折腾大家开会？

就是为了催促各基层单位快抢快干，快点拔出难题。复产期间，为了带好头，副科长刘健负责协调电路恢复、抽水排涝等工作，电话不断，身上揣着4个充电宝，每天不是睡在值班车里，就是躺在办公室沙发上，媳妇给他打电话说"回家前给来个信儿"，还发了个导航定位，问他一个月多都没回家，还能找到家吗！像刘健这样的情况我们都有，但是为了早日实现全面复产，我们付出再多都甘之如饴。

大家的共同付出，助力了全厂超前完成复产任务，提前10天恢复了关停的125个采油站2277口油井，在9月24日前恢复注汽锅炉88台。后期，我们又通过进一步强化措施运行、产能建设提速、注汽规模提升等工作，圆满完成快速恢复产量的目标，仅用一个多月时间，注汽量就恢复到灾前水平，

日产油恢复到灾前水平的 85% 以上。

  守得云开见月明，静待花开终有时。经历过这次抗洪复产大考，留给我们的不只是伤痕和汗水，更有勇敢、团结、奉献和斗志。我们将认真贯彻落实油田公司和采油厂相关要求，做好冬防保温及其他上产相关工作，为油田公司做好"三篇文章"和曙光采油厂的高质量发展贡献力量。

以战时状态坚决打赢抗洪上产攻坚战

——在曙采厂抗洪复产表彰大会上的发言

采油作业一区党总支

6月下旬以来,曙光采油厂遭受有水文纪录以来最大的洪涝灾害。在大灾大难面前,采油作业一区坚决贯彻落实油田公司、采油厂抗洪复产各项工作要求,和全厂员工一道,顶烈日、战洪魔,在抗击洪潮、全力复工、提产上产攻坚中,全区上下勠力同心、迎难而上、攻坚克难,历经3个多月的艰苦鏖战,取得了抗洪上产的全面胜利。

一、抗击洪水,全面打赢生存家园保卫战

采油作业一区产量规模42万吨,开井数近500口,占全厂开井数的1/4,生产区域跨越绕阳河国堤。入汛以来,我们经历了两次关井关站,7月11日有序关闭河套内4座采油站,8月1日仅用2小时紧急关闭河套外7座采油站、油井300多口,实现了人员安全高效紧急撤离,全面进入防汛抗洪阶段。抗洪期间负责采油厂绕阳河左岸曙四联段的防洪任务,承担L形坝的加固及泄洪、曙十三支堤坝维护、厂防汛砂石料的验收、国堤以东70多万平方米水域的环境监督治理、国堤巡检、管涌封堵等重要任务,是采油厂关闭井站最多、时间跨度最长、防汛任务最重的单位。

险情就是命令,哪里有任务哪里就有一区员工、哪里有险情哪里就有党员干部的身影。在近2个月的抗洪抢险工作中,党员干部率先垂范、员工顾全大局的精神得到充分展现。在汛情极其严峻的7月31日,作业区30多名抢险突击队员仍然坚守国堤曙四联段的加固、巡检、管涌堵漏等任务,直到晚上10点多部队接管护堤任务后才撤离。在8月1日9点接到厂关井关站命令后,作业区

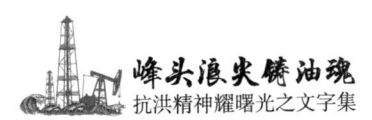

紧急启动应急预案，厂长周鹰第一时间到达106采油站，与作业区干部员工一道关井关站、查探水情、组织人员撤离，直到他亲自检查大坝决堤处附近3座采油站员工全部撤离后才赶赴其他抢险现场，确保人员安全。8月2日下午接到厂无人机航拍险情，106采油站值班房全部淹没，站内缓冲罐出现倾斜，作业区主任带领5名党员抢险突击队员，人抬肩扛注水泵等抢险设备，乘坐橡皮筏赶赴现场，在洪水滔天的大坝决堤处、在5米多深的洪水中经过近6个小时的缓冲罐注水抢险，避免了重大环境事故及财产损失。8月7日凌晨1点作业区书记带队围堤巡坝时发现大坝抢险合龙处管涌险情，为防洪抢险总指挥部处理重大险情提供了重要决策依据，一天天不辞辛劳的坚守付出、一幅幅鲜活生动的奋战画面，是对"关键时刻冲得上去、危难关头豁得出来，才是真正的共产党人"最好的诠释。

二、精心组织，全面打赢稳产规模恢复战

全面复工复产是一项艰巨复杂的系统性工程，能够参与采油厂上百座采油站、上千口油井同时重建的超级石油会战，深感责任重大使命光荣。我们践行对采油厂"水退人进、抢产减损""设备不投运、复产不松劲"的承诺，逐水而进、与时间赛跑，努力将洪涝灾害的损失降到最低。8月上旬，作业区超前谋划、精心组织复产方案的编制，将采油厂"一站一策、一井一策"复产方案属地化，针对复产现场清淤、设备维修拆装、电器电路恢复、设备投运等关键环节，工作量大任务艰巨、施工单位众多、人员素质参差不齐、交叉作业管理难度大的困难矛盾，落实旁站监督，靠实责任，先后成立了安全监督、设备调试、电路恢复、机泵保养、油品拉运、油井解卡、管线解堵等10多个工作专班，在加快复工进度的同时防止了安全环保风险的发生。

8月23日复工以来，我们坚决执行厂复产工作要求，倒排运行计划、挂图作战，细化责任分解，加快复产步伐，重点在站区场地清淤、生活环境消杀、电力系统恢复、设备抢修保养、井场道路修复等基础设施恢复上下功夫，

为抢时率抢进度，举全作业区之力，加大对抽油机检修调试、地上地下管网阀门维护、站内设备检修保养力度，争取早开井多开井。在厂相关科室和兄弟单位的大力支持下，克服疫情防控对复产资源跨区域调动的不利影响，每天协调100多台套设备运送到采油站，在短短20天多时间内集中拆卸安装电机、配电箱、变频器、输油泵等急需设备3000多台套，保证了油井投产进度。

复产初期，本着抢时率早见产的原则，第一时间全力组织开井复产，为确保原油不进联合站，及时成立24小时全天候油品拉运专班，将原油运送到冷家、欢采、高采等单位10多个卸油点，持续11天拉运原油700多车次，破解了原油输送能力不足的难题，产能逐步恢复。曙四联投运后，全区300多名干部员工发扬"有条件要上，没有条件创造条件也要上"的会战精神，通过支部联建、班站互助、党员结对、员工帮带等形式，组织干部员工"白加黑、五加二"连续作战，开展抢开油井、油井解卡、站容站貌恢复会战等，干部员工以站为家、舍小家顾大家、攻坚啃硬的精神风貌得到充分展现。油田公司管理规模最大的采油一区103采油站104口油井复产仅用3天时间，作业区9月4日最高复产油井66口、9月10日中秋节复产油井42口，到9月11日实现作业区11座采油站、472口油井复产，开井规模达到汛前状态。

三、加快步伐，全面打赢提产上产攻坚战

产量是采油单位的命根子，油井早复产快上产就是为采油厂创效益、为员工谋福利。基本产能恢复后，我们以"学贺信、鼓干劲、找差距、再作为，深入开展劳动竞赛"主题活动为契机，将稳产上产作为攻坚目标，对复产后运行正常的油井通过优先对调整生产参数偏小、化验含水低、有变频器的高产井集中攻坚，使班站每天都有管理工作量、每天产量都有新增长，提高油井管理指标；对复产不正常的油井开展调查研究评估，对产量高、解卡难度小、作业风险低的井优先组织进攻性措施，先易后难逐井处理，快速增加产能；对因洪涝影响停产、停注，油井供液能力变差、含水上升、油水严重分

离及出现"死油"卡井等现象的油井,本着"大面积、大排量、低强度"的原则注汽,快速建立地下温场,保证油层有效连通,到9月底作业区注汽能力恢复到5500吨以上,产量达到1100吨,基本恢复到灾前水平,为"加油增气"贡献了采一力量。

年终岁尾,是全厂上产攻坚的特殊时段,对于采油作业一区而言,我们要把抗洪精神转化为上产的动力,把产量当作最大的政治任务,组织全区员工,进一步优化方案论证、细化措施组织、精准现场操作,加快上产组织,全力弥补洪涝影响产量缺口。对吞吐老区要开展剩余油潜能分析,优化注汽、加大调层补孔、长停井复产及堵水等进攻性措施实施力度;对杜80蒸汽驱要制定油井降液控温措施,注汽井做好井组重新预热、增加区域热连通等措施,改善油层条件和生产状况;对新井、大修井投产要加强钻前准备协调、提前踏勘现场、为新井提前组织提供场地,超前谋划新井、大修井注汽运行,优化投产顺序,通过以上措施的落实,力争完成年度调整指标,2023年起步产量达到1100吨以上。

在厂党政班子的坚强领导下、在机关部门的大力支持下、在全区干部员工的共同努力下,作业区将以党的二十大精神为指导,以开始战斗、继续战斗、永远战斗的姿态,加快夺油上产步伐,坚决完成各项指标任务,以优异的业绩向采油厂交上一份满意的答卷!

捍卫油区勇做"排头兵"
共克时艰锻造"特战队"

——在曙采厂抗洪复产表彰大会上的发言

热注作业一区党总支

今年夏天,曙光油区发生历史罕见特大洪水,致使热注作业一区29座注汽站受淹关停,43台锅炉被滔滔洪水吞噬。危难之际,全体干部员工在采油厂的正确领导下,团结一心、顽强战斗,坚决打赢抗洪复产攻坚战。

快!撤离!水情乍现,汛情如令,我们爱站如家,竭力守护。

7月7日,杜48块7个站区出现上水迹象。面对连日暴雨不断、站区上水速度较快等不容乐观的情形,我们紧急召开防洪会议,成立了由领导班子带头的防洪防汛突击队,24小时驻站值守,不断拆卸、架高设备设施,开短会、讲短话、发短文,全力应战。

7月9日,175块、212块全员撤离。我们搜索了站区的每一个角落,架高了所有能架高的设备,带走了所有能带走的物资,坚持抢险到最后一秒。为了保证员工全部离站,在撤离前的最后时间,扎根在175块的注汽站长马凡林跑遍了附近站区,从健步如飞累到步履蹒跚。

三天两夜的时间里,我们架高了400余台机泵,加固了160余个罐体、地箱,保住了11台操作盘,从水情出现到洪水肆虐,我们不遗余力。

"心疼啊!这就像我们的家一样,这么大的洪水,东西全泡了!"注汽站长葛庆会面对洪水侵害,铮铮铁骨洒下热泪,七尺男儿袒露心声。

我们的站区虽然被洪水漫过,但爱站如家、团结一心筑起的精神堤坝却从没有被冲垮,始终巍然屹立,汇聚起抗洪抢险的磅礴力量。

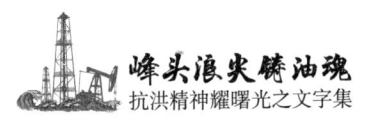

上！抢险！洪水肆虐，险情突发，我们不畏艰险，冲锋在前。

7月13日，站内水位攀升至历史性高度4.2米，SAGD两座千吨油罐漂浮倾斜，一旦倒塌，势必出现设备损失、油污漫延。在这紧要关头，作业区主任带领15名应急抢险队员扛上抢险物资，毅然决然冲向灾区。

为了铺设隔油防护，面对10余米高的庞然大物，我们咬紧牙关，克服恐惧，奋力划桨穿越罐区的周围；为了快速建立注水通道，站长高彬背上输水管线，举步维艰，手脚并用攀爬倾斜的油罐。

抢险第二天，还在冲锋舟上无处可躲的队员遭遇暴雨袭击，被迫拿着安全帽将船里的水一下一下地向外舀……经过48个小时浴水奋战，罐体成功复位。

8月1日，曙四联段国堤溃口，为了避免洪灾扩大，守住油区平安，危难之时，我们冲锋在前，坚守起5个国堤驻守点。洪水阻断、道路泥泞，我们不屈不挠，每天负重前行超过4千米；酷暑暴晒、蚊虫肆虐，我们无所畏惧，席地而坐昼夜看护。

连续72小时，像钉子一样"钉"在坝上的孙光辉；身披塑料布，以血肉之躯抵挡暴雨袭击的赵向军；头顶烈日，满头大汗挥铁锹的马向波；体力透支，倚在树上喘着大口粗气的吉辽苏……在无数的抢险画面中，我们不惧困难，始终站在一起、干在一起。

无论洪水怎样肆虐，无论前方多少艰难困苦，都无法阻挡我们同舟共济、团结奋进、守卫家园的步伐。

干！启炉！洪水减退，复产在即，我们不等不靠，满腔斗志。

谋定而后动，厚积而薄发。复产前，我们通过冲锋舟巡线、无人机巡航清晰了复产难度，成立了9名安全员组成的安全监督班，挑选了24名技术骨干组成攻关小组，开展了为期15天的复产培训专班，确保全面复工复产底气充足。

面对SAGD工艺流程复杂，复工复产难度大的实际困难，我们第一时间成立现场临时指挥部，厂领导、机关科室第一时间现场指导，作业区主任连续驻站200多个小时，确保了SAGD 3号炉5天复产成功，为油田公司SAGD区域成功复产打响了第一枪。

为了加快复产进度，主管领导李吉贵带领技术攻关小组连续数日解决技术难题，站在锅炉前目不转睛，蹲在锅炉旁轮流吃饭；患有痛风的朱亮"轻伤不下火线"，脚踩淤泥进行实地勘察，以徒步的方式巡检管线100余千米；现场辅助设备无法使用，有人身背铁链，有人肩扛杠杆，有人手挖污泥，肩膀肿了、手磨破了、衣服湿透了，顾不得包扎、顾不得休息、顾不得吃饭、顾不得回家……在全体干部员工的共同努力下，33台在用锅炉仅用24天提前复产成功。

为了解决软化水紧缺的实际难题，我们再次马力全开，一声声指令喊得嘶哑，一张张面孔晒得黝黑，一双双眼睛熬得猩红，我们始终坚持战斗，成功唤醒了停运7年的水处理设备。注汽量迅速恢复到灾前水平，吹响了抗洪复产胜利的号角。

风雨同舟的经历厚植了我们爱站如家的情怀、凝练了我们不畏艰险的精神、提升了我们不等不靠的素养。经此一战，我们不仅赢得了抗洪复产的全面胜利，更是锻造了一支"招之即来、来之能战、战之能胜"的过硬队伍。今后，我们将竭尽全力、拼搏奋斗，为采油厂高质量发展贡献热注力量，助力稠油产量再上新台阶！

跑出畅通动脉"加速度"
打好精准复产"第一枪"

——在曙采厂抗洪复产表彰大会上的发言

集输大队党总支

今年,曙特地区遭遇70年不遇的洪涝灾害,集输大队三座联合站先后按下暂停键。作为全厂原油及污水深度处理的核心,集输大队坚决落实采油厂抗洪复产工作部署,全体干部员工众志成城、勇挑重担,日夜鏖战在抗洪复产最前沿,谱写了一篇篇英勇壮美的感人篇章。

一、未雨绸缪,尽最大努力保障生产

7月初,面对突如其来的洪灾侵袭,坝内作业区受灾严重,联合站进站液量大幅下降。作为全厂生产工作的枢纽,我们的使命就是尽最大努力保障站内管线平稳运行。为避免原油温度降低导致管线凝堵,大队超前部署调整站内生产运行参数,对曙四联、曙五联沉降罐及时进行漂油处理,同时对缓冲罐和好油罐进行充水作业,为灾后复产做好充足准备。

大队调度室紧盯汛情变化,专门组织两级生产干部召开停产工作专项会议,制定应急预案,梳理工作流程。在接到厂里停产指令后,大队第一时间组织对稀油管线和外输管线进行扫线作业,在干部员工的严密组织下,累计25千米的管线一次性扫线成功。

抗洪期间,大队一方面积极响应采油厂抗洪指挥,另一方面提前组织复产方案的编制工作。为了尽最大努力控制投产风险,我们按照"一站一策,一岗一表"的工作原则,制作了《岗位投产检查表》和《配电间检查表》;按照联合站最低运行需求,编制了《复产机泵维护第一批计划》。我们白天参与筑坝巡线，晚上就在临时搭建的帐篷里研究复产方案，往往到了晚上九十点钟，仍然能够看到帐篷里灯火通明、人头攒动。就是在这种不怕苦、不怕累的劲头下，我们愣是仅用5天的时间就完成了三座联合站的复产方案。

二、争分夺秒，以最快速度恢复运行

洪水来袭，三座联合站先后进水停产，曙一联最高水位1.2米，曙五联最高水位1.7米，受灾最严重的曙四联最高水位一度达到了4.2米。站外沟渠交错，站内积水恶臭，加之停电缺泵，多种难题制约着排涝作业的开展。在厂科室的大力支持下，我们实施了站外封闭区域排水，辅助站内排涝方式，仅用10天时间就完成了所有联合站的排涝工作，为抢修作业挤出了宝贵时间。

"不能让联合站拖累复产进度！"这是全体集输人的一致想法。大队充分利用排涝时间差，积极与厂科室沟通，紧急连接了反向输油工艺，解决了原油出路问题，连夜调集机泵为污水大队提供污水，彻夜组织电工维护电路，45座配电间一次性送电成功。3000余米电缆铺设、50万平方米排涝清淤、470余台机泵修理、站内700余人同时施工……一个个破纪录的数字清晰记录着集输速度和曙光力量。

油水系统复产伊始，我们又迎来了新的难题，稀油凝固点低、稠油低温粘度大、各站工艺均不同、采油站复产进度不一。即使困难重重，但顽强的集输人从来不向困难低头，"先送一路电，先启一台泵，先投一座罐"成为大家的口头禅。简陋的帐篷内生产现场会开得火热，一个个复产"金点子"在讨论中陆续产生：将加热炉由加热原油改为加热污水以保障作业用水需求，优先恢复卸油功能实现单日卸油上千吨，最快恢复软化功能保障注汽作业顺利进行。集输系统在厂领导及各科室的帮助下，不断挑战着运行极限，创造了5天复产一座站的曙光纪录。

三、迎难而上，用最强示范诠释使命

面对汛情险情，大队上下与暴雨赛跑，和险情博弈，一场防洪防汛保卫

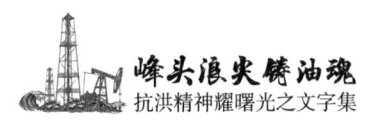

战全面打响。抗洪初期,为保障联合站平稳运行,10余名党员干部连续吃住在曙五联一守就是20天。洪峰来袭,第一时间集结20余名精兵强将组成抗洪抢险突击队,快速驰援护堤前线。人员分组、战前动员、装卸沙袋,现场紧张忙碌却又有条不紊。从早到晚,闷热暴晒,无处遮阳,突击队员们顶着太阳,挥汗如雨。虽然疲惫,但绝不退缩!在他们心里,一个执念始终清晰:再难也要保住曙光家园。

时间就是命令,效率就是产量。复产攻坚战打响后,大队党员冲锋在前,以身示范,攻克一个又一个难题。复产初期的联合站缺少罐位电子显示仪,但又需要保持连续运行。关键时刻,党员干部主动请缨,轮流驻站值班,反复爬上大罐检尺校验,为联合站平稳度过"危险期"保驾护航。曙一联部分管线因水淹降温已接近析蜡点,极易出现凝堵现象。党支部组织党员合力攻关,想出了直接拆除保温层,利用阳光加热的解堵方案,使脱水管线一次投产成功,以最低成本规避了最大风险。在时间紧迫、缺少物资的情况下,曙四联组织党员突击队自行更换树脂150吨,自主维修更换阀门30余个,自行冲洗浮选机,使软化产能达到了每日2.2万立方米的处理峰值。在党建联盟的引领下,大队与油气集输公司曙光分公司协调配合,在72小时内完成了2条10千米外输工艺管线的暖管、投油和进罐工作,为打通我厂原油外销出路提供了有力保障。

洪水已退,斗志未减。在辽河油田公司和曙采厂的正确领导下,集输大队全体干部员工将继续保持永远战斗的工作状态,坚定信心、砥砺奋进,在辽河油田公司高质量发展的征程中再做贡献、再立新功、再创佳绩!

守护"三道底线"担使命
誓为"百面红旗"添新彩

——在曙采厂抗洪复产表彰大会上的发言

采油作业六区主任　门福信

过去的几个月，我们永远不会忘记。面对着70年不遇的特大洪水，我们采油作业六区全体干部员工在采油厂的正确领导下，秉承"守土有责、抗洪有方、复产有序"的理念，直面"水淹时间最长、灾情损失最重、工作体量最大、复产难度最高"的挑战，以"一个不能伤、一步不能错、一刻不能停、一寸不能让"的抗洪复产精神，用90多天的连续奋战取得了抗洪复产的全面胜利。

今天我能够站在这里，不单单是厂党委对我个人的肯定，更是对六区全体干部员工的赞誉，我为自己能成为这支"敢扛红旗、敢争一流"集团公司百面红旗英雄队伍中的一员而骄傲。在此，我代表六区317名干部员工向厂领导、机关科室和帮助我们的兄弟单位表示衷心的感谢。

一、打好抗洪排涝主动战，牢牢守住防潮堤这道"安全底线"

我深知，采油井站是我们的创效源泉，必须不抛弃不放弃。面对汹涌的洪水，我组织建立了由应急指挥小组、车辆调配小组、堤坝加固小组组成的"一点指挥、两线作战"的整体联动机制。

7月9日撤离前，连续4天4夜对新8号站到溢油应急中心处防潮堤紧急加固；7月10日彻夜围堵3147和167平台闸板处险情；之后连续4天对防潮堤整体加高加固。数次抢险中，日均调配货车、铲车、钩机近百台次，动用百余人连续作战，搬运沙袋、水泥近百吨，增高加固护堤2千米。

在这场守护防潮堤的战役中，我看到了58岁的老师傅肩扛沙袋奔走穿梭

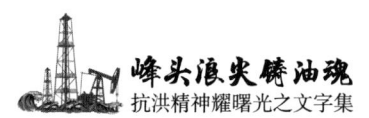

在大堤上,看到了精壮小伙连搬数趟水泥后大口喘着粗气,也看到了唯一的女站长奋力推着单车运送水泥。在这个团队里,有因指挥沙哑了嗓子,有因奔走磨出了水泡……随处都是从头到脚布满水泥灰的身影。

心中无畏,迎险逆行,就是这样一群人,用"抗洪排涝担使命,巡护大堤守初心"的精神保证了防潮堤的完好,守住了六区的"安全线"。

二、打好抢筑堤坝保卫战,牢牢守住曙13支这道"幸福底线"

我深知,曙光矿区是我们的美丽家园,必须不推诿不懈怠。在肆虐的洪水将要侵入曙光矿区的紧要关头,厂领导同我们并肩作战,众志成城保护曙采矿区安宁。

8月1日清晨,我集结了作业区127名员工兵分两路赶赴一线,党总支书记臧旭峰带队在污水处理厂门口组织沙袋装填,我带队对曙13支400米左右的堤坝薄弱点进行加高加固。

我们与洪水拼速度,与洪峰抢时间,始终冲在抗洪抢险最前沿,最险处。我带领机关、基层党员组成抢险突击队,先后组织运送物料、加固堤坝、铺设防渗布等抢险任务,轮番作战,昼夜不停。忘不了兄弟单位配合无间,鼎力相助;忘不了,众多同事不怕苦累,顽强奋战;忘不了,铁杆当针,身体当石,只为将防渗布铺设得与坝体更贴合更牢固;忘不了,在牛都无法通过的坝体上,同志们满身泥巴一步一步攀爬的身影;忘不了深夜里顶风冒雨鏖战5个多小时牢牢守住的近5米长,厚度不足20厘米的坝体……回望那场战斗,全体员工表现出超人的勇气和惊人的毅力。在战斗中,工服被汗水打湿,手机掉在洪水中,脚踝扭伤已全然不顾,我们用行动践行了"把最险路段,最难任务交给我们"的铮铮誓言。

长夜散尽,星河长明。当清晨的第一缕阳光照进曙光大地,我们坚守住了矿区的"幸福线"。

三、打好灾后上产攻坚战，牢牢守住迅速复产这道"时间底线"

我深知，原油生产是我们的发展之基，必须不等靠不畏难。抗洪取得阶段性胜利，全面复产上产的号角随之吹响。锚定9月15日完成复产任务目标不动摇，是政治任务，更是我们坚决捍卫的"时间线"。

从8月21日水位降至能进铲车开始，复产工作全面铺开。至9月4日区域排水完成，仅半个月时间，我们从齐腰深的水中利用长臂钩机与铲车配合，组织拆卸电机549台，更换、维修配电柜460余台，干部员工人拉肩扛更换电缆4500余米，更换抽油机减速箱机油370台，高效完成复产前期准备工作。

在SAGD 6号站工艺流程移位恢复工作中，我每天超过12小时坚守在现场，监督关键环节施工。9月14日，随着SAGD 6号站恢复运行，标志着作业区复工复产取得胜利。

截至目前，作业区开井277口，恢复到汛前的79%，产量1050吨，恢复到汛前的73%。我们将继续加快产能建设提速、加快注汽运行组织，强化吞吐措施运行、精细SAGD开发调控，尽快将产量恢复到灾前水平。

风雨洗礼更坚韧，日夜鏖战写担当。经历过这次洪水，留给我们的不只有记忆，更有"曙光精神"的辉煌展现。坚信在厂党委的正确领导下，我们六区干部员工将直面冬季上产攻坚战，不畏艰难，坚决完成全年各项任务指标，为曙光采油厂高质量发展贡献六区力量！

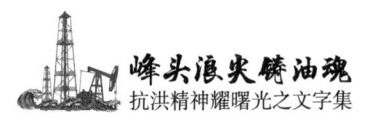

磨砺初心践使命　抗洪复产当先锋
——在曙采厂抗洪复产表彰大会上的发言

采油作业三区副主任　白　龙

今年6月底，我厂遭受了历史罕见的洪涝灾害，采油作业三区全面水淹，井站悉数关停，防汛形势异常严峻。既无可避，那便迎战！作为作业区的生产负责人，从汛前准备、抗洪抢险到汛后复产，我始终带领全区干部员工一起驻守在抗洪复产最前线，闻汛而动，逆水而行，第一时间制定防汛预案，第一时间开展应急抢险，第一时间组织复工复产，使作业区提前15天完成复产任务，成为曙特地区第一家全面复产的稠油作业区。

一、超前预案，确保防范有术、保障有法

不打无准备之仗，不打无把握之仗。受区域位置影响，我们三区每年都要经历6～8个月的汛期，在与洪潮多次搏斗中，我们也在不断摸索并形成一套有效的抗洪模式和成功经验。自4月下旬，我带着调度室和管理组先后4次召开专门会议，在以往防洪防汛工作的基础上，不断细化完善防洪防汛预案，分区域制定应急措施，建立防汛责任捆绑清单，细化责任分工，抢抓时间节点，做到有备而战、战之能胜。

水患来临，"电老虎"危害巨大。我们提前成立了汛期配电系统检修小组，着手对配电箱、变频器、漏电保护器、电缆等设备设施逐项检查，完成潮水区域电缆绝缘检测420条，更换破损电缆2800余米；架高动力柜、电机防雨包扎、配电箱体加固共计370余处，努力将电路风险降至最低。

员工无违章，环保无事故。我们以雨季"十防"为重点，开展全员安全教育，保证参与率、合格率达到100%。隔油栏、救生圈、救生衣等防汛物资分发到位，并对 28 座采油站易穿孔部位设置隔油栏 267 处，严格执行干部 24 小时值班制度，加固汛期安全环保"防护网"。

二、靠前指挥，确保措施有力、行动有效

抗洪抢险争的是时间，比的是速度，拼的是能力，要的是效果。自 6 月 27 日启动防汛应急响应起，作业区就正式开启了战斗模式。我们成立了由班子成员、机关干部、党员骨干组成的抗洪抢险突击队，领导班子以"时时放心不下，事事落到实处"的责任感，连续 23 天驻守在抗洪一线。无论是关井关站、抢运设备，还是巡坝固堤、紧急排险、后勤保障，处处彰显出"抢时间、快推进、保安全"的强烈意识。

洪水涨一尺，斗志高一丈！越是情况危急，越是要带头冲锋在前。7 月 11 日，绕阳河最高水位达到 4.9 米，晚 9 点夜间无人机巡检至 32 号站一字堤时发现两处管涌。为防止管涌扩大造成溃坝，我们在确保水位退至坝面以下时，第一时间组织抢险人员对管涌处进行封堵。由于挖掘机已不具备作业条件，只能人工装卸。此时的我刚由现场返回到作业区，听到消息又即刻带领值班干部及抢险队员奔赴"战场"，卸砂料、装沙袋、垒大坝，经过 4 小时的封堵，管涌被堵住了。4 个小时下来，手套磨漏了，鞋袜湿透了，身体不受控制地颤抖，体力严重透支，但是当看到坝体得到稳固，我觉得一切付出都是值得的。正是有了抗洪战士们这种舍我其谁的担当与付出，才守住了回形堤这道绕阳河内主力区块的最后防线，也为日后复工复产提供了可靠保证。

三、提前谋划，确保损失有控、复产有速

"把损失的产量夺回来！"在采油厂的统一部署下，作业区吹响了复产上产的战斗号角，全区 400 多名"抗洪战士"瞬化"复产先锋"。全区一盘棋、上下一股劲，我们按照"安全为重、效率优先"的原则，结合冬防工作扎实推进各项复产措施。**复产方案科学制定。** 我们成立了复产指挥部和 10 个复产工作小组，以杜 48 块、32 站回形堤、35 站及 30 站四个区域分类实施"一站

一策、一井一策"工作方案。**准备工作超前组织**。我们对在撤离前抢出的65台抽油机电机、60台油井变频器,在满足安全水深的情况下开展排查,并利用铲车、大型自备吊车等特种车辆进行电机、配电箱体的拆除及安装,实现抗洪—复产"无缝衔接"。**挂图作战清单管理**。我们以党支部所辖班站为单元,每天不论忙到多晚都要总结当天复产进度,翔实次日重点工作,确保电缆、配电设备检测、各类机泵更换以及清淤消杀等工作迅速、高效开展,做到衔接有序,避免出现窝工、等停等现象发生,极大提升了复产效率。

自8月15日起,随着水位下降,我和同事们开始"白+黑"加速推进复站复井工作,从6时到19时每天坚守现场组织协调送电、复站以及开井工作,分批次对49台机泵设备、280台电机进行回收及检修,对770台电器设备进行检测,对28座采油站进行清淤、消杀,对区域内14处缺口进行围堰抽水,累计更换电机265台,维修外输泵32台,更换电缆189条,更换变频、配电箱345台,调整注汽运行23井次,抢上油井措施18口,截至目前作业区产量已超线运行61天。不论抗洪还是复产,其中每一项工作的完成,都离不开相关科室、兄弟单位的大力支持、合力攻坚,更离不开厂领导的正确领导和亲切关怀。

这次历史罕见的特大洪涝灾害,是对我个人能力素质、责任担当的一次重大磨砺和考验。作为一名石油人,我将继续发扬苦干实干、三老四严的"老石油"光荣传统;作为作业区生产负责人,我将继续发扬抗洪精神,始终保持昂扬斗志、勤勤恳恳、履职尽责,全力做好原油上产收官工作,为建设一流示范性采油厂贡献自己应有的力量!

不抛弃不放弃筑牢抗洪防线
抢进度提速度高奏复产凯歌

——在曙采厂抗洪复产表彰大会上的发言

热注作业二区调度长　迟　宇

我是迟宇,现任曙光采油厂热注作业二区生产调度长,在这个平凡的岗位上已经工作了12年,今天能够站在这里做汇报,我深感荣幸。今年夏天,曙光油区经历了一场历史罕见大洪水,在采油厂的统一指挥部署下,我同所有不畏艰险、勇往直前的曙光人一起战洪水、守家园、保生产,与洪水展开了一场惊心动魄的顽强斗争。

排查、再排查,一个不能少!

7月初,受强降雨、上游泄洪等影响,采油厂防汛形势一日紧过一日。作为经历过多次洪涝灾害的基层生产调度长,每一个雨夜我都辗转难眠,担心班站内涝、员工安全和注汽生产,将手机铃声调到了最大,生怕错过任何一条消息,为第一时间了解生产情况,干脆将家搬到了办公室,白天深入一线排查防汛、应急准备工作,晚上梳理车辆调度、应急物资完善、接转注汽、设备搬迁等重点工作,24小时在岗,"零距离"办公。

众所周知,我单位刚完成新一轮划转,重组改革的热二由20个班组增加到40个,锅炉设备从32台剧增至56台,在册员工从360余人骤增到586人,设备人员几乎增加一倍,名副其实的点多、线长、面广,队伍结构复杂,技术水平也参差不齐,而洪水来势汹汹,刻不容缓,我深感责任重大,防汛压力倍增。凭借多年岗位工作经验,我迅速调整状态,开启"战斗模式",积极响应采油厂每一项安排部署,在工作日志上详细记录下这一路走来的艰辛:7

月8日,杜48块15人次撤离,关停2个站;7月9日,212块、175块坝内126人次全部撤离,关停20个站;8月1日,坝外87人次全部撤离,关停18个站。

期间,每天接打电话300余个,一直引以为豪的"金嗓子"彻底变成了"公鸭嗓";逐站核对关站情况,现场跑到腿发软。心里只有一个信念——排查、再排查,确保全员安全撤离,一个都不能少!

战斗、再战斗,一刻不能停!

为将财产损失降至最低,作业区迅速启动防汛应急预案,与洪水展开较量。我立即安排协调相关车辆,组织骨干对即将撤离的班组进行巡查,拆卸、架高电机仪表,整理密封软件资料,清理封堵包扎油箱口,加固加牢设备设施,争分夺秒抗洪潮。

洪水得寸进尺、步步逼近,一线告急!采油厂接连发出征调通知,我立即集结抢险救援队伍奔赴前线,"我要加入!""我也要去!""举手!"……热二党员群里"炸开了锅",危险面前,党员干部个个不含糊。

抗洪救灾前线,一面面鲜艳的党旗在大堤上直面风雨、高高飘扬,耀眼而又振奋人心。烈日炎炎、蚊虫叮咬,热二领导班子身先士卒,躬身实干,双手磨出了水泡,鞋里灌满了泥沙,却一刻都没有停下,因为身前是洪水,身后是家园;就快退休的老党员贾继金沙包扛到直不起腰,依然不放弃,脚在泥水中泡得肿胀,依然向前走;青年员工王博体力严重透支,累得瘫倒在地,仍提出参与夜间巡坝的请求……看着防护坝一点点延长、加高,同志加兄弟们感觉流下的汗水都值了。抗洪期间,我在抢险一线连续奋战了40多天,组织作业区7次300余人次装卸防洪土袋9000余袋。

加油、再加油,一环不能松!

停产期间,我也闲不住,在得到上级部门的批准许可后,多次乘坐冲锋舟深入一线,持续监测水淹井、站区水位动态下降情况,实时分析汛情形势,悉心梳理每一种可能发生的情况，不断完善调整复产方案，做好汛后迅速复产准备。

8月16日上午，曙五支路口，道路积水依旧齐膝深。"你咋跟大宝似的，天天见！"路口值勤的交警打趣说。"你就别想了，肯定进不去呀！"司机和路人也纷纷劝阻。但凭借对曙光油区地形地势的充分了解，直觉告诉我，有希望。于是，便穿好救生衣，手拿探路棒，在混浊的泥水中摸索前进，10分钟、20分钟……在行进了近1个小时的时候，地势渐渐走高，水位最浅的地方稍稍没脚踝，我怀着激动的心情疾速前进，当67号炉赫然出现在眼前时，不禁热泪盈眶。

平复好心情，我立即向作业区领导汇报，当天下午班子成员便带队进站摸排情况，并迅速启动《热注作业二区复产一站一策执行方案》及系列子方案。次日一早，班子成员带领复产小组进站，消杀、清淤、维修机泵、复位电机、检测电路……环环相扣，紧锣密鼓。

8月24日下午3时，在经历了8天不分昼夜地连续作战后，一股蒸汽伴随着震耳欲聋的放空声冲天而起，热注作业二区67号炉安全注汽，这也标志着曙特区块第一台锅炉成功复产！

关山初度路犹长。作业区结合班站实际情况，紧而有序地下达了一道又一道复产指令，我继续上紧"发条"，奋战一线，纵向加强与厂生产运行科、采油管理科、所辖班站的沟通，横向增进与各采油作业区、生产保障大队的衔接，高效组织生产运行。班站反馈清淤慢，我便在领导支持下协调来高压水罐车，大大提升了清淤效率；巡线时发现大型工程车辆多，对路边、跨路注汽管线形成很大的安全隐患，我便带队注汽站干部对所有在用、停用的注汽管网、管线进行全面排查，并在30处隐患点设立警示标识；启炉后的设备运行工况不稳，我便同劳模魏东、安全员李春耀等同事驻站观察调试……

截至9月25日，我区44台锅炉高效恢复注汽，所辖56台锅炉全部具备

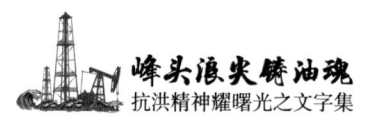

启炉条件,比计划提前 5 天完成全面复产工作。

最是风雨砺初心。站在新的历史起点,我将以学习贯彻党的二十大精神为强大动力,在采油厂和作业区的坚强领导下,继续发扬抗洪精神,全力以赴抓生产、争分夺秒抢时间、千方百计快提产,踔厉奋发,勇毅前行,为曙光采油厂高质量发展贡献自己的全部力量!

当好抗洪复产"勤务兵"

——在曙采厂抗洪复产表彰大会上的发言

党委办公室（厂长办公室）科员　姬红莉

去年的抗洪余波尚未消退，今年又遭遇了70年一遇的特大洪灾，作为采油厂的一名普通党员，在经历了抗洪保供工作后，我的心中百感交集，既有亲身经历的感受感触，也有发自内心的感动感想。

一、"全天候"跟进，用行动诠释坚守

7月7日，突如其来的洪水扰乱了日常工作和生活，在此期间，我临危受命，扛起了全厂后勤保障工作这一重任。为前线抗洪抢险人员保供餐食是我的首要工作。由于现场施工作业多，道路拥堵，送餐车辆经常是走走停停，回到办公室天已经黑了，抓紧整理当天材料，还要为第二天的工作做准备，后半夜回家是常事，最忙的时候一天仅睡3个小时。

忍受着高温酷暑，我每天穿梭于绕阳河左右岸近150平方千米的抗洪现场，日平均接打电话200多个，组织盒饭供应3500份、矿泉水供应400箱，垃圾清理6车，全天候提供后勤保障服务。长期身体上的透支造成了免疫力大幅下降，身上起了很多红疹子，我咬紧牙关，鼓励自己：这个关键时期，可不能倒下，一定要和大家一起坚持下去！回想起那段"往事"，真不知道自己当时是怎么"熬"过来的。

二、"全方位"服务，用行动彰显担当

8月5日，随着防汛形势更加严峻，省、市、油田公司等各级指挥部先后入驻采油厂，后勤保障工作压力倍增。我多方面组织协调，提供了24小时不间断的会议服务，高密度的人员疫情排查、安保巡逻和车辆引导，高标准的

保洁服务等"不同寻常"的工作，累计会议服务 500 余次、矿泉水供应 1000 余箱、盒餐及便捷食品发放 8000 多份。

为了给支援人员提供生活保障，招待所和公寓均开启"5+2""白+黑"、"无缝衔接"等"战时"模式，提供远超出最大负荷的生活保障服务，体育馆更是被"改造"为临时安置点。我与多个相关部门人员一起组织协调，安置支援人员 7000 人次，提供就餐服务 18000 人次，接待洗浴 3000 人次，更换床品 5600 套、洗漱用品 2900 套，整理地铺 370 套，清洗工服 580 件，搬运及分发应急物资 24000 箱。

"一切行动听指挥！"3 名服务人员因超负荷工作，出现低血糖症状，身体恢复后竟无一人临阵退缩，全体服务人员用 121 天的"超负荷"保供工作，完美诠释了曙采人不怕苦、不畏难、勇担当的精神！

随着抗洪工作持续推进，国家应急救援中心入驻前线开展排水工作，其三餐的配送任务，给本就繁杂的工作又一次加码。送餐路途颠簸泥泞，小路岔口难找，大坝狭窄难行、等车错车耗时，每次需辗转多个不同地点，最难的一处需要徒步行走 1.5 千米才能到达。但是，我始终坚定一个信念，那就是一定要让支援抗洪的将士们吃上热乎饭！找不到路口了，就用石头、棍子做"指示牌"；车辆无法通行了，就靠双腿"跨越障碍"小跑；手勒得酸麻了，换个手势继续"挺"；脚底磨起泡了，挑出脓水咬牙"忍"；在这种"不屈服"信念的加持下，历次送餐任务均准时准点完成。

由于国家应急救援中心人员来自不同地域，饮食习惯各不相同，为改善连日来吃盒饭的厌腻感，我大胆提出了"把厨房搬到前线"这一看似"离谱"的想法。为了实现这个想法，我组织 8 名志愿者在前线支起了案板和大锅，用时 4 小时完成了数道菜肴烹制和 3000 多个饺子的制作、分发工作，为救援人员送去了家人般的温暖。

三、"全身心"参与，用行动凝心聚力

中秋佳节临近，为了给全体抗洪复产将士送上一份节日的问候，我与振兴曙光公建公司多次沟通联络，提前进行人员和物资准备，在有限的时间内，紧急赶制手工饺子64000余个，配备、分发月饼、水果3200余份。由于时间紧，任务重，工作人员不分昼夜埋头干，一些人手肿得像馒头一样，擀皮的时候有人疼得眼泪打转、有人疼得眉头紧锁，但当看到一线员工吃到我们亲手包的饺子时，那份满足把所有的疲惫都一扫而光，一切付出都是值得的！

四、"全过程"监督，用行动把控标准

洪水退去，本着大灾过后防大疫工作要求，我参与编制了《曙光采油厂洪涝灾后消毒消杀工作方案》。为了保障员工工作环境和身体健康，我们聘请专业的老师，为基层管理人员培训洪涝后病媒生物的预防及各类消杀药品的使用方法。为了确保消杀工作的实效和高效，我优化组织协调专业消杀队伍，对前线191个受淹场站进行全方位消杀，每次消杀我都亲赴现场进行全过程监督。采油厂没有出现因洪水引起的群体性腹泻、眼部传染疾病、皮肤过敏等疫病。

能够作为先进代表站在这发言，我深感荣幸。感谢同事们的支持和帮助，感谢领导的关怀和教导，在今后的工作中，我会一如既往地努力，发挥党员先锋模范作用，不辜负组织对我的期望，为采油厂高质量发展做出应有的贡献。

第三篇
文件资料

中共中国石油
辽河油田分公司委员会文件

中油辽党发〔2022〕85号

关于表彰辽河油田公司抗洪复产先进单位、先进集体和先进个人的决定

各单位党委，公司党委各部门；各单位，机关各部门：

今年6月下旬以来，辽河油区遭遇了多年不遇重大洪涝灾情，在集团公司党组和辽宁省委省政府坚强领导下，在市委市政府统筹指挥下，在多家兄弟单位无私援助下，油田公司党委审时度势、科学决策，始终把员工群众生命安全放在首位，全力防大汛、抢大险、救大灾；各单位各部门众志成城、同舟共济，统筹抓好抗洪抢险和复产上产；各级党组织凝心聚力、勇于担当，筑起一个个冲不垮的"红色堡垒"；党员干部挺身而出、冲锋在前，始终坚守抗洪复产第一线；广大员工群众立足岗位、主动作为，为抗洪复产贡献积极力量。大战大考面前，油田上下勠力同心，团结奋战，生动诠释了伟大抗洪精神、石油精神和大庆精神铁人精神，践行了"辽河精神"，展现了"辽河担当"。

为进一步鼓励先进，鼓舞斗志，弘扬正气，油田公司党委决定，授予曙

光采油厂等12个单位"抗洪复产先进单位";授予盘锦辽油宝石花医院等7个单位"抗洪复产特别贡献单位";授予特种油开发公司采油作业三区党总支等20个集体"抗洪复产模范集体";授予冷家油田开发公司采油作业一区党总支等60个集体"抗洪复产优秀集体";授予周洪义等15名同志"抗洪复产突出贡献者";授予董旭等199名同志"抗洪复产先进个人",并予以大力表彰。

油田公司党委号召广大干部员工向以上先进集体和个人学习,学习他们不忘初心、牢记使命、胸怀大局的优秀品格;学习他们逆行而上、挺身而出、勇往直前的英雄气概;学习他们公而忘私、不怕艰辛、连续奋战的奉献精神;学习他们夙夜在公、勇挑重担、奋勇争先的责任担当。希望受到表彰的单位、集体和个人珍惜荣誉,再接再厉,再创佳绩。

当前,油田公司正全面掀起学习贯彻党的二十大精神热潮,各级党组织和广大党员干部要把思想和行动迅速统一到党的二十大精神上来,统一到油田公司确定的"两个阶段三步走"发展路径上来;切实把"万众一心、众志成城,不怕困难、顽强拼搏,坚韧不拔、敢于胜利"的伟大抗洪精神转化为复产上产、加油增气的强劲动力,转化为投身"三篇文章""六项战略工程"的实际行动,进一步发扬斗争精神,团结一心、踔厉奋进,扎实工作、勇毅前行,为助力集团公司建设基业长青世界一流企业贡献辽河力量。

附件:辽河油田公司抗洪复产先进单位、先进集体和先进个人名单(略)

辽河油田分公司曙光采油厂
会议纪要

曙光采油厂厂办　　　　　　　　　　　　　　　　2022年7月28日

时　间：2022年7月26日

地　点：厂机关304会议室

主持人：周　鹰

参加人：辛向忠　许林祥　郭世磊　孔凡峰　郎宝山

　　　　董绍刚　刘奇鹿　石　刚　王　强

各作业区、大队、所、站，直属单位、机关科室生产负责人

内　容：2022年7月26日晚上，在曙光采油厂机关304会议室，厂长周鹰主持召开抗洪复产工作会议。会议就抗洪复产重点工作进行深入讨论，形成一致意见。现将议定事项纪要如下：

议题一：进一步完善抗洪复产组织领导机构

（一）抗洪复产领导小组

　　　组　长：周　鹰　辛向忠

　　　副组长：许林祥　郭世磊　孔凡峰　郎宝山　董绍刚

　　　　　　　刘奇鹿　石　刚　王　强

　　　成　员：各作业区、大队、所、站，直属单位、机关科室负责人

抗洪复产领导小组办公室：生产运行科

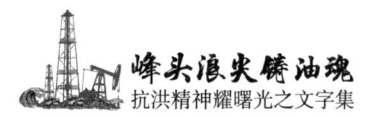

（二）抗洪复产执行小组：

前线总指挥：王　强

前线副总指挥：董绍刚　郎宝山　郭世磊

下设抗洪复产运行组（组长：王强）、抗洪复产技术组（组长：郎宝山、刘奇鹿）、抗洪复产物资保障组（组长：许林祥、石刚、刘奇鹿、王强）、抗洪复产 QHSE 组（组长：董绍刚）、抗洪复产合规监督组（组长：孔凡峰、许林祥）、抗洪复产后勤保障及宣传组（组长：郭世磊、许林祥）、抗洪复产预备队管理组（组长：郭世磊）。各小组、各项具体工作排名第一的领导为牵头负责人，各小组要按照各自分工，完善相关职责及工作流程。

议题二：鉴于不同区域存在不同水势特点，应分区域、分时段组织抗洪复产工作。绕阳河左岸杜 84 区域，已形成完整圈闭，且具备良好排涝条件，根据水位情况，分期分批组织复产，同时组织堤坝加固维护工作；绕阳河右岸采油作业五区、采油作业七区区域，虽已形成完整圈闭，但防潮能力较弱，需加快排涝，组织堤坝加固维护，为复产创造条件；绕阳河右岸杜 48 等民堤防护区域，防洪能力薄弱，极易受到洪潮再次冲击，应适时组织民堤维护，谨慎组织复产；采油作业三区 35 号、36 号站区域，主汛期期间暂不复产。

议题三：按属地管理原则，绕阳河左岸国堤由相关作业区负责巡线巡检。采油作业一区负责范围为曙四联段国堤口至 23 号站南国堤口国堤部分；采油作业二区负责范围为 23 号站南国堤口以东部分；采油作业四区负责范围为曙四联段国堤口至六分厂路口；污水处理大队负责六分厂路口以北部分。

议题四：按属地管理原则，绕阳河左岸杜 84 圈闭区域内的防潮堤，由作业区自主管理，负责巡线巡检，牵头组织或委托相关单位开展加固维护等工作。采油作业一区负责范围为 23 号站南国堤口至溢油中心"L"形坝；采油作业六区负责范围为溢油中心至 19 号台排涝站防潮堤；采油作业三区负责范围为一字堤、回形堤、新曙 8 支防潮堤。

议题五：右岸防潮堤相关工作统一由生产运行科负责牵头组织，按照油田公司要求，分三段不同高程进行修复。

议题六：强化 QHSE 监管工作。质量安全环保科和安全环保技术监督站要做好安全环保责任划分，左岸、右岸要明确专人管理，要做好污染防控，明确各环节现场监管责任人。采油作业二区、采油作业四区、污水处理大队等非水淹单位在抗洪复产期间暂时实行自主管理。

议题七：强化依法合规管理。车辆、清淤、消杀、物资、损毁路面修复、各类管线恢复等要归口管理、统一安排，由机关相关科室部门管理。上述工作量上报、使用、确认由基层单位管理。按照油田公司纪委要求，要把握两点，一是厂家不能变，必须是油田市场入网厂家，二是价格不能突破。

议题八：关于抗洪工作量，由生产运行科统一管理，及时上报生产运营部及相关上级部门。关于复产工作量，要按照内控管理流程，提前规划，合规运行，根据预测工作提前分批次制定计划，招标、报计划等工作办理可按预测工作量的 20% 左右组织，剩余部分结合实际情况随时发现随时上报。

议题九：采、注、输相关复产工作主要由生产运行科总协调，采油管理科具体负责。按照安全生产"三同时"原则及新项目投运标准，对于先行复产的曙四联、曙五联、注空气站、采油站及热注站、SAGD 注汽井及生产井、硫化氢脱硫塔等复产项目实行项目管理，采油管理科科长担任项目经理，投产后总结经验做法，后续交由作业区推广执行。

议题十：抗洪复产损失统计上报工作，由总会计师石刚、总地质师刘奇鹿负责。经营计划科（投资）、财务资产科（成本）、地质研究所（产量）负责统计汇总。

本期发：各作业区、大队、所、站，直属单位，机关科室。

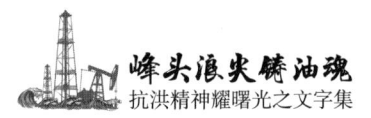

辽河油田分公司曙光采油厂
会议纪要

曙光采油厂厂办　　　　　　　　　　　2022 年 8 月 12 日

时　间：2022 年 8 月 11 日

地　点：厂招待所四楼会议室

主持人：周　鹰

参加人：辛向忠　许林祥　郭世磊　孔凡峰　郎宝山
　　　　董绍刚　刘奇鹿　石　刚　王　强

内　容：2022 年 8 月 11 日晚上，在曙光采油厂招待所四楼会议室，厂长周鹰主持召开党政领导班子会。会议就下步汛期工作进行深入讨论，形成一致意见。现将议定事项纪要如下：

议题一：关于抗洪抢险、复工复产成本计划上报工作

负责领导：石　刚

负责单位：财务资产科

配合单位：生产运行科、采油管理科、物资装备科、基建管理科、质量安全环保科、土地公路管理中心、地质研究所、工艺研究所

工作要求：按照油田公司总会计师孙义新在 2022 年 8 月 10 日抗洪抢险、复工复产现场协调会相关要求执行；对抗洪前日常工作签订的合同进行梳理，对于能够终止的合同尽快组织结算，不与抗洪抢险、复工复产成本计划混淆；

资金计划应分轻重缓急，分批次组织下达；与抗洪抢险、复工复产不相关资金不列入资金计划申报；尽快完成华油锅炉资产划转工作，保证后勤维修资金顺利结算；要多与上级部门沟通，已靠实工作量尽快下达，未靠实工作量制定计划分批下达；与复产紧急相关事务，可及时申报计划，下达便函；抗洪抢险工作量，相关单位要与抗洪抢险指挥部生产运营部签字确认；复产工作量应以油田公司主业和辽宁中油产业发展有限公司为主，做好影像资料统计；按照国堤以东、杜84区域内、绕阳河右岸3个工段进行计划上报和招投标工作；加强与保险公司沟通。

议题二：关于曙一联复产工作

负责领导：郎宝山

主体单位：集输大队

协调组织单位：采油管理科

配合单位：生产运行科（电力）、物资装备科、基建管理科、安全环保技术监督站、党委办公室（厂长办公室）、油田建设有限公司

工作要求：优先组织曙一联合站排涝、流程恢复、环境消杀等工作，确保施工、生活安全环保；尽快组织站内设备、机泵烘干、维修、更换等工作，确保复产过程中设备设施正常运行；实施项目化管理模式，制定复产方案及各流程管控具体措施，力争10日内安全复产。

议题三：关于采二、采四油井复产工作

负责领导：刘奇鹿

主体单位：采油作业二区、采油作业四区

协调组织单位：生产运行科

配合单位：采油管理科、地质研究所、工艺研究所

工作要求：提高区域油井开井率，做到能开尽开，优先组织稀油区块复产；做好拉运车辆保障，提高运行效率；提前做好复产流程完善、设备修复

等保障工作,尽早实现正规流程进站复产;做好已复产油井动态分析、措施组织、作业运行等工作,力争年内稀油产量相对稳定。

议题四:关于回形堤修复工作

负责领导:王 强

负责单位:生产运行科

配合单位:基建管理科、土地公路管理中心、生产保障大队(车辆管理中心、电力工程中心)

工作要求:协调盘锦监狱和油田建设有限公司,按照油田公司副总经理、安全总监刘建峰要求,加快组织实施。

议题五:关于信息报送工作

负责领导:王 强

负责单位:生产运行科

配合单位:地质研究所、车辆服务中心、基层单位

工作要求:建立包含人员、车辆、船只、复产等相对全面的信息统计模板,相关数据要求具有唯一性、全面性、准确性;生产运行科为全厂抗洪抢险、复工复产相关数据唯一出口单位,每日20时以即时通方式发给各厂领导班子成员。

议题六:关于环境消杀工作

负责领导:许林祥

负责单位:党委办公室(厂长办公室)

配合单位:宝石花医院、基层单位

工作要求:邀请宝石花等相关单位给予技术支持,按照正规环境消杀流程,全面组织水淹区域全覆盖式消杀工作,确保大灾之后无大疫,保证员工健康复工;以曙一联合站为第一个站点,成立专业消杀队伍,做好方案,完善流程,为后续消杀工作提供技术支持。

议题七：关于后勤保障工作

负责领导：许林祥

负责单位：党委办公室（厂长办公室）

配合单位：生产运行科、物资保障中心、基层单位

工作要求：成立曙一联前线抗洪指挥部，便于人员、物资、餐食等统一调配，并做好大客车（2台）、帐篷（4顶）等生活保障；生产运行科组织、各部门做好配合，要为每日三餐提供"绿灯"保障，确保餐食高质量、高效率运送；下周起，力争恢复大学生食堂堂食机制，便于日常上班人员厂内就餐，减少机关食堂供给盒饭压力；以科室、基层上报为主，物资保障中心提前做好物资储备。

议题八：关于员工激励工作

负责领导：郭世磊

负责单位：党委组织部（人事科）

配合单位：财务资产科

工作要求：制定特殊情况下员工激励慰问机制，公平、公正、公开组织相关福利发放，提升抗洪队伍凝聚力、战斗力。

议题九：关于合规管理工作

负责领导：孔凡峰

负责单位：纪委办公室

配合单位：机关科室、基层单位

工作要求：成立以审计、纪检为首的监督小组，重点针对现场台账建立、明细统计、施工档案等工作进行合规检查，目的在于监督帮助相关部门依法合规管理。

议题十：关于舆情管控工作

负责领导：郭世磊

负责单位：党委宣传部

配合单位：机关科室、基层单位

工作要求：加大正面宣传引导，超前研判、及时发现、科学处置舆情问题，努力营造良好的舆论环境。

本期发：各作业区、大队、所、站，直属单位，机关科室。

辽河油田分公司曙光采油厂
会 议 纪 要

曙光采油厂厂办　　　　　　　　　　　　　　　2022 年 8 月 15 日

时　　间：2022 年 8 月 14 日

地　　点：厂热注作业二区五楼会议室

主持人：周　鹰

参加人：辛向忠　许林祥　郭世磊　孔凡峰　郎宝山

　　　　董绍刚　刘奇鹿　石　刚　王　强

各作业区、大队、所、站，直属单位、机关科室生产负责人

内　　容：2022 年 8 月 14 日下午，在曙光采油厂热注作业二区五楼会议室，厂长周鹰主持召开抗洪复产干部大会。会上，厂党政领导班子研究部署抗洪复产下步重点工作。现纪要如下：

厂长周鹰：

各单位在前期均全力以赴组织各项抗洪抢险工作，在接下来的工作中要进一步高度重视，避免懈怠麻痹心理，确保安全、严防污染、科学有序、高效组织。

1. 关于生产会恢复。从今日起，每日下午 3 时组织召开抗洪复产生产会，由王强副厂长主持，参会人员为值班领导、十小组成员、各基层单位了解现场人员。各单位要恢复正常工作节奏，做好工作运行安排，安全、有序、高

效组织复产工作。

2. 关于责任划分。复产重点工作支持十小组负责人要与上级部门积极沟通协调,并为基层做好服务;属地单位要履行好直线责任,主要领导为第一责任人,主要责任是防污染,要安全、环保、有序、主动组织复产。

3. 关于无人机巡检。要针对每日工作重点做好巡检规划,关注重点、聚焦难点。近期飞行重点为已发现堤坝缺口施工点以及是否存在新增泄水点,进一步指导作业区做好隔油栏布控、溢油防控等工作。

4. 关于关注重点。坚持安全第一,特别关注交叉作业、人员巡线、大型施工等环节安全管控,合理规划工作进度。坚持环保优先,做好环保风险管控,针对联合站、采油站、单井等管线,组织清水试压,确保无泄漏、断裂风险后组织正常复产。严守依法合规,目前已由抗洪抢险阶段转为复工复产阶段,要提前梳理计划,与上级部门做好沟通,按正规程序有序组织。

党委书记辛向忠:

昨天油田公司李忠兴书记、任文军总经理一行到我厂召开座谈会,主要目的是来看望大家、激励大家,很及时很温暖。在下步千头万绪的工作中,大家先要做到"三不",即不懈怠、不担心、不多虑,还要做到"十个字",首先要做到"执行",厂里各小组责任明确,要加强领导统一指挥,各尽其责,坚决执行;中间要做到"安全、环保、合规",这是领导小组做决策的前提,也是大家在执行过程当中要做到的;最后达到一个结果"高效",无论机关基层每一个人、所有工作,都要做到高效。

下一步肯定要对防汛抗洪复产工作进行总结表彰和回顾,我们要在适当的时候搭建一个好的形式载体,让大家来讲故事。大家要提高政治站位,不要仅仅将这次防汛抗洪复产工作认为是一次自然灾害或重大事件,要从历史的维度来思考,我们每个人都正在经历采油厂、甚至辽河油田发展史上的重大时期,这是一个值得铭记、也是一个值得书写的时刻,我们每个人都身处其中，每一个人都是故事中的人，每一个人都要写好这个故事，要在采油厂发展史上、在自己人生历史上，留下浓墨重彩的一笔，留下今后值得骄傲的片段。

副厂长许林祥：

1. 关于消杀工作。公共事务管理部和宝石花医院已经对各单位进行了培训，各单位的培训人员作为本单位消杀工作的负责人。目前各单位属地水撤进度比较快，水撤之后各单位有特殊情况要及时报告，及时进行清理，厂长办公室要做好服务工作，如果有特殊情况，要加强与公共事务管理部和宝石花医院的沟通协调，将消杀工作及时落实到位。

2. 关于物资采购工作。物资采购分抗洪、复产和日常运行三个阶段，复产和日常运行阶段要单独罗列，按月度计划和季度计划进行上报。各单位要做好预判，打足量，同时要满足"两金压控"要求，油田公司李忠兴书记和任文军总经理强调不能因为物资和设备不到位耽误生产运行，物资保障中心要加强服务，保证规范运行。

3. 关于合规工作。要严格区分抗洪阶段和复产阶段，抗洪阶段属于应急，要按照应急的要求进行办理。复产阶段，大家要提前准备，满足合同签订条件的，企管法规科审查审批合同不能超过 4 小时，要做好服务工作，各科室要正常履行市场准入手续，提前实施选商程序，在做好工作的同时合理处理好合规复产工作。

纪委书记孔凡峰：

强调抗洪复产监督工作需要注意的几方面工作。整个抗洪复产监督工作是在油田公司纪委和专业监督部门、审计部门的指导下开展的，每天在工作群内上报监督工作的进度、工作量等等。抗洪复产工作的关注度高、敏感度也高，各科室部门、各单位要特别重视监督工作。

一是涉及外部施工的项目，各项目负责人和施工单位要把工作量核准靠

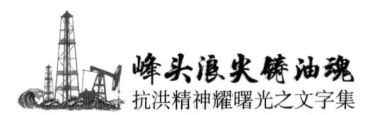

实,留好相关影像和记录,为后期审计做好准备。

二是涉及重点工程的,要及时上报审计中心,及时监督。抗洪复产阶段,厂纪委办公室与审计中心欢曙分中心实行联合办公,纪委监督和审计监督同步工作,对于重点工作的监督工作,保证做到随叫随到。各单位部门要有主动接受监督的意识,把好工作质量关,使用单位如有发现工作质量、工作量方面的问题,要按照相关程序反映或直接反映到纪委办公室,一定要保证工作质量,避免后患。

三是各单位、各部门的工作进度要遵守合规要求,遇到疑难问题及时与纪委办公室沟通协调,由纪委办公室负责汇报,寻求上级部门支持,及时解决问题,避免后期在审计和巡察过程中出现问题。

总工程师郎宝山:

1. 关于复产方案。 我厂已制定完成,与基层做了详细对接,与教培技能专家做了进一步的确认,具有一定的指导性。总体来看,真正到现场操作的时候是相对宏观的,所以要求所有基层单位在复产的时候,一定要做到一站一策、一井一策,对重要的节点要一事一议,做好实施和操作方案,做好风险分析辨识、整改和再确认。

2. 关于集输系统复产。 采油厂复产首要部分是集输系统,曙一联第一时间已组织排涝并成立复产指挥部,组织作业区机关、曙一联、曙四联、曙五联队干部、电工、骨干等,机关科室紧密配合,总体进展比较顺利。请相关单位继续组织好各项工作,确保采二、采四快速复产;曙五联复产工作按照油田公司要求要倒排 7 天的工作运行,钻采处将现场督办,时间紧任务重。甘特图的明细列出来之后,明确设备修理和调剂工作量,第一时间上报油田公司。

3. 具体复产工作。 水退复产时,各单位要认真排查工艺流程、炉罐,逐站详细排查,及时清理上报,必须打开流程的工作一定要做好防护方案。今后采五、采七、曙五联等区域水淹可能会是常态化，在这次复产中将管理问题全部剖析，避免今后再次发生隐患。

副厂长董绍刚：

1. **关于安全管理工作要求。**要保证安全第一，守好安全红线，各单位要高度重视，尤其是近期进入复产阶段，一味抢工期赶进度置安全于不管不顾是极度不负责任的。油田公司问责清单里的考核将更加严肃严格，采油厂不能容忍安全事故，一旦发生事故会对自己、对家人乃至对单位带来不好的后果。重点领域尤其是涉水、涉电施工，专业部门要负起责任从严管理，厂调在派船时要确定责任人、带船人，用电时要进行有序的交接，做好标识和提示，负起属地责任。已复工生产区的动态施工手续和安全监管要进入常态化。要将培训和风险辨识相结合，直接在现场完成，既简化程序，又有效，还能保证工作实效。恢复井站工作在操作前要进行风险辨识，要把控好安全风险点。

2. **关于环保管理工作要求。**要树立环保优先的理念，安全科要统筹做好各区的污染防控工作，防止污染入海，做好污染监控。对于特殊点位，基层单位要及时发现问题及时汇报处理。基层单位要防止原油落地，及时处理，否则后续处理十分困难。复产时要有序进行，尤其要注意管线类的工程，要稳步恢复，不遗留问题。

3. **关于健康管理工作要求。**各单位要关注员工健康，基层单位要自觉把消杀作为首要任务。各单位党政正职要把消杀作为第一要务，根据今年的上水情况，不建议使用84消毒液，如果必须用的话，得反复消杀才能达到效果，而且只适合小区域。大面积消杀或者比较严重的部位最好还是用石灰。要注意饮食和饮水卫生，目前站上条件恶劣，要及时清理生活垃圾，防止一些传染病的发生。水退后要及时清理井站卫生间，做好消杀工作。要关注人员健康状态，前期伏天时多名员工中暑，目前尚在恢复期，要跟踪其后续治疗情

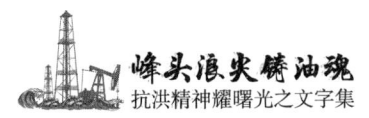

况，要做好健康干预，需要休息的要继续休息。要紧盯防疫工作不放松，近期全国疫情形势严峻，多省市协助抗洪复产的人员涌入盘锦市和曙光矿区，大量人员交叉，我厂员工要做好防护，同时要协助市政做好核酸排查等工作。

4. 关于基建管理工作要求。请基建科盯好油建施工项目，务必要求他们按要求安全施工。

5. 关于土地管理工作要求。要抓好以井站为重点的清淤，涉及跨区域时请安全科做好协调工作。

总地质师刘奇鹿：

1. 关于国堤以东稀油区块复产工作。要加快复产速度，尽快恢复生产正常有序运行，提速度、抢时率、快复产，实现油田开发可持续，力争年内稀油产量恢复到灾前正常水平。有以下四点想法与大家共享：一是确保安全、不发生环保事故，是复产的前提条件。二是按照产量高低的顺序复产，是应遵循的基本原则。三是非水淹区油井能开尽开，有问题克服困难也要开，水淹区油井排水后具备条件要第一时间组织开井。四是具备复产条件的区域尽快恢复正常的作业运行、措施运行。除向油田公司汇报的 8 口高含水井以外，其余井具备条件的均要保持 24 小时开井。

2. 关于复产设备的上报。复产需要的关键设备、核心配件随时可以上报，计划科与计划处沟通好，不能影响复产进度。

3. 关于盘锦市防汛指挥部第 172 号文件落实。中国石油辽河油田公司按照水利部调研绕阳河防洪及妨碍河道行洪突出问题整治情况会议要求，请协助提供绕阳河道管理范围内的所有涉及油井、爬堤管网管线详细信息以及油井管线行政审批手续，8 月 15 日以前提供。一是要提供一切可以说明建设合法性，或者可以证明政府管理部门行政许可的相关文件。二是相关内容可能是单条管线，某项工程，也可能是一口井、某个平台，也可能是某一批井、某个项目，补偿的对象可能是盘锦市河务区，也可能是盘锦监狱或者盘山县陆家乡河务、水利行政执法部门或者相关单位。三是本次工作涉及调度室、生产科、土地科、安全环保科、财务科等相关部门，请各单位高度重视、协同配合、认真落实，动员所有人员，包括已经退休的、调离本岗位的人员，调动一切资源，把工作做细做实，做到极致，做到不遗漏不错误。该项工作涉及40多年的时间跨度，有人员变动和业务调整，要主动作为、细致查阅。四是在油田公司向政府部门形成正式文件上交以前均可以补充，建议每天持续调查，将所有管网管线落实到位。

总会计师石刚：

1. 关于第一批抗洪抢险资金计划。做两点提示：一是抢险期间的投入，各科室加快履行市场手续，具备结算条件的要抓紧进行结算。二是关于抗洪复产工作量，要在计划下达之后抓紧执行，遵循油田公司合规管理的相关要求。

2. 传达油田公司关于进一步统计当前损失及复产投入情况的相关要求。在前期已有统计情况下，要结合复产工作进行进一步梳理完善，明天上午向油田公司进行汇报。做两点提示：一是要结合我厂实际情况，充分利用好投资、利旧和维修这三个途径。二是随着复产工作的深入，要靠实今年剩下5个月的成本支出，提高明年各项成本支出计划前瞻性，统筹好今明两年的成本投入。

本期发：各作业区、大队、所、站，直属单位，机关科室。

辽河油田分公司曙光采油厂
会议纪要

曙光采油厂厂办　　　　　　　　　　　　　　2022 年 8 月 19 日

时　间：2022 年 8 月 18 日

地　点：厂热注作业二区五楼会议室

主持人：周　鹰

参加人：许林祥

各作业区、大队、所、站，直属单位、机关科室生产负责人

内　容：2022 年 8 月 18 日下午，在曙光采油厂热注作业二区五楼会议室，厂长周鹰主持召开复工复产动员大会。会上，简述了油田公司"凝心聚力再奋战、安全日增一万吨"复产上产劳动竞赛方案相关内容，传达了油田公司执行董事、党委书记李忠兴，油田公司党委副书记、工会主席张金利，油田公司副总经理于天忠下步工作部署。会议结合相关要求，就下步全面复产上产阶段重点工作进行深入研讨，形成一致意见。现将议定事项纪要如下：

工作一：各单位要相应开展劳动竞赛

各单位要统筹规划，明确目标，制定好本单位劳动竞赛方案。提前规划运行，超前组织工作，明确时间节点，自我加压，自我总结，以安全环保为底线，全力组织劳动竞赛各项工作。

工作二：进一步完善生产运行制度

要强化厂级中枢职能，每日由一名调度长主持生产例会，通报当日水情、分析下步形势，分厂级、区级收集运行难点问题、重点工作安排、制定解决方案，会后由生产运行科组织编制会议纪要，完善交接班内容、明晰明日重点、优化管理模式。

工作三：要求各单位建立统一交接班记录本

各作业区每日工作完成、次日工作安排要形成打印资料，以"文件夹"形式梳理汇总，形成固定记录管理模式，便于准确交接，保证信息连续性，每日下午3时生产会使用。

工作四：规范复产信息报送制度

生产运行科牵头、地质研究所配合，相应做好复产数据表格模板，指导基层填报工作；各基层单位要做好复工复产甘特图，按制定计划有序组织实施。

工作五：做好电力系统恢复

一是具备进站条件，要第一时间组织电力设施拆卸、烘干等工作，避免后期集中组织、队伍紧张。

二是具备井站复产条件，要优先组织采油站复产，结合现场拉运、输油实际情况，合理组织油井复产，确保人员、设备尽快进入正常运行工作状态。

三是所有配电柜、电缆等电力设施检测合格后，要明晰检测进度、规范挂牌制度。

工作六：做好后勤保障工作

党委办公室（厂长办公室）要尽可能满足基层需求，为基层做好服务，组织好环境消杀、物资送达、餐食调整等工作，全面提升员工满意度；各机关科室、直属单位要为基层做好服务工作，直击基层所需，保证相关发放物资到位即用。

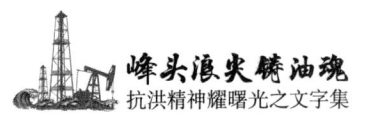

工作七：做好相关安全设备设施管理

目前处于特殊时期，质量安全环保科要做好对讲机、正压式呼吸器、硫化氢气体检测仪、灭火器、安全帽等管理工作，做好回收、发放等工作，属地单位要做好本单位员工、外来承包商安全设备穿戴告知、管理等工作。

工作八：做好依法合规管理工作

各单位要区分好抗洪抢险、复工复产界线，所有计划上报、手续审批要进入正规程序，审计、纪检部门要提前介入，强化管理、提高效率，做到"快、准、实"。

工作九：高效组织复产工作

各机关科室、基层单位要全力组织复工复产工作，提前做好设备物资储备、修复等工作，严禁出现因设备物资未及时到位影响复工复产进度现象，要求 9 月 25 日实现全面复产。

本期发：各作业区、大队、所、站，直属单位，机关科室。

2022 年抗洪复产实施方案

曙光采油厂

（2022 年 8 月 7 日）

6 月下旬以来，辽宁连续普降暴雨，辽河、绕阳河水位暴涨，受上游泄洪、内涝积水、潮水倒灌三方面因素影响，曙光采油厂遭受成立以来最严重的一次洪涝灾害，所有井站全面关停。其中：关停采油站 121 座、采油井 2425 口、日影响产量 6430 吨，关停热注锅炉 102 台、日影响注汽 22600 吨，关停注空气站 2 座（含尤尼斯）、日影响注空气量 92 万立方米，关停联合站 3 座。面对严重灾情，全厂全体干部员工戮力同心、统筹联动、全力奋战，坚定信心谋划复产工作，安全、优质、高效恢复生产能力，最大限度减少损失。

一、复产原则

按照油田公司抗洪复产总体方案，及曙光采油厂 7 月 26 日会议相关要求，严格遵循以下五项原则。

1. 准确研判、有序组织。按照水位下降及海拔高程，井场积水先浅后深、复产先易后难、产量先高后低顺序，分区域、分批次组织复产。

2. 方案科学、规范执行。按照"一站一策、一井一策"原则，各部门及基层单位明晰工作流程、复产内容，分系统、分批次排定实施计划，并做好岗位员工及承包商培训。

3. 防控污染、安全受控。坚持安全第一的原则，严格执行作业许可制度，认真开展风险因素辨识、确认，落实防控措施，确保安全复产。

4. 统筹协调、平衡有序。综合考虑采油、热注同步复产，集输、污水上下联动，同时做到曙光、特油信息共享，实现大系统平衡受控。

5.全力保障、合规管理。统筹协调复产所需各类设备设施及后勤供应，积极组织复产资金计划，合规使用专项资金，做到合规高效兼顾。

二、组织机构

为全面做好抗洪复产工作，确保实现安全、科学、有序复产，曙光采油厂成立抗洪复产领导小组。

（一）抗洪复产领导小组

组　长：周　鹰　辛向忠

副组长：许林祥　郭世磊　孔凡峰　郎宝山

　　　　董绍刚　刘奇鹿　石　刚　王　强

成　员：各作业区、大队、所、站、直属单位、机关科室负责人

（二）抗洪复产执行小组

总 指 挥：王　强

副总指挥：董绍刚　郎宝山　郭世磊

下设4个工作小组：

1.现场指挥组

组　长：王　强　郎宝山　董绍刚

牵头科室：生产运行科、采油管理科、质量安全环保科

工作职责：

①负责抗洪复产现场运行组织，统筹协调人员、物资、设备、车辆。

②负责现场人员设备安全及污染防范工作。

③负责电力保障、排涝、道路疏通及油地协调工作。

④负责受灾区域井站的设备、设施、管线状态的评估、统计、修复工作。

⑤负责受灾区域采油、热注、集输系统恢复工作。

⑥负责提供复产技术方案和技术支持。

2. 生产运行组

　　组　长：郎宝山　刘奇鹿

　　牵头科室：地质研究所、工艺研究所

工作职责：

①负责油田日常生产运行组织。

②负责各单位产量运行计划安排。

③负责复产区生产保障和正常生产区上产工作。

④负责将防汛抗洪与复产上产相统筹、生产建设与经营管理相统筹、今年工作与明年部署相统筹。

3. 资金保障组

　　组　长：许林祥　刘奇鹿　石　刚

　　牵头科室：物资装备科、经营计划科、财务资产科

工作职责：

①负责抗洪复产期间的资金计划保障。

②负责应急采购的全过程造价、审计跟踪及合规管理。

③负责抗洪复产所需物资统计、梳理和采购计划编制。

4. 后勤服务组

　　组　长：郭世磊　许林祥

　　牵头科室：党委宣传部、党委办公室（厂长办公室）、党委组织部（人事科）

工作职责：

①负责新闻宣传、舆情监控等工作。

②负责做好重点人群的健康及心理关注。

③负责做好一线生活服务保障工作。

为确保 4 个执行小组各项工作落实落地，设立 10 个重点工作支持小组，

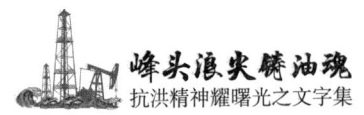

形成专班,集中办公,前线设置办公地点,对复产单位形成直接支持。

(1)指挥协调组

　　　　组　长：周明升

　　　　主要成员：生产运行科、采油管理科、地质研究所、基层单位

主要职责：

①负责复产指令传达。

②负责现场组织协调。

③负责作业队伍调配。

④负责人员、物资、车辆调配。

⑤负责复产期间产量统计。

⑥负责各类信息收集、整理、上报。

(2)技术支持组

　　　　组　长：孙绍彬

　　　　主要成员：采油管理科、基层单位

主要职责：

①负责复产技术方案审核。

②负责采油、注汽、集输技术指导。

(3A)排洪工程组

　　　　组　长：周明升

　　　　主要成员：生产运行科、基建管理科、土地公路管理中心、基层单位

主要职责：

负责水淹区排洪工作的组织、施工、指导。

(3B)厂房修复组

　　　　组　长：李　良

主要成员：基建工程科、采油管理科、基层单位

主要职责：

①负责水淹区工程建设施工、基础设施修复等。

②负责水淹区工业厂房的确认和修复。

（4）安全环保组

　　组　长：李攀峰

　　主要成员：质量安全环保科、安全环保技术监督站、基层单位

主要职责：

①负责溢油处置及应急抢险。

②负责复产安全监管。

③负责复产安全保障。

④负责医疗卫生防疫。

（5）对外协调组

　　组　长：李卫东

　　主要成员：土地公路管理中心、保卫科、生产保障大队（车辆管理中心）、基层单位

主要职责：

①负责道路疏通、疏导。

②负责道路桥涵修复、保障。

③负责复产期间油地协调工作。

（6）电力保障组

　　组　长：刘　健

　　主要成员：生产运行科、基层单位

主要职责：

①负责排水排涝的电力建设。

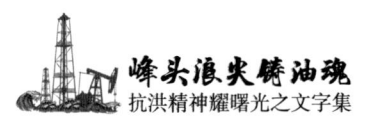

②负责供电系统的修复和井场电气修复力量支持。

（7）物资供应组

组　长：魏洪星

主要成员：物资保障中心

主要职责：负责按期采购复产物资并做好质量保障。

（8）设备保障组

组　长：张　岩

主要成员：物资装备科

主要职责：负责复产期间设备调剂、调拨、维修。

（9）资金计划组

组　长：孙　军

主要成员：经营计划科、财务资产科、企管法规科、纪委办公室

主要职责：

①负责计划下达和投入保障。

②负责财产损失统计及上报。

③负责复产投入的全过程跟踪。

④负责复产资金使用的合规管理。

⑤负责牵头组织统计抗洪复产物资及存量，梳理复产物料适用状况，编制采购计划。

（10）服务保障组

组　长：刘　力

主要成员：党委宣传部、群团工作部、党委办公室（厂长办公室）、基层单位

主要职责：

①负责复产期间的舆情监管。

②负责复产期间的宣传报道。

③负责复产期间的生活保障。

④负责复产过程中房屋检测及防疫消杀。

上述10个重点工作支持小组，要结合职责分工，及时做好支持保障工作。

基层单位职责：

①采油厂实施方案指导下，编制本单位复产实施方案。

②负责执行复产指令，结合现场实际组织复产工作。

③负责属地现场评估及物资、工程、设备的需求统计。

④责落实安全环保防控措施。

⑤负责继续巩固抗洪工作，做到抗洪复产两不误。

三、复产实施方案（略）

四、安全环保管控

因复产工作量大、交叉作业多、施工现场复杂，要严格执行《曙光采油厂井站复产安全环保监督保障方案》。并强调：

1. 开展施工现场的安全环保风险识别，强化大型设备吊装、送电、动火、高空作业、管线泄漏、井控等各项风险防控措施落实。

2. 开展安全环保教育培训，对参与复产工作的员工进行全员培训。直线科室要组织对承包商现场负责人进行安全环保教育培训。对所有进场人员进行施工前安全环保风险告知。

3. 加强与油田公司质量安全环保部、安全环保技术监督中心联合开展属地、专业、旁站监督，加大现场监督检查力度，杜绝三违行为。

4. 复产工作中结合生产实际，科学安排施工作业计划，严禁逾越程序、超负荷、超能力作业。认真落实"谁组织、谁主管、谁工作、谁负责"原则，强化生产现场安全监管，杜绝抢工期、赶进度、超范围施工。夜间严禁进行高危作业施工。

5. 强化疫情防控工作，对外来人员做好相应登记查验"三码"。

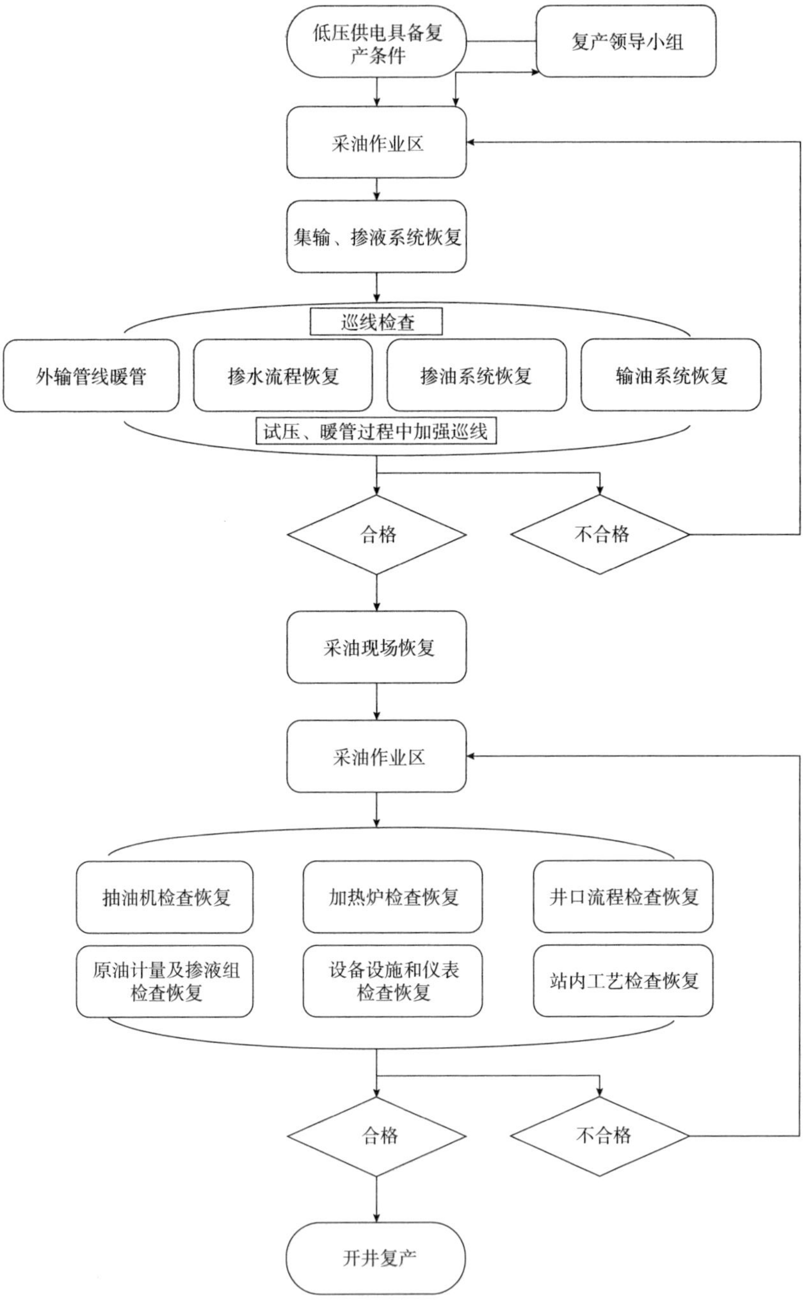

```
        ┌─────────────┐      ┌─────────────┐
        │低压供电具备复│─────→│复产领导小组 │
        │产条件       │      │             │
        └──────┬──────┘      └─────────────┘
               ↓
        ┌─────────────┐
        │ 采油作业区  │←──────────────────────┐
        └──────┬──────┘                        │
               ↓                               │
        ┌──────────────────┐                   │
        │集输、掺液系统恢复│                   │
        └──────┬───────────┘                   │
               ↓                               │
         ╭──────巡线检查──────╮                │
   ┌────────┐ ┌────────┐ ┌────────┐ ┌────────┐│
   │外输管线│ │掺水流程│ │掺油系统│ │输油系统││
   │  暖管  │ │  恢复  │ │  恢复  │ │  恢复  ││
   └────────┘ └────────┘ └────────┘ └────────┘│
         ╰试压、暖管过程中加强巡线╯             │
                      ↓                         │
              ◇合格◇      ◇不合格◇────────────┘
                ↓
        ┌─────────────┐
        │ 采油现场恢复│
        └──────┬──────┘
               ↓
        ┌─────────────┐
        │ 采油作业区  │←──────────────────────┐
        └──────┬──────┘                        │
    ┌──────────┼──────────┬──────────┐         │
 ┌──────┐  ┌──────┐  ┌──────┐                  │
 │抽油机│  │加热炉│  │井口流│                  │
 │检查  │  │检查  │  │程检查│                  │
 │恢复  │  │恢复  │  │恢复  │                  │
 └──────┘  └──────┘  └──────┘                  │
 ┌──────┐  ┌──────┐  ┌──────┐                  │
 │原油计│  │设备设│  │站内工│                  │
 │量及掺│  │施和仪│  │艺检查│                  │
 │液组检│  │表检查│  │恢复  │                  │
 │查恢复│  │恢复  │  │      │                  │
 └──────┘  └──────┘  └──────┘                  │
                      ↓                         │
              ◇合格◇      ◇不合格◇────────────┘
                ↓
             ( 开井复产 )
```

采油系统复产操作流程图

第三篇 文件资料

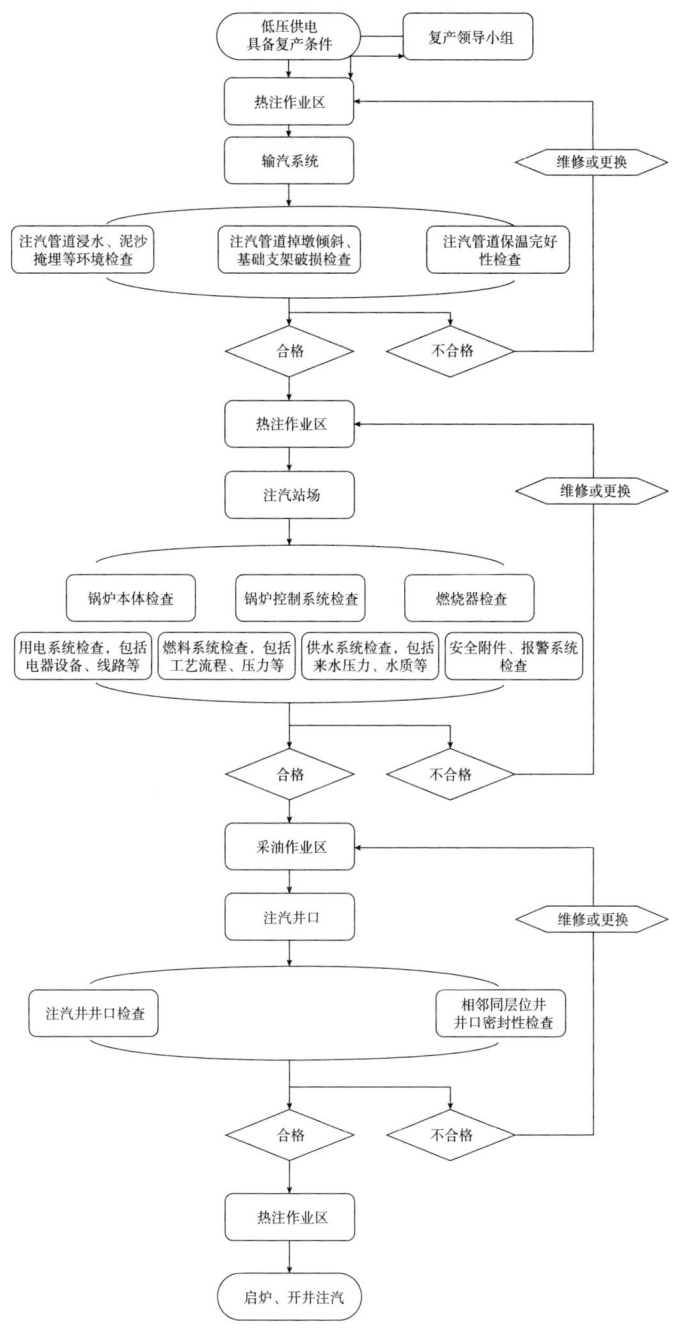

注汽系统复产操作流程图

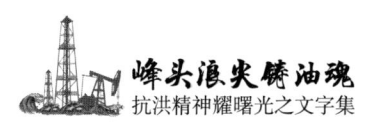

曙光采油厂井站复产安全环保主要风险分析表

序号	风险描述	复产工序	管控部门	主要管控措施
1	人员触电	井、站场送电，设备设施启停操作	生产运行科、各单位	制定送电方案，落实送电许可票要求，电工专业人员持证操作，穿戴绝缘防护设备
2	人员淹溺	巡坝，抢险，上水井场巡井，涉水井站施工	各单位、业务科室	穿戴救生衣，双人巡检，携带探路棒，严禁堤边行走
3	物体打击	设备设施启停作业，吊装作业，管线打开作业、热注管线注汽过程	各单位、采油管理科、业务科室	严格执行吊装规范，管线打开作业规范，按照操作规程进行设备启停操作。注汽前完成对热注管线巡查，对存在基础倒塌点进行加固，技术评估合格后方可注汽
4	火灾爆炸	加热炉点火，现场施工动火作业	各单位、业务科室	严格执行操作规程，落实动火作业规范，动火作业前进行可燃气体检测
5	高空坠落	高架罐液位巡检，高处设备维修等操作	各单位、业务科室	严格执行高处作业规范，登高佩戴安全帽、系安全带、尽量避免临边作业
6	硫化氢中毒	油井开井、取样、外输泵排空、脱硫塔换药等操作，管线打开，井站施工	各单位、质量安全环保科、采油管理科	操作前进行硫化氢检测，现场佩戴硫化氢检测仪，过滤式逃生呼吸器，配备正压式呼吸器
7	设备设施倒塌	板房、砖房等构建筑物室内外施工，高架罐、缓冲罐、加热炉等大型设备设施附近施工	各单位、业务科室	施工前对构建物、设备设施基础进行检查，对存在倒塌风险地点进行加固
8	井喷	钻井作业，大、小修作业，油井注汽窜，长停井捞油	采油管理科（修井）、地质研究所、工艺研究所（钻井）、各单位	严格按照油田公司、采油厂井控方案落实各项措施
9	环境污染	采油站、井复产开井；承包商施工作业过程，油气水管线扫线，管线切割等施工过程	采油管理科、生产运行科、土地公路管理科、各单位	编制科室复产方案，对复产管线巡检，高风险管线（跨河、跨沟渠）投产、扫线等关键工序进行管控，提前放置隔油栏；承包商、各单位组织施工垃圾、固废分类存放，及时清理回收。切割管线、管线试压、管线扫线等施工提前做好油品泄漏防控措施；应急处置部门现场随时待命，出现泄漏第一时间安排应急队伍进行处置，避免泄漏污染扩大

中共中油辽河油田公司
曙光采油厂委员会文件

油辽曙党发〔2022〕25号

关于开展"强堡垒 树先锋 全力复工复产"岗位实践活动的通知

各党总支、直属党支部，金宇公司党委：

近期，采油厂迎战历史罕见汛情，全厂各级党组织和广大党员迅速反应、科学应对，团结拼搏、连续作战，最大限度保证了人员财产安全。目前，工作重心已由抗洪抢险阶段转为复工复产阶段，复工复产是当前压倒一切的重要政治任务和中心工作。按照油田公司党委工作部署，结合油田公司"凝心聚力再奋战、安全日增一万吨"劳动竞赛安排及《油田公司党委致干部员工的一封信》有关精神，经厂党委研究，决定在全厂范围内开展"强堡垒 树先锋 全力复工复产"岗位实践活动，充分发挥基层党组织战斗堡垒作用和共产党员先锋模范作用，坚决打赢复工复产攻坚战。现将有关事宜安排如下。

一、各级领导干部要冲在前、干在先

各级领导干部要把复工复产作为践行初心使命、做到"两个维护"的政

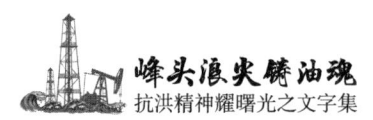

治考验和实践检验，恪尽职守、勇于担当，既当好指挥员，又当好战斗员，切实担负起复工复产的领导责任，坚决贯彻执行油田公司党委、厂党委各项决策部署，做到"开始战斗、继续战斗、永远战斗"。要加强一线指挥、现场指导，科学研判、周密部署，做好工作运行安排，坚决落实好厂党委"执行、安全、环保、合规、高效"十字要求，抓细抓实各项复产措施，与广大党员群众同甘苦、共患难，迅速、科学、高效开展复工复产工作，做到守土有责、守土担责、守土尽责。

二、机关党支部和党员要下一线、解难题

机关各科室要一切以基层为重，科级干部做到公休日、节假日到岗值守，不得以休息日等原因拖延基层报审、报批及协调处办的各类工作事项。要开展好机关进站服务工作，各科室要深入一线为基层解决实际问题、重点难点问题，支持基层把全部精力投入生产经营管理，全力提产提速提质提效。机关共产党员服务队要紧密对接基层工作需要，及时组织服务队开展相关服务工作。机关党务干部要开展好支部包保工作，服务基层挖掘典型、恢复阵地、讲好抗洪复产故事、协调解决复产难题等。要组织安排好抗洪复产骨干预备队工作，发挥好技师、高级技师、首席技师、技能专家作用，及时靠前完成厂党委交办的各项工作任务。要加强关爱互助，及时了解受灾党员和一线奋战人员个人、家庭所需，开展好走访慰问和救助帮扶工作。

三、基层党组织和党员要扛红旗、亮身份

各党总支要结合本单位实际，围绕复工复产工作重心开展党内实践活动。及时调整完善党员立项攻关目标及项目措施，精准发力，确保实效。组织共产党员突击队围绕复产工作面临的"堵点""难点"问题，开展排涝清淤、道路抢修、复产上产等工作。要发挥好联站联建工作优势，成立工作专班，合力高效开展好电路检修、风险辨识、现场监督等各项复产工作。基层党支部要以党旗为引领，"红旗党支部""示范党支部"挺身而出、冲锋在前，充分发挥标杆作用，其他党支部迎难而上、合力攻坚，在大战大考中彰显组织力量。共产党员佩戴红袖标，亮身份、做表率，主动当好复产顶梁柱、主力军、排头兵，切实做到哪里有困难、有危险，哪里就有党组织坚强有力的工作，哪里就有党员冲锋在前的身影，让党旗在抗洪复产一线高高飘扬。

各级党组织要注重在抗洪复产一线考察识别干部，发现、培养和考验入党积极分子，把在抗洪复产中的表现作为评价干部人才、评先选优的重要依据；及时发现抗洪复产工作中涌现出来的先进典型，充分利用电视、报刊、网络等媒体进行广泛宣传，讲好抗洪复产故事，激励广大党员干部奉献在前、冲锋在前、战斗在前，团结带领广大职工群众夺取抗洪复产的全面胜利！

年底，厂党委将对防汛抗洪复产工作进行认真总结和表彰。

中共中油辽河油田公司曙光采油厂委员会
2022年8月26日

抄送：厂领导。

| 曙光采油厂党委办公室 | 2022 年 8 月 26 日 |

党群办公会纪要

2022 年第 2 期

曙光采油厂党委办公室　　　　　　　　　　　　2022 年 9 月 7 日

时　间：2022 年 8 月 29 日

地　点：厂机关 304 会议室

主持人：辛向忠

参加人：郭世磊　孔凡峰

　　　　机关党群部门副科级以上干部

　　　　基层党总支书记、副书记、政工组长

内　容：深入学习油田公司"凝心聚力再奋战、安全日增一万吨"复产上产劳动竞赛相关内容、油田公司党委致干部员工的一封信、曙光采油厂复工复产动员大会会议精神，传达学习了《油田公司 2022 年抗洪抢险和复工复产监督工作方案》部分重点内容及《关于明确复产上产奖励政策的通知》，安排部署厂党委《关于开展"强堡垒　树先锋　全力复工复产"岗位实践活动的通知》，解读了《关于在基层党支部中开展联站联建工作的实施方案》具体内容；各党群部门对近期重点工作进行了安排部署。

会议强调，要充分发挥复工复产中党组织的作用。认真学习贯彻上级各项工作部署，按照厂党委提出的"执行、安全、环保、合规、高效"十字要求，坚决做好各项工作。围绕复工复产中心工作，结合实际开展"凝心聚力再奋战、安全日增一万吨"劳动竞赛和"强堡垒 树先锋 全力复工复产"岗位实践活动。加强对员工的关怀，深入基层了解员工需求，帮助协调沟通、疏导情绪，同时做好慰问物资发放和后勤保障工作。要加强监督工作，在合规运行、廉洁自律方面，及时做好提示提醒，多观察、勤跑腿、勤调研，及时发现风险隐患的苗头，消灭在萌芽状态。

会议指出，各单位要结合复工复产工作实际，调整完善党员立项攻关目标及措施，精准发力，确保实效。要紧密围绕复产上产劳动竞赛中心工作，统筹兼顾做好党建其他工作。党委印发《关于在基层党支部中开展联站联建工作的实施方案》，主要目的是发挥党支部的政治功能和组织功能，把人员力量集中起来，提高生产效率。各单位可以根据实际情况组织实施，年底将进行总结表彰。要高度重视舆情管控，防范产生负面影响。持续做好信访稳定工作，稳妥推进岗位管理聘任工作。落实油田公司保密工作要求，做好恢复井站办公计算机微信清理专项整治工作。

会议指出，今年曙光采油厂遭受的特大洪水70年不遇，各单位要从现在开始注重留存收集跟抗洪有关的各种资料，无论是个人的还是集体的都要注意保存，我们要努力记录好这一重大历史时刻。前期从工会的角度，上报了一批抗洪骨干慰问名单；从党建的角度，我们也要研究抗洪复产先进的慰问和表彰。各单位要深入挖掘叫得响、立得住的先进典型和事迹，提前收集汇总，做到心中有数，为年底抗洪复产总结表彰工作做好准备。

会议强调，机关党群科室要加强督查督办。工作部署后，多深入基层了解情况，加强督促，指导工作。加强沟通，保证系统畅通，及时发现典型经验做法。学好上级文件精神，融会贯通，督促落实。要加强对到我厂支援和挂职人员的管理，合理利用优势资源，充分发挥一技之长，解决复产上产难题。要关心挂职锻炼人员的生活服务保障，全面考虑复产过程中的风险，确保他们的人身健康和安全。

会议强调，党务政工干部要从三个方面进一步提升能力素质。一是要甘当配角，提高修养水平，服务生产经营中心工作，积极协助行政领导把各项工作做好。二是要积极主动勇于创新，提高工作水平，动脑筋、想载体、找渠道，做就要做成第一，做就要做成经验。三是要加强战略思维，提高政治能力。抗洪复产是一个重大的历史事件，既是政治上的一种考验，也是能力上的一种实践检验。党务政工干部要尽到责任，坚决保住当前的好成绩，为复工复产提供坚强可靠的政治保证。

中共中油辽河油田公司
曙光采油厂委员会文件

油辽曙党发〔2022〕41号

关于表彰曙光采油厂抗洪复产模范集体、先进集体和先进个人的决定

各党总支、直属党支部、金宇公司党委，各作业区（大队）、直属单位、机关科室：

今年6月下旬以来，采油厂遭遇历史罕见洪涝灾害。大战大考面前，厂党委坚决贯彻落实油田公司党委总体部署，克服受灾井站多、地域广、历时长等多重困难挑战，全厂上下众志成城，勠力同心，团结奋战，全力以赴共渡难关。各级领导班子以身作则、率先垂范，党员干部不畏艰险、冲锋在前，员工群众同心同力，主动担当，以最短时间打赢了抗洪抢险保卫战、以最快速度打赢了复工复产攻坚战，生动诠释了抗洪精神，深刻践行了辽河精神，极致彰显了敢挑重担、敢打硬仗、敢扛红旗、敢站排头的曙采品格，充分展现了辽河油田第一大厂的责任担当。

为进一步表彰先进，鼓舞斗志，弘扬正气，经厂党委研究决定：

　　授予获油田公司抗洪复产模范集体及优秀集体的生产保障大队党总支等13个集体为采油厂抗洪复产模范集体；

　　授予采油作业四区党总支等87个集体为采油厂抗洪复产先进集体；

　　授予获油田公司抗洪复产突出贡献者及先进个人的门福信等24名同志为采油厂抗洪复产先进个人，记特等功；

　　授予黄建等145名同志为采油厂抗洪复产先进个人，记一等功；

　　授予刘伟等215名同志为采油厂抗洪复产先进个人，记二等功；

　　授予马宝久等324名同志为采油厂抗洪复产先进个人，记三等功；

　　希望受到表彰的集体和个人珍惜荣誉，再接再厉，再创佳绩。

　　厂党委号召各单位和全体员工要向以上先进集体和个人学习，学习他们不畏艰辛、奋勇拼搏的顽强作风，学习他们冲锋在前、甘于奉献的优秀品质，学习他们恪尽职守、任劳任怨的担当精神，以积极向上、奋发有为的精神状态，脚踏实地，苦干实干，团结一致，开拓创新。特别是当前学习宣传贯彻党的二十大精神掀起高潮之际，各级党组织和广大党员干部要把思想和行动统一到党的二十大精神上来，统一到创建油田一流示范性采油厂目标上来，统一到年底工作收官、明年工作谋划上来；切实把"万众一心、众志成城，不怕困难、顽强拼搏，坚韧不拔、敢于胜利"的伟大抗洪精神转化为夺油上产、提质增效、改革发展的实际行动，为辽河油田做好"三篇文章"贡献曙光力量。

　　附件：曙光采油厂抗洪复产模范集体、先进集体、先进个人名单

中共中油辽河油田公司曙光采油厂委员会

2022年12月2日

附件

曙光采油厂抗洪复产模范集体、先进集体、先进个人名单

模范集体（共 13 个）
生产保障大队党总支
生产运行科党支部
采油作业一区党总支
采油作业二区党总支
采油作业三区党总支
采油作业五区党总支
采油作业六区党总支
采油作业七区党总支
热注作业一区党总支
热注作业二区党总支
集输大队党总支
土地公路管理中心党支部
党委宣传部党支部

先进集体（共 87 个）
采油作业四区党总支
机动采油大队党总支
技术开发作业区党总支

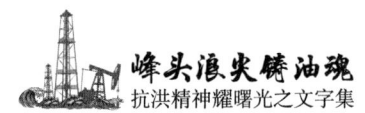

污水处理大队党总支

地质研究所党总支

工艺研究所党总支

安全环保技术监督站直属党支部

教育培训部直属党支部

金宇公司党委

采油作业一区第一党支部

采油作业一区第二党支部

采油作业一区第三党支部

采油作业一区第四党支部

采油作业一区第五党支部

采油作业一区机关党支部

采油作业二区第一党支部

采油作业二区第二党支部

采油作业二区第五党支部

采油作业三区第一党支部

采油作业三区第二党支部

采油作业三区第三党支部

采油作业三区第四党支部

采油作业三区第五党支部

采油作业三区第六党支部

采油作业三区第七党支部

采油作业三区注空气站党支部

采油作业三区机关党支部

采油作业四区第四党支部

采油作业四区第五党支部

采油作业四区曙二转党支部

采油作业四区机关党支部

采油作业五区第三党支部

采油作业五区第四党支部

采油作业五区第五党支部

采油作业五区地质党支部

采油作业六区第一党支部

采油作业六区第二党支部

采油作业六区第三党支部

采油作业六区第四党支部

采油作业六区第五党支部

采油作业六区机关党支部

采油作业七区第一党支部

采油作业七区第二党支部

采油作业七区第三党支部

采油作业七区第四党支部

热注作业一区第一党支部

热注作业一区第二党支部

热注作业一区第三党支部

热注作业一区第四党支部

热注作业一区第七党支部

热注作业二区第二党支部

热注作业二区第三党支部

热注作业二区第四党支部

热注作业二区第五党支部

热注作业二区第六党支部

集输大队综合计量队党支部

集输大队曙四联合站党支部

机动采油大队第一党支部

技术开发作业区机关党支部

地质研究所开发党支部

工艺研究所第三党支部

污水处理大队第一党支部

生产保障大队抽油机安装队党支部

生产保障大队井下工具队党支部

生产保障大队电修队党支部

生产保障大队车辆管理中心小车一队党支部

生产保障大队车辆管理中心小车二队党支部

生产保障大队油管管理中心管运一队党支部

生产保障大队物资保障中心党支部

金宇公司运输公司党支部

金宇公司生态环境公司党支部

金宇公司技术服务公司党支部

党委办公室（厂长办公室）

采油管理科

基建管理科

物资装备科

质量安全环保科（辽河油田溢油应急处置中心）

经营计划科

财务资产科

企管法规科

党委组织部（人事科）

纪委办公室（党委巡察办）

群团工作部

概预算管理中心

保卫科（维稳信访工作办公室）

信息档案科

科技科

先进个人特等功（共 24 人）

采油作业六区：门福信

采油作业一区：李峻宇

采油作业二区：林年玥

采油作业三区：白　龙

采油作业四区：韩　伟

采油作业五区：杨海青

采油作业七区：王　林

集输大队：张建安

热注作业一区：胡东波

热注作业二区：迟　宇

工艺研究所：赵永鸿

地质研究所：姜筠也

电力工程中心：孟繁玉

车辆管理中心：罗建军

油管管理中心：张文斌

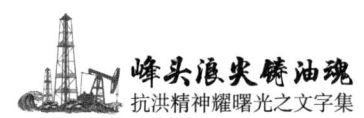

污水处理大队：张乾三

金宇公司：张　凯

生产运行科：周明升

基建管理科：梅东风

质量安全环保科（辽河油田溢油应急处置中心）：祝成超

党委办公室（厂长办公室）：姬红莉

土地公路管理中心：吴　涛

安全环保技术监督站：杨　亮

物资装备科：张有民

先进个人一等功（共145人）

采油作业一区：黄　建　刘　健　王奎淞　孙宝功　刘　震　高　翔
　　　　　　　顾洪玉　胡青山　张明智　杨晓秋　王　义

采油作业二区：戴　骏　王　鑫　王琛霖　王海军　李　波

采油作业三区：陈　磊　田　军　田小顺　杨　峰　崔　军　杨　文
　　　　　　　郑　涛　刘光友　胡兴强　王春瑞　张世新　闫玉明
　　　　　　　姜鸿泽　陈治国　宋春来　凌　强　孟　涛　董志涛
　　　　　　　周玉清　姚志刚　祁卓君

采油作业四区：邹峥禄　孙博文　金常彪　赵新宇　席春风

采油作业五区：方学民　方文宇　吴　迪　韩光甫　徐建峰　郭　勇
　　　　　　　王　森　徐　飞　张宗喜　梁付友　张昊惠

采油作业六区：韩吴越　徐梓艺　贾　爽　赵　超　蒋　胜　张建国
　　　　　　　苏军辉　贾铁伟　张　永　刘晓明　孙喜斌　黄　波
　　　　　　　董其军　李　祺　阎宝贵　李凤彬　杨洪山　刘　影
　　　　　　　陈世华　魏　巍　鱼　洋

采油作业七区：张　伟　李　想　孙建泽　胡　涛　王继飞　王京平

　　　　　祝成柱　臧旭东　师　柯　许东忱　吉文站

集输大队：李全胜　孙忠诚　谢双印　白　涛　隋忠岩

热注作业一区：朱　亮　张忠强　顾　杨　吉辽苏　肖长永

热注作业二区：王培刚　魏　东　王　博　姚洪伟　徐宁喜

生产保障大队：孙　一　宋成盛　董晓斌　张　鹏　曹鼎鼎

车辆管理中心：刘国彬　隋洪昌　王　钢　邓　庆　马海冬　孔李平

　　　　　白振东　邢　阳　那国峰　何党生　江文锋

物资保障中心：魏洪星　李　磊

安全环保技术监督站：冯建山　王永忠　孟　锦

地质研究所：齐庆鹏　周启龙

党委办公室（厂长办公室）：高　沣

生产运行科：朱靖宇　刘　健

采油管理科：许　丹　曾志强

基建管理科：马兴余　李　良

物资装备科：张　岩　梁力友

质量安全环保科（辽河油田溢油应急处置中心）：李攀峰　李青松

财务资产科：郑　君

企管法规科：沈起昌

党委组织部（人事科）：郭斌建

党委宣传部：刘　力　王　野

纪委办公室（党委巡察办）：岳　滨

群团工作部：任　霞

土地公路管理中心：李卫东　林　森

概预算管理中心：赵士满

保卫科（维稳信访工作办公室）：于秋洪

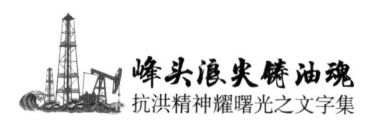

先进个人二等功（共 215 人）

采油作业一区：尹雁南　张海滨　马士军　王利新　李福贺　高奎涛
　　　　　　　付忠雷　欧　江　李向林　李庆松　马锦秋　李景巍
　　　　　　　蒲东强　袁青海　王　涛　王　伟

采油作业二区：刘　伟　蒋昌洪　肖　军　季路阳　常　彬　张天夫
　　　　　　　马　军

采油作业三区：史建华　王智明　王　磊　韩作林　曹落军　王　斌
　　　　　　　王　海　赵柏宇　郭彦涛　郭　强　李大为　李　新
　　　　　　　单　林　张中宝　曹海龙　陈丰周　蒋运峰　孙　杨
　　　　　　　侯庆阁　夏桂付　刘胜军　祝业忠　林文斌　吕学公
　　　　　　　张庆春　钱　昊　邱绍江　符　博　闫　野　芦　哲
　　　　　　　刘世坤

采油作业四区：曹海生　李传宏　杨　东　曹红成　石征涛　高　亮
　　　　　　　陈　硕

采油作业五区：刘海滨　邱　剑　刘忠兴　赵春雷　周杨海　崔　勇
　　　　　　　贾永伟　周　平　王敬东　刘汉锋　邓庆阳　邹振瑞
　　　　　　　吴玉周　李明勇　史乃哲　张　斌

采油作业六区：王怀海　曲明刚　张　驰　宋永胜　李梅忠　周正伟
　　　　　　　范振明　朱政艳　陈　奇　卜庆寒　刘清松　张　明
　　　　　　　张树凯　龚江群　杨崇荣　薄立国　刘　帅　毛金雨
　　　　　　　刘增海　冯宜光　刘忠宝　刘荣军　杨庆国　卢昭斌
　　　　　　　蔡永生　廖　丹　任贺凯　杜立刚　李营良　赵　威
　　　　　　　高朋志

采油作业七区：李　松　张乾赐　白　阳　廉福威　顾百峰　刘明辉
　　　　　　　朱　伟　侯文东　杨金升　郭　志　刘海涛　张　明

　　　　　　　　高　原　杜　军　朱　峰　姜　永

集　输　大　队：王吉喆　杨义国　国富强　王　莲　陈建军　齐秀峰
　　　　　　　　李国海

热注作业一区：吴宝强　刘瑞国　王矿民　高　彬　于晓光　刘柏嘉
　　　　　　　　马志丹

热注作业二区：王　维　刘真铭　李春耀　王福彬　吴连河　刘　靖
　　　　　　　　赵春海

生产保障大队：蓝宗军　田战叶　黄殿瑜　王　斌　赵　军

车辆管理中心：陈清山　季玉和　刘东奇　于　雷　张　镭　丁　缘
　　　　　　　　高思秒　赵　峰　刘春民　曲志强　卞旭东　吴　杰
　　　　　　　　王树功　刘　宏　韩小宇　董文波

油管管理中心：韩宗功　闫爱辉

物资保障中心：张洪举　胡　蓉

机动采油大队：杨静超

安全环保技术监督站：鞠　峰　宛　毅　鹿　伟

技术开发作业区：姚景滨

污水处理大队：赵　明　张　斌　何　根　赵　刚

地质研究所：杨依峰　明　辉　刘　禹

工艺研究所：董鹏毅　秦　雪　刘　恒　尹洪凯

金宇公司：赵　滨　孙守杰　卞　奎

党委办公室（厂长办公室）：唐玉琳

生产运行科：焦　杰　李　鹏

采油管理科：何　南　马立平

基建管理科：王作伟　刘锦彪

物资装备科：杨文军　孙贤良

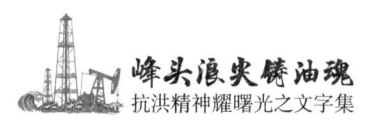

质量安全环保科（辽河油田溢油应急处置中心）：罗朝期

财务资产科：张　卉

企管法规科：谭建力

党委组织部（人事科）：赵宏亮

党委宣传部：姜旭沐　王琪皓

纪委办公室：王春强

群团工作部：赵玉星

土地公路管理中心：梁启华　张艳红

概预算管理中心：武　垚

保卫科（维稳信访工作办公室）：毕玉宾　谷兴鹏

科技科：刘连杰

经营计划科：陈　峥

信息档案科：刘　军　王　泉

先进个人三等功（共324人）

采油作业一区：张宝联　姜　辉　孙国栋　雷海波　高海宁　刘景录
　　　　　　　宋旭东　韩福亮　于　雷　李　伟　韩洪彪　魏红平
　　　　　　　马智伟　胡玉斌　贾文全　柯福真　蒋　斌　魏志影
　　　　　　　赵成武　王永生　鹿守疆　张洪全

采油作业二区：侯新贺　徐长亮　白　龙　刘　迪　赵　磊　常立飞
　　　　　　　程秀领　李　刚　郑国峰　王　琛

采油作业三区：马宝久　魏新锦　冯广鹏　付　强　刘　波　郭海刚
　　　　　　　张永玉　王　通　万　里　马海峰　宋阳阳　杨旭东
　　　　　　　张　浩　王建峰　顾卫东　曹胜柱　赵庆江　龙雨丰
　　　　　　　申东山　瞿　军　白秋彬　闫　路　兰　松　何福建
　　　　　　　刘长青　夏连成　李　伟　刘　鹏　丁景辉　张金东

　　　　　　　　王　丹　　王利军　　刘　剑　　方　圣　　吴　健　　夏小林
　　　　　　　　朱卫东　　段光江　　杨　亮　　马　驰　　王建伟　　冯　印
　　　　　　　　王晓强
采油作业四区：田文杰　　王俊智　　张　坤　　杨赜恺　　王振华　　李永庆
　　　　　　　　杨培莹　　王拥军　　张学发　　高　锦
采油作业五区：邓爱民　　于洪涛　　王顺增　　田　震　　白辽华　　梁思阳
　　　　　　　　李晓光　　徐　波　　薄永军　　孙晨茜　　许景权　　梁　峰
　　　　　　　　王　麟　　朱玉华　　张玉彬　　陈海涛　　马宝东　　牟高锋
　　　　　　　　刘尊伟　　肖红军　　赵秋生　　赵秀东
采油作业六区：杨世伟　　贾德方　　王世辉　　赵　明　　宋　亮　　高春宇
　　　　　　　　李文辉　　李志斌　　王玉龙　　李昌涛　　孙　晖　　张道纯
　　　　　　　　姚嘉峰　　王立峰　　唐　宇　　梁　毅　　孙江山　　赵宁久
　　　　　　　　高　岩　　沈　翔　　谭　勇　　陈庆伟　　胡　波　　徐　奇
　　　　　　　　何永利　　孙红举　　王　孟　　于会军　　宋江明　　王　凯
　　　　　　　　赵玉军　　赵　伟　　周正国　　陆　伟　　王志国　　董洪光
　　　　　　　　许　建　　张云志　　王　强　　吴庆民　　彭　瑞　　魏占国
　　　　　　　　胡　磊
采油作业七区：徐宏伟　　秘国战　　陈　林　　宋　海　　刘维佳　　田树刚
　　　　　　　　许红梅　　石东雷　　邹理忠　　柯树臣　　王新宇　　李　宁
　　　　　　　　曹　伟　　沈　伟　　李万秋　　杨德林　　杨晓迪　　孙继影
　　　　　　　　胡江华　　孙继彬　　聂　巍　　刘滨江
集　输　大　队：王　辉　　冯新萍　　黄　彪　　苏延东　　周宇鹏　　王瑞宁
　　　　　　　　郭德胜　　张　辉　　张　杰　　相卫东
热注作业一区：高　宁　　张传新　　马凡林　　常　松　　周仕国　　戴建忠
　　　　　　　　孙晶源　　韩雪松　　赵　刚　　葛庆会

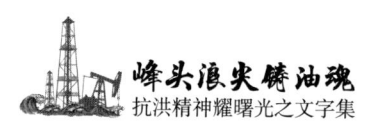

热注作业二区：刘清川　范　忠　赵军伟　宋　岩　马　志　张　瑞
　　　　　　　洪　亮　高　博　韩英巍　高　超

生产保障大队：李　宾　张　林　潘建民　张守利　胡芬强　张　彬
　　　　　　　腾　达　卢阿伟　赵荣春　宁国枢　邓　祎　李　迪

车辆管理中心：张志勇　冯天波　宋利健　文明河　李　斌　李　深
　　　　　　　肖　军　刘德刚　李广卫　牟新泉　杨金荣　芦玉先
　　　　　　　勾明航　李继华　姜开涛　杜德林　齐家宇　王家奎
　　　　　　　向仕权　唐维全　邱　建　陆　勇

油管管理中心：吴　斌　张　钊　陈洪洁

物资保障中心：蒋　峰　郭　学　焦万森

机动采油大队：霍红军　蔡文辉　赵　东　高兴宇　林学春　李天理

安全环保技术监督站：王春祥　龙　洋　陈　鑫　陈　旭　金子为

技术开发作业区：李　帅　赵卿捷　雍岐寨　张焱鼎　刘　凯

污水处理大队：冯仕忠　任立新　王蕴博　张　涛　杨晓兵

地质研究所：郝少勤　王玉玲　柴　标　靳文杰

工艺研究所：匡旭光　黄　腾　焦　成　门琦淏

教育培训部：杨立华　张　伟　茹希军

金宇公司：赵　可　王梦玺　于　龙　朱坤记

党委办公室（厂长办公室）：高　伟

生产运行科：杨也波　胡国庆　王世忱　王效军

采油管理科：李明香　王玉敏　刘　晗　陈　磊

基建管理科：于　广　郭思华　戚小川

物资装备科：朱世德　柏　峰　邰　宇

质量安全环保科（辽河油田溢油应急处置中心）：吕英磊　程　乐
　　　　　　　　　　　　　　　　　　　　　　李　宁　卞子峰

财务资产科：于　笮　李洪滨　王绍先　潘一方

企管法规科：毕明超　张小飞

党委组织部（人事科）：张　良　王宜芮

党委宣传部：张舒宁　牛　迟　廉宇飞

纪委办公室（党委巡察办）：王金明

群团工作部：许永亮　王大玮　周忠可

土地公路管理中心：徐有存　周剑禹

概预算管理中心：靳英杰　姜　勇　李雨轩

保卫科（维稳信访工作办公室）：饶远辉　赵卫东

科技科：何远哲

经营计划科：张慧超　史　刚

信息档案科：刘子韬　王志强

曙光采油厂党委办公室　　　　　　　　　　2022年12月2日印发

第四篇
新闻报道

油田公司领导到曙光地区检查指导防汛工作看望慰问抢险干部员工

（2022 年 07 月 11 日辽河油田门户主页　刘　力　王　野）

7月8日下午，油田公司执行董事、党委书记李忠兴，总经理任文军，副总经理于天忠，来到曙光采油厂防汛工程现场检查指导工作、看望慰问抢险干部员工。

近期，由于上游流量增大，绕阳河水位持续升高，已造成绕阳河下游河套内部分民堤淹没，导致曙光采油厂多个采油站上水关井，严重影响了日常生产组织有序运行。

在曙光采油厂采油作业三区32号站附近，李忠兴，任文军，仔细察看水位上涨和井场水淹情况，详细了解生产运行、关停井数、防潮设施、防汛形势和员工值班值守等情况，并与坝上抢险队伍干部员工亲切交谈，认真询问目前在抗洪抢险工作中遇到的困难和生活物资保障情况，并对连续奋战在抗洪抢险一线的干部员工表示感谢。李忠兴指出，要提高站位、统一思想，密切关注近期天气变化，扎实做好防汛应急准备工作。各级领导干部当好安全生产和环保第一责任人，安全和环保同样重要，要保障人员安全和油气生产设备设施安全度汛。任文军强调，要继续保持高度警惕，分析研判汛情的发展趋势，研究制定下步工作方向及措施。

随后，李忠兴，任文军，来到绕阳河下游溢油应急处置中心舟桥处大坝上，实地察看防洪防汛关键部位、要害环节，曙光采油厂汇报了"1.4千米"大坝加固工作进展情况。李忠兴对曙采防汛应急工作给予肯定，并强调，在

做好抗洪工作的同时，制定复产预案，待水情稳定后，确保油井第一时间恢复生产。任文军指出，要立足"防大汛、抗大洪、抢大险、救大灾"，压实防汛责任，制定人员撤离和关井预案，狠抓汛期安全环保。

于天忠对下一步防汛工作、生产组织进行部署。

油田公司总经理助理、党委办公室（总经理办公室）主任李忠诚，机关有关部门负责人和曙光采油厂、消防支队负责同志参加活动。

油田公司领导到曙采特油现场办公强调

坚定信心聚合力
科学有序打赢抗洪复产攻坚战

（2022年08月15日《辽河石油报》一版　葛　勇）

8月13日上午和下午，油田公司执行董事、党委书记李忠兴，总经理任文军，常务副总经理卢时林一行先后看望了曙光采油厂、特种油开发公司干部员工，并分别进行座谈交流和现场办公，共同分析当前面临的形势、困难和问题，强调要统一思想认识，坚定必胜信心，汇聚全员力量，确保安全、严防污染、科学有序、高效组织，全力以赴打赢抗洪复产攻坚战。

李忠兴、任文军、卢时林一行先后听取了两家单位领导班子、机关部室和基层干部员工工作汇报，并就提出的问题逐一解答，现场办公。

李忠兴对两家单位上半年工作，以及在抗洪抢险期间展现出的新时代辽河人的优良品质和精神风貌给予了高度肯定。他代表油田公司党委向抗洪抢险一线的广大干部员工表达真诚的感谢；对连续一个多月来付出的艰苦努力，表示诚挚的敬意。

李忠兴指出，当前仍然是防洪防汛的关键时期，也是油田复工复产的关键阶段，要高度关注雨情汛情，立足油田可持续发展和完成全年目标大局，确保安全、严防污染、细化完善方案流程、高效组织，做到复工复产不等待，上下共同努力，最大限度降低灾害损失。

李忠兴强调：

——**要统一思想聚合力，切实增强抗洪复产的紧迫感**。要坚定必胜信心，汇聚全员力量，充分发扬石油人"有条件要上，没有条件创造条件也要上"

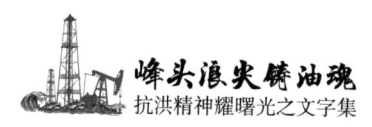

的精神,坚守为油奉献的理想信念,扛起保障国家能源安全的时代使命,重建赖以生存和发展的家园,全力以赴打赢这场抗洪复产攻坚战。领导班子要进一步提高站位,齐心协力,敢于担当,破解困难,对基层提出的问题要做到事不过夜,有效回应员工关切。

——**要系统性统筹推进,集中精力抓好复产各项工作**。要做到防汛抗洪与复工复产相统筹,坚持两手抓、两手硬。要整体统筹曙采和特油复工复产,一体化协调推进。要强化沟通衔接,绝不能让复产现场等设备、等材料,影响工作进度。要统筹考虑曙特地区的关、停、并、转,特别是电力系统、场站和管线等要简化优化,科学高效推进高能耗、新度系数低等具备报废条件的设备设施更换。要将当前安全复工复产和长远根治措施有效结合,兼顾冬季生产,提前做好越冬准备。

——**要全面强化风险管控,坚决守住安全、环保两条底线**。要层层压实安全生产责任,切实将员工的生命健康安全放在第一位,不具备条件的坚决不能入场施工。要强化员工身体健康管理、心理疏导和后勤保障,加强承包商管控,确保复工复产人员生命安全。要强化与地方政府有关防疫部门沟通,做好洪水退去后的环境消杀工作。要加强环保风险的预判和管控,做好现场评估,采取切实有效的预防措施。要加强复工复产过程中的合规管理,落实有关要求不打折扣。

任文军对两家单位抗洪抢险工作给予了充分肯定,并就做好下步工作强调,要统一思想、坚定信心,汇聚人力物力,全力开展复工复产工作。要总结工作经验和不足,以更加科学准确的现场基础数据,支撑抗洪复产方案设计和现场施工。要强化安全环保风险的识别和预判,规范操作标准流程,杜绝经验主义,坚决守住红线底线。要强化方案执行,结合排水排涝和防洪防汛工作,分片分区逐步推进复工复产。要加强巡堤查险。要加强班子成员信息交流和共享,强化责任担当,充分发挥党员干部先锋表率作用,做到有精神有举措、有小我有大我、有重点有整体，科学有序推进抗洪复产。

卢时林就有关工作提出了具体要求。

油田公司总经理助理、党委办公室（总经理办公室）主任李忠诚，部分机关部门负责人和相关单位负责人参加座谈。

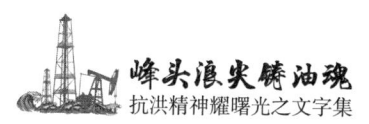

李忠兴到曙采特油地区复产现场慰问调研时强调
打破常规加快节奏　坚决打赢复产上产攻坚战

（2022年09月7日《辽河石油报》一版　杨世龙）

9月5日下午，油田公司执行董事、党委书记李忠兴到曙光采油厂、特种油开发公司复产现场调研，代表油田公司党委看望慰问奋战在抗洪复产一线的广大干部员工。他强调，要坚定信心、迎难而上，在确保安全的前提下，加快工作节奏，实现安全高效复产。油田公司副总经理、安全总监刘建峰陪同调研。

李忠兴一行先后来到曙采厂曙四联合站、电力公司曙四变电站、油建公司管线施工现场、特油公司SAGD 3号注汽站和特一联合站、曙光采油厂42号台排涝站等复产现场，实地了解复产工作进展。他强调，要坚持安全第一、环保优先，严格落实安全生产责任制，网格化管控安全风险隐患。要切实做好涉水、用电、动火、吊装、受限空间等重点施工现场安全监督，科学配备劳动防护用品，确保安全复产。要做好常态化疫情防控工作，确保复产场所防疫安全。

李忠兴强调，要在确保安全的前提下，打破工作常规，加快工作节奏，采取一切有力措施，加快推进联合站、变电站等生产设施功能恢复，为油气复产上产奠定坚实基础。要创新设计理念、管理思路，对站场、管线等生产设施进行优化简化和"关停并转"。要发扬抗洪精神，坚定信心、迎难而上，坚决打赢复产上产攻坚战，重建新家园、展现新气象。

李忠兴强调，要关心关爱员工健康，强化后勤保障和健康服务，合理安排复产一线员工轮休，避免疲劳作战。要及时总结梳理抗洪复产中涌现出来的先进人物、优秀团队事迹，做好先进典型的选树宣传工作，充分发挥示范引领作用。

刘建峰就复产相关具体工作提出要求。

周鹰、李忠诚，机关有关部室、相关二级单位负责人参加调研。

争分夺秒固堤坝

(2022年07月12日《辽河石油报》一版　刘　力　杨　川)

装载、拉运、压实……烈日炎炎下，当当声、隆隆声交织在一起，在曙采厂溢油应急处置中心东侧井场路上，数台机械车辆争分夺秒施工作业，厂领导正紧急安排堤坝加固工作。

与往年不同，今年洪涝灾害呈现时间早、水势大、影响范围广的特点。受辽河顶托影响，7月11日，井场路南侧水位持续上涨，几乎与路面持平，随时有漫堤危险，严重威胁该区域采油作业一区和六区的油井生产。

"这条路是历年没上过水的一个区域，今年水位上涨已经超过40厘米，为了防止河水倒灌杜84区块，我们紧急对这条沿河井场路加固。"现场一名工作人员介绍。

骄阳似火，现场一丝风也没有，成群的蚊虫绕着人飞。运料车、挖沟机在作业现场来回穿梭，巡坝的工作人员沿着堤坝认真观测水位，查找管涌。厂领导盯在现场、科学指挥，各科室携手并肩、配合默契，抗洪防汛工作平稳有序进行。

该厂严格落实油田公司防洪抢险工作会议精神，坚持做到抗洪复产"两手硬"，加快编制复产方案，为复产提前做好准备。

精细管理　防汛保产齐步走

（2022年07月14日《辽河石油报》二版　祁卓君）

"目前已进入雨季汛期生产最严峻的时期，我们要提前抓好防洪防汛工作，更要兼顾油井生产时率。"7月5日早会上，曙光采油厂采油作业三区领导班子安排部署近期重点工作。

主汛期以来，该区继续加大日常基础工作管理力度，持续深挖细查、狠抓责任落实，确保将防汛各环节做实、做细，全力以赴做到防汛保产齐步走。

该区提早着手，责成机关水电管理负责组织各基层采油站加强对低压电路、配电系统、电气设备等装置的维护、保养和检测工作，对管线裸露、破损的部位提前包扎，做好汛期防触电工作，目前已经对配电设备设施防腐刷漆124台次，紧固电缆护管173根，紧固配电箱37台，架高动力柜3台、配电箱14台，更换不合格电缆8条。

基层岗位员工认真排查潮感区域所有油井的井口盘根，提前安装防喷密封器，对重点要害部位围隔油栏8处。做好污染防范工作同时，由调度室牵头，提前回收散失器材；与厂生产科沟通协调，对全区老旧管线进行更换4000余米。

针对雨季天气变幻莫测、汛期上水时间持续长等不利情况，积极协调、快速衔接，力争做到组织运行上的优质、高效。工作中，他们提前筛查潮感区域的潜力井、措施井，优化区域注汽运行，提前组织上水区域的作业井，保证雨季汛期油井正常平稳生产。

迅速出击

（2022年07月14日《辽河石油报》二版　李春雪）

"需要你们马上运送抛石笼到采油作业三区16号站北U形坝处加固堵漏，越快越好。"7月10日16时16分，接到厂里紧急通知，曙光采油厂生产保障大队迅速集结待命的自吊车、卡车、人员上现场，仅用半个小时先将6个抛石笼准备就绪送往坝上，随后陆续组织将剩余32个抛石笼相继运送到坝上，为抗洪抢险争取时间。

该大队大队长孟令军一接到命令，立即想方设法在最短的时间内完成任务，利用2辆自吊、4辆卡车轮流运送抛石笼上坝，与时间赛跑。青年党员黄殿瑜利用自己多次吊运抛石笼的经验，满场地跑协调组织。吊运过程中，共青团员杜洋即使眼睛里迷入了笼子掉下的尘土、铁屑，也无暇顾及，顶着不适用双手平稳将笼子放置到卡车上。

到达狭窄的坝上，自吊司机凭借多年经验，找准合适吊装位置，支好千斤腿，在大家共同努力下，将预先到达现场的6个抛石笼吊运到了指定堵漏位置。头顶烈日，4名井口检测队员工充分发扬不怕苦不怕累的实干精神，装牵引绳，清除障碍物，工服被汗水浸湿，干劲却丝毫不减，他们两人一组手牵手下到坝底，精准牵引笼子到坝体漏水处，坝体漏水问题得到了有效解决。

闻"汛"而上　筑牢监督屏障

（2022年07月19日《辽河石油报》三版　刘　新）

近期持续降雨、上游泄洪、天文大潮叠加，绕阳河水位暴涨，曙光油田再次经历洪涝严峻考验。曙光采油厂安全环保技术监督站闻"汛"而上，成立党员防汛应急突击队、青年志愿者团队，组织全站党员干部、青年骨干分组负责抗洪现场安全、环保、应急车辆管理等监督保障工作，24小时轮流值班值守，全天候按"四全"监督要求迎战抗洪抢险。

"要全力保障第一线抗洪人员生命安全，哪里有险要施工，监督保障就要跟进到哪里！"

近半个月来，杜84块重点地段防汛抗洪现场任务繁重，局部区域上千人在洪水中奋力抢险，上百台挖掘机、铲车、卡车等工程运输车辆同时卸料、固坝、输送人员、运输物资，指挥监督工作一旦失误、延误就会为安全抗洪带来风险，监督站站长王志超带领领导班子成员和监督人员每天冲在第一线带头开展监督保障，第一时间对上坝施工人员未穿救生衣等安全问题监督整改。按厂应急指挥要求，为应对可能出现的溃坝风险，监督站交通组制定了《汛期人员撤离、人员转移方案》，对值班车辆、值班司机、人员上车撤离路线统一部署，对属地应急联系人大数据信息共享，同时进行了实地紧急撤离演练，交通管理人员24小时值守，确保应急车辆随调随用。

自进入防汛抗洪战斗以来，监督站交管部门与辽河公安局交警一大队紧密配合，设置大养线道路主干固定卡点3个、分支路口移动卡点4个。截至目前，交管应急小组封控大养线两侧外来车辆禁入防洪区域6500多台次，疏

导应急抢险运输车辆 1500 余台次。同时，为保证进入防洪重点区域人员和车辆安全，每天坚持严格核实进出抗洪现场的人员和车辆数量，确保不遗落任何人员和设备，有效保障曙光油区安全抗洪防汛。

集体"失联"20 小时

（2022 年 07 月 22 日《辽河石油报》一版　李宁豫　姜旭沐）

7月19日上午，曙光采油厂生产保障大队车辆管理中心副主任罗建军，正用碘伏为脚上发炎的水泡处做着简单的消毒，面前是一袋简陋的消毒用品，一双躺倒的雨靴。这阵子他和同事们在曙光一线防汛抗洪，这样的小伤已见怪不怪，因为沙哑的嗓音、叮咬的虫伤、捂出的湿疹、走出的水泡，几乎成了每个抗洪人的"标配"。

汛情发生以来，这个中心已经连续三次参加紧急抢险。令他印象最深的是他和同事们那次长达20小时与家人的集体"失联"。

7月7日下午2时，他们接到了今年抗洪抢险的第一项任务：为抵御暴雨和上游泄洪等影响，曙光油区杜84块一处堤坝急需加固。

汛情就是命令，险情就是责任。该大队车辆管理中心主任孙伟东立刻集结车辆管理中心22名干部员工赶赴现场，罗建军和中心另一位副主任邵伯骁也是这支"突击队"中的成员。只是他们没有想到，这场大堤加固"战"竟持续了56个小时之久，其间大家与家人长达20小时的"失联"，也着实让队员们的家属虚惊了一场。

当天下午3时，到达现场后，队员们明确分工，迅速开始勘查现场情况，寻找大堤薄弱处、会车点等，翻斗车在车辆管理中心的指挥下，拉着砂石料、水泥等陆续进入现场。

身在堤坝，队员们忙起来便忘了时间。

7月8日凌晨2时，已经忙碌了近12个小时，正在指挥车辆通行的罗建

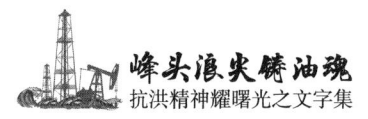

军发现调度长那国峰半个身子靠在石头上，状态有些异常。

那国峰，负责全线统筹工作，包括观察工作进度、协调车辆等，没吃晚饭又在堤上不停歇地走了12小时，体力早已不支。

"你咋样，没事吧？"罗建军问。

那国峰摇摇头，神色虚弱没有接话。罗建军上前搀扶，想让他到堤坝下休息。也不知哪来的力气，那国峰推开罗建军的手，自己又摇摇晃晃靠回石头边。

"站一会儿就好了！"那国峰说。不多时，看到往来的车辆，他便头也不回，又投入到工作当中。

大堤上，烈日炙烤着忙碌的人群；到了午夜，成群的蚊虫飞扑向疲惫的身体。对讲机几近没电，队员们只能用嗓音和大车的轰鸣一来一往。堤坝路上，淤泥裹着砂石料，雨靴里灌满了泥水，每走一步，双脚都硌得生疼。

7月8日中午，终于有机会歇一歇，此时他们已连续工作了20小时。这时队伍里才有人想起，还没跟家里人报个平安，可是再看手机，没带的没带，没电的没电。

任务还没结束，只能等待支援。充电宝终于送上大堤，大家开机瞬间便都收到未接电话和短信的"轰炸"。

"你咋回事？电话咋就打不通？干一宿了咋还没回来？"电话那头，尽是这样的追问。知道都平安无事，家里人悬着的心才都放了下来。

第四篇　新闻报道

无惧"烤"验迎挑战

——曙采厂热注作业二区党员干部抓防汛保复产侧记

（2022年07月22日《辽河石油报》三版头条　谢武娇）

大暑小暑，上蒸下煮。炎炎夏日，在持续强降雨的加持下，变得潮热难耐。在曙光采油厂抗洪堤坝外，有这么一群石油人，他们不惧高温考验，坚守工作岗位，用汗水和辛劳为夺油上产添砖加瓦。

"盐"阵以待

7月18日10时，曙光采油厂热注作业二区H18号炉配电间内，电工宋洪斌蹲在配电柜前，拆下的旧电线散落一地。他认真地扒下一小段新电线的保护胶皮，然后将接线端子拧紧，横平竖直的走线让配电柜焕然一新。湿淋淋的衣服紧紧贴在后背，将石油红染得更加鲜艳醒目。"我们这一天工服都得湿透好几次，能拧出2斤水来，衣服吹干了全是盐粒子。"面对采访，他憨憨地说道，"作业区为我们准备了绿豆汤、藿香正气水等防暑降温物品，非常贴心。"

抗洪期间，热注二区按要求将河套内29个班组40台锅炉停炉待产，人员安全撤离。他们把工作重点放在了坝外17个班组22台锅炉的管理上，火速展开了坝外班组全覆盖式电气隐患排查工作，并对问题比较突出的班站集中力量进行整改，提升了班组安全管理水平。

两全其美

正午时分，刚刚讲完柱塞泵维护保养知识的老党员宋小龙满头大汗，他走进小伙房，将随身携带的大水杯灌满，又捏了一小撮盐放进去，咕噜咕噜

喝起来。"这种天气出汗多,喝水必须放点儿盐,防止虚脱。"他将水杯续满,忍不住感慨道,"这都停炉了,锅炉房还这么热,一面享受汗蒸,一面接受知识洗礼,这个培训真是两全其美。"

严峻的汛情使得热注二区近三分之二设备停产、人员待命,作业区一刻不敢放松,以此为契机,大力推进员工教育培训工作,将理论知识与实际操作同步开展。全体员工,特别是新划转员工,对各项培训工作展现出强烈的需求感和参与感,综合素质得到极大提升,为汛后迅速复产奠定良好基础。

与时间赛跑

上午为班站送水,下午维修设备、焊制支架,热注二区维修班组老党员刘清川、朱传荣、李立厂等人一刻不得闲。

烈日灼灼,维修队小院里焊花飞舞,拿开厚重的防护面具,豆大的汗珠顺着脸颊滴在滚烫的铁管上,"呲"的一声,就蒸发得无影无踪。"这是板房支架,可以防汛防腐,这堆管材准备制作暖气组,赶在入冬前给新划转过来的班组换上。"维修队队长刘清川介绍。

热注二区时刻绷紧抗洪复产弦,紧盯目标任务,奋力向生产经营目标发起进攻。接到撤离通知,作业区主任董晓斌一方面迅速组织人员有序撤离,一方面嘱咐河套内班组将亟待维修的机泵设备及零部件一并整理"打包",运送至维修队集中修理,为汛后迅速复产做好设备准备。

坝内汛情严峻揪人心弦,坝外复工准备热火朝天。这群石油人没有叫苦叫累,因为所有人都相信,自己多流一滴汗水,生产就多一份顺畅,安全复产就会多一份保障。

党员冲锋　迎战防汛"大考"

（2022年07月22日《辽河石油报》三版　杨彧荣）

7月12日，曙光采油厂采油作业六区工作群里，一张张水位监控的照片牵动着所有员工的心。19时27分，大坝最高水位已达4米，42号平台险情无比严峻。

"越是形势复杂，越是任务艰巨，越是勇往直前。"这是该区所有党员的真实写照。自从水位上涨以来，该区60多名党员在主任门福信的带领下，每天坚守大坝，加固险段。

每天7时，该区党员从作业区集合出发，先后换乘大客、小车，几经波折才能到达大坝。到达目的地后，调度长带领6名党员巡坝，协调前来支援的队伍；生产组指挥拉料车，装料卸料；区领导班子在分配任务、指挥工作的同时与大家一起扛沙袋、垒沙袋。汗水反复浸湿衣服，泥水伴着汗水渗进雨靴，但他们当中没有一个人叫过苦叫过累。

在急难险重任务中，该区党员带头当先锋做表率，张建国、黄波等站长和支部书记的名字每天出现在上站的名单里，609采油站女站长廖丹更是主动申请抗洪；党总支书记臧旭峰带领着机关留守人员组成后勤保障队伍，每天为大家送水送饭、不曾间断；地质室的党员干部整理地质资料，准备方案为复产做好准备。

在这场"防汛大考"中，采油作业六区的干部员工主动担当、履职尽责，共同筑起抗洪防汛的坚实"堤坝"。

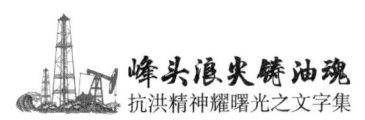

抓实抓细　分批复产
曙采厂绕阳河两岸井站复产方案有序推进

（2022年07月25日《辽河石油报》一版　刘　力　姜旭沐）

7月23日获悉，曙光采油厂绕阳河两岸井站复产方案有序推进，排涝工作已经率先开展，通过大批量安装排涝设备等多种方式实现上下游同步排涝，加快复产进程。

该厂根据位置高低及水退情况，按照"分区域、分批次"复产原则，分为绕阳河左岸、绕阳河右岸以及采油作业三区三个区域九个批次组织复产。按照方案计划，复产第一批次65座采油热注站、807口井最快可在5至10天内复产，其他井站按照批次可在15至30天内实现复产。

排涝方面，该厂目前在左岸共启动各类排涝设施211台，总设计排量4.5万立方米/小时，同时在溢油应急处置中心附近实施多种方式排水；在右岸根据水淹区水退情况，组织封堵5个防潮堤豁口，目前已完成3处，预计在下个大潮前完成全部封堵。

设备设施准备方面，该厂通过系统筹备，可实现12台热注锅炉复产，储备复产可替代电机340台套，以及抽油机配电箱、动力柜、漏电箱等260台。随着复产推进，该厂对水淹区设备设施同步开展维修，为复产提供充足保障。

抢修队伍组织方面，该厂已落实分8个小队、40个小组施工，目前正筹备组织开展员工、承包商安全培训，并按区域分配复产任务。

奋楫争先立潮头

——曙光采油厂干部员工同心协力防大汛人物事迹素描

（2022年07月26日《辽河石油报》四版专版　刘　力　王　野）

7月16日上午11时，曙光采油厂10个基层单位近200名干部、员工放弃周末休息时间，火速集结来到曙四联北侧国堤口"料场"处。在烈日炎炎似火烧和阵雨交加变幻莫测的天气中，党员突击队旗帜迎风飘扬，大家不断装沙袋、抬沙袋、运沙袋、扔沙袋，全力抢修曙四联南侧国堤口下方至溢油应急处置中心舟桥处的"L"形堤坝，集全员力量积极打通应急通道，加快水淹区排水工作快速实施，全力为复产做准备。

7月7日以来，受持续强降雨、上游泄洪和天文大潮等因素叠加影响，绕阳河下游水位不断上涨，曙光地区防汛工作始终被油田上下各级组织和领导们牵挂着。面对异常严峻的抗洪防汛形势，曙光采油厂全体干部员工同心协力，守护自己美好家园。在防汛抗洪的第一线，感人的画面层出不穷，党员、干部、员工坚守和奉献的动人故事在不断上演。

车辆高效运行的"守护者"——孙伟东

"两台车辆同时过去，一台等，第三台在会车区域等待……"每当采油厂出现急、难、险、重任务需要协调车辆管理时，都会出现生产保障大队车辆管理中心主任孙伟东忙碌的身影，今年的防汛工作也不例外，已经54岁的他在打通"绿色通道"、加固大坝的各个现场奔走，指挥大型车辆有序进入现场施工。

"按照采油厂部署，我们已经干了8天5晚，目的就是抢时间把工作量完

成,为抵御潮水和复产做准备。"7月15日,记者在抢修曙四联南侧国堤口下方至溢油应急处置中心舟桥处的"L"形堤坝的会车等待区看见孙伟东,即使声音已经沙哑,他仍然拿着对讲机不停地在坝上来回呼喊。

险情就是战场,风浪考验担当。建堤坝、上料、装料、修路、指挥交通……孙伟东带领着大队30余名车辆管理干部连续奋战在抗洪防汛一线。

"就没歇过,也不允许我们歇。"为避免高温中暑,他和车辆管理中心的党员们每天都早早来到施工现场,本来想利用中午吃饭时间简单休息一会,下午再贪点黑,在气温较低的时候多干点活儿,尽最大努力把工作量往前抢。但由于时间紧、任务重,看着绕阳河水位不断上涨,他们就主动放弃中午休息时间,抢质量、抢进度,头顶烈日、脚踩泥土,热了就把挂在脖子上的毛巾用水打湿,擦一擦脸和胳膊上的汗水;渴了就找没有车辆进出堤坝和料场的间隙,赶紧喝口水,又继续投入"战斗"。在这种高强度的工作下,他和同事们还对进出口车辆驾驶员进行安全注意事项告知,确保干活车辆行驶和施工安全。

"水量之大,涨潮速度之快,上班这么多年没见过。"在采油作业三区32号站区域的"回"形坝上孙伟东说,随着潮水的上涨,他和同事们指挥车辆,对该区域的堤坝进行再加固,确保堤坝安然无恙。

同时,他还安排车辆管理中心其他车型车辆作为井场送饭、运输石料、现场应急等后勤保障用车,每天出动车辆达78台、夜班车辆近20台,单日所有防汛车辆行驶里程达上万千米。

"这是我们生存的家园,没有理由不干,如果干不好,问心有愧。"从打通采油作业六区新8号站到溢油应急处置中心舟桥"1.4"千米大坝3条上料"绿色通道",到加固"回"形坝,再到抢修"L"形堤坝,孙伟东防汛脚步从未停歇。

大坝上的"钢铁战士"——徐梓艺

7月1日清晨，采油作业六区42号台的大坝上，有一个熟悉的身影在大坝各处巡视有无漏点和管涌，而这个不论刮风下雨、酷暑严寒每天都到大坝"打卡"的人就是该区生产组的徐梓艺。

对徐梓艺来说，今年跑得最勤的地方就是42号平台的防洪大坝，从年初大坝动工那天起，他就一直在现场监督施工，把防汛工程看成今年头等大事。而近期，由于水情严重，他由原来的每天到大坝各处巡视已经改成把大坝当成他的"第二个家"。

7月8日，由于大雨冲刷和绕阳河水位上涨，采油作业六区新8号站到溢油应急处置中心舟桥处的堤坝出现险情，在接到抢险通知后，他立刻奔赴现场，组织协调8台货车，装卸200吨水泥物料。由于现场车多人杂，为给水泥车开辟出一条快速通道，他扯着嗓子指挥着石料车、铲车给水泥车让路，从早上一直喊到中午直到嗓子嘶哑，水泥顺利运到后，他又与兄弟单位的150名支援者一起装沙袋、递沙袋、扛沙袋、码沙袋，争分夺秒，忘我奋战。

潮水灌入雨靴，脚被浸泡变得浮肿，肩膀也累到抬不起来。直到凌晨两点，终于完成抢险任务，这时他才感觉到自己身体传来阵阵寒冷，额头已经滚烫，来不及休息，他又赶赴607采油站的杜84-31-47井场，配合厂里对堤坝加固，凌晨三点半结束工作后，坐上回程客车的他已浑身酸痛，大汗淋漓。

肩上有责任，苦干勇担当。第二天7时，仅仅休息不到4个小时的徐梓艺顶着38.7摄氏度的高烧，吃了片退烧药就来到19号台、41号台、42号台、62号台大坝开始指挥局部低点的加固工作，当120吨水泥运到后，他又鼓足干劲带头扛水泥袋加固薄弱点，身边的同事看到他苍白的脸色都劝他："梓艺，昨晚你就干到半夜，今天还干这么重的活儿，身体会累垮的，你站那指挥就行……"他微笑着谢过大家，依然咬牙坚持完成了加固工作。

就这样他一直坚守现场指挥拉料卸料、加固大坝。7月19日，他还对采

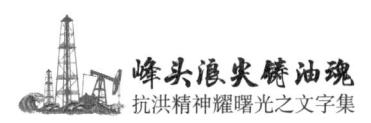

油作业六区所辖区域内隔油栏、缓冲罐进行加固工作,在防汛这场战役里他从未停歇。

逆向而行的急先锋——吴迪

7月18日,采油作业五区调度长、青年党员吴迪正在协调物资保障工作,虽然略显疲惫,但那双布满血丝的眼睛却时刻盯着水位的变化。

进入汛期以来,他一人分饰"两角"沉着应对,一方面要把守前线防汛,另一方面还要紧抓生产运行,哪有情况他都会第一时间到达,所以大家称他为"急先锋"。为做好今年防汛工作,他从应急预案、危险区域检查、物资和设施准备等入手,建立24小时不间断巡坝制度,完成应急组织运行措施和方案,时刻对大坝进行拉网式排查。

"大坝总长1700米,加之雨后泥泞,巡检并不轻松。"吴迪说,巡坝累是累,但这份责任,不能放弃。7月5日16时,他在巡坝途中发现大坝底处的薄弱点后,立即组织人员紧急抢险,和大家一起装沙袋筑坝护坡。手上的泡被磨破了又起,嗓子喊哑了,浑身也湿透了,但他并没有退缩,一直奋斗到险情消除。7月6日又是一场暴雨,杜212-33-287井的作业井场地势较低,雨后积存了大量积水,为不耽误作业进度,本着"能多生产一吨油就多生产一吨油"的工作理念,又立即组织人员启动潜水泵进行排涝,不到4个小时时间,井场内的洪水基本排清,修井如期进行,为生产运行争取到了主动。

争分夺秒抢进度,岗位尽责做贡献。7月9日,作业区接到上级通知,要迅速完成紧急任务。随后,吴迪到现场协调相关工作,全天通话次数达244次,高效组织完成了外输干线替油、井口流程关闭、物资撤回、封堵道路等一系列任务,直到17时30分,才拿来一包方便面、一瓶矿泉水充饥,这也是他当天吃上的第一顿饭。

"抗洪,不是一个人两个人就行的事,需要大家众志成城,共筑一道钢铁长城。"驻站以来,吴迪怕家人担心,一直没和家里视频,只打过电话,没说一会儿就挂了,对家人的思念默默放在了心里。

"90后"党员坚守抗洪一线——朱靖宇

生产运行科副科长朱靖宇是一名"90后",从7月5日以来,就不断穿梭在采油作业六区42号平台、"回"形坝、"L"形堤坝等防汛关键部位、要害环节,加强他所负责的对内、对外各种工作量沟通协调和重点施工监督驻守。连日的昼夜奔波使双脚磨出水泡,而变得浮肿,左腿也因长期站立而变得麻木。

记者问他已经奋战在抗洪一线几天时?他迟疑地想了想说:"这个真的记不清了。"

"今年的水情要比去年大,而且来得早。"10多天里,朱靖宇都坚守在抗洪最前沿,虽然年轻力壮,也能看出他疲惫的样子,但他还是一边用望远镜察看堤坝加固情况,一边告诉记者说,去年采油厂抗洪主要在9月下旬至10月份,而今年从7月初就开始进入抗洪状态。去年最高水位为3.63米,而目前监测数据最高时已经达到4.2米。

据了解,该厂今年水情影响的范围、面积都要比去年大,曙采厂干部员工正经历着前所未有的压力和挑战。为此,该厂领导紧盯现场、靠前指挥,各科室携手并肩、密切配合,抢险员工各司其职、全力以赴,经历了去年抗洪复产,今年的抗洪工作更加科学、协调更顺畅、各项工作更有成效。

"今天是天文大潮的最后一天,从今天晚上过后,潮水也会慢慢下降。"朱靖宇说,根据上游水文信息,泄洪量也在持续减少,经过7月15日这一晚后,我们的工作重心也将向水淹区排水转移。

目前,在油田公司统一部署下,协调各方力量加快曙光地区水淹区排水工作。该厂也对设备设施、管线、配电系统等正加紧统计,待水淹区水位下降符合生产条件时,做好相应设备的抢修、更换和进井场路铺垫等工作,争取用最快的速度进行复产。届时,朱靖宇还要在复产一线连续奋战,根据事

情的轻重缓急，积极做好车辆、设备、人员和物资协调等工作。

洪水不退我不退——白龙

自6月27日启动防汛应急响应起，采油作业三区副主任白龙便开启了他与洪水漫漫长跑。组织应急抢险队伍、巡坝固堤、巡查排险、协调防汛物资、做好后勤保障及与外单位协调沟通……他每天像一个陀螺般高速旋转，将一切防汛工作安排得井井有条。

印象里的白龙总是身躯挺拔、脚步沉稳有力。随着水位上升、关井关站，他在防洪堤上协调指挥，安排砂石料和人员调度。三天两夜未合眼让他说起话来有些喘，整个人尽显憔悴。"大家休息一会吧，先去吃饭。"他安排大家轮流吃饭，自己却总是最后一个才吃上饭。现场员工看见白龙忙碌的身影，既敬佩又心疼。"我不放心，再去现场看看。"这是他这些天抗洪最常说的话。

连续高强度作业下，让他患上了重感冒，嗓子沙哑，疲惫和劳累写在他被晒得黝黑的脸上，但是他不能停下，防洪堤上有30多名抢险队员需要他安排调度，"回"形堤需要他带领员工们去守护，有抢险工程现场需要他协调指挥……

洪水来势汹汹，唯有迎难而上。7月11日21时，夜间无人机队伍巡检至32号站"一"字堤时发现2处管涌，为避免发生险情，该区在确保水位退至坝面以下时，第一时间组织抢险人员对管涌处进行封堵。由于挖掘机已不具备作业条件，决定由人工进行装卸。而白龙此时刚刚回到作业区，又即刻带领值班干部及抢险队员奔赴"战场"，卸砂料、装沙袋、垒大坝，经过4小时的封堵，管涌处水流越来越小，他的心也随之落地。

蚊虫再叮咬也要把坝巡好——柳盛森

7月16日，采油作业一区作为抢修曙四联南侧国堤口下方至溢油应急处置中心舟桥处"L"形堤坝的配合单位，该区副主任柳盛森刚从巡检路上回来，没来得及吃上午饭的他找来饼干和矿泉水充饥，此时，清晰地看见他手臂上已经被蚊虫叮咬出的 5 个"大包"。

从 7 月 6 日以来，柳盛森便开始驻守此处，做好后勤保障、加强人员协调、堤坝巡检和车辆疏导，为打通应急通道贡献着一份力量。

"看见大家天没亮就进入阵地，天黑才往回走，这种战斗力深深感染着我。"柳盛森告诉记者，为保证每天施工的顺利进行，他和其他班子成员每天晚上 20 时过后，还要在前线驻地召开临时会议，总结全天工作进度，部署第二天工作量，使各项工作科学、有序运行。

据了解，去年该厂经历的 30 年不遇洪水，"L"形堤坝都未曾上过水。然而今年，随着绕阳河水位上涨，前期堤坝已经被淹没。针对这种突发情况，为防止潮水从"L"形堤坝漫过涌入杜 84 生产区域，曙采厂实施区域管理，厂领导担任负责人，组织人员、车辆不断加高、加宽、加固堤坝。

在此期间，为防止堤坝在夜间未施工时间段出现险情，柳盛森和作业区党员干部克服蚊虫叮咬和道路泥泞，坚持每 2 小时巡检，确保了该区域内安全环保等各项工作受控。

此外，作为采油作业一区主抓生产的副主任，兼顾防汛工作的同时，他还不断加强河套区域外采油作业一区的油井管理和日常生产协调，确保重点井和蒸汽驱井有序生产、安全运行。

"黑"与"白"是我们的勋章

(2022年07月26日《辽河石油报》二版 刘雪晴)

"这些天抗洪下来,脸晒得黝黑,脚倒是捂得挺白。"7月18日中午,刚刚从防洪一线回来的曙光采油厂采油作业三区副站长陈丰周一边脱着雨靴,一边自嘲道。

入伏以来,一会儿烈日炙烤,温度爆表,一会儿乌云密布,暴雨骤然来袭。尽管水位缓慢下降,但仍在高水位运行。坚守在一线的抗洪战士们,没有丝毫懈怠,他们不怕疲劳、连续作战,黝黑的皮肤和被雨水汗水泡得发白起皱的双脚是奋斗的勋章。

面对依然严峻的汛情,该区成立由领导班子、机关干部、基层人员组成的抗洪抢险小组,采取轮流作战方案,上站人员负责巡坝固坝、监测水位、查险除险,留守作业区人员随时待命,确保一旦出现防汛应急情况,立即奔赴现场。

作业区领导班子以"时时放心不下"的责任感,连续十余天,每天驻守抗洪一线,协调处理防汛工作,保证抗洪抢险各项工作高效进行。

18日早上6时30分,抗洪抢险队员们早已穿戴好劳保用品及救生衣,准时出发奔赴现场。这几日,他们的工作重点是巡查防洪堤坝有无薄弱点,组织固坝垒坝堵管涌,在防洪坝旁边铺设隔油栏,及时做好污染预防工作,组织对受淹地罐加水扶正,安排人员24小时监护排涝泵运行情况,同时,每日3次利用无人机或船只对受淹区域井站、管网和生产设施进行摸排,主任张剑反复强调:"务必要牢牢守住安全环保底线!"

长长的防洪堤坝上,一面面鲜红的国旗、党旗迎风飘扬,党员干部成为防汛一线的"主心骨","洪水不退,我们不退!"铮铮誓言响彻绕阳河畔大堤上空。

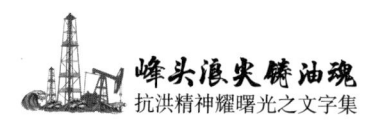

紧急支援

（2022年07月26日《辽河石油报》二版　何冬蕾）

"石哥，刚接到厂里通知，现在需要去曙四联附近的大坝支援，马上就出发，能不能走？"7月16日上午10时40分，接到厂支援任务的曙光采油厂采油作业四区调度长邹峥禄火速集结人员出发。

6月下旬以来，辽宁多地遭遇强降雨天气，绕阳河水位达1995年以来之最，造成该厂部分区域井站被迫关停，为正常生产经营带来严重冲击。一方有难，八方支援，作为在此次洪灾中受影响不大的作业区，接到通知后，他们用最短时间组成了一支共产党员突击队准备奔赴前线。

为了保障生产，此次去支援的都是当天轮休的党员干部。他们接到电话的第一反应都是："去支援？好的，马上就去！"

中午11时30分，从兴隆台、田家、太平、曙光等四面八方赶回来的25名该区党员集合在作业区大门口。

此行的任务是到曙四联合站西侧的大坝边，负责现场装沙子巩固堤坝。在去时的途中，他们就已经分好组，两人铲沙，一人持袋，三人一组。下车后他们立刻进入战斗状态，好多党员撂下电话就赶来了，中午饭还没来得及吃，就为了能赶上约定的时间。有的党员虽已年过50，但干起活来经验丰富，动作敏捷，十几下就装好一袋沙土。

经过了5个多小时的奋战，下午5时，这天的支援工作结束了，这支党员突击队共装沙袋200余袋，坐上了返回作业区的车。主任张宗发对大家说道："现在是非常时期，咱们要全厂上下一盘棋，员工上下一条心，大家众志成城一定能取得抗洪复产工作的胜利。"

抗洪前线　一纸家书

——曙采厂土地公路管理中心副主任吴涛抗洪复产工作侧写

（2022年08月01日《辽河石油报》四版专版　刘　力　姜旭沐　王　野　王琪皓）

吴涛在抗洪复产一线的一处角落，仔细看着女儿邮寄来的信件。

"抗洪抢险、保卫家园"不仅牵动着每名辽河油田员工的心，更牵动着每个参加这场"战役"员工家庭的心。曙光采油厂土地公路管理中心副主任吴涛的女儿十分挂念鏖战在抗洪抢险第一线的父亲，希望通过一封手写信笺，让他多歇息一会儿……

"亲爱的爸爸，好多天没见到您，也没跟您说会话了。只能给您写封信，也让您看信的时候，多休息一会儿……"7月27日中午，吴涛在抗洪复产一线的一处现场角落，手捧着两页信纸反复读了好几遍，目光不舍得从信纸上挪开。

原来，这是吴涛的女儿担心他连续多日抗洪抢险身体熬不住，专门寄来的信件，希望能给他些许安慰。在本次抗洪抢险中，吴涛主要负责抢险砂石料保供、道路畅通保障以及环保工作等，点多、面广、战线长且任务艰巨。

7月7日（农历六月初九），由于连续多日强降雨，绕阳河、辽河上游各大水库相继达到警戒水位，绕阳河已经形成了洪峰，而即将到来的农历十五天文大潮又会给汛情雪上加霜，留给全厂准备的时间已经进入倒计时。

非常时期，全厂实行升级管理，统一部署，和其他干部一样，吴涛冲上了抗洪抢险最前沿，在严格按照分工的基础上，和其他部门形成有序配合。在砂石料调运方面，吴涛首先做足功课，将采集区到抢险区各路段畅通情况纳入心底。运载车辆到了现场，他立即组织验收、登记等工作。到了晚上，

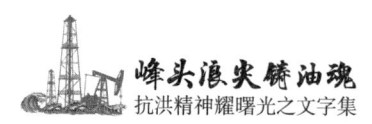

他又要将这些信息登记列表，实现物料的入场、使用、囤放等信息清晰明了。运送砂石料车辆如流水般进入抢险区域，从采油作业六区新8号站至溢油应急处置中心，到采油作业三区"回"形坝，再到曙四联合站南侧围堤口处至溢油应急处置中心的"L"形应急通道，累计新加固的7千米屏障，每一寸都滴有他辛苦的汗水。

"我们很难预计洪水发生的规模，但是我们能保证加固好的路段，不会发生决口和塌方！"正如吴涛介绍的那般，7月中旬，在上游洪峰影响和下游大潮顶托的叠加作用下，采油作业三区"回"形坝、绕阳河左岸防潮堤固若金汤，尽管在最严峻时刻出现了漫水。

"那个周末，您终于抽空回了趟家，但没像往常那样和我逗乐，满脸疲惫走进卧室，头刚碰到枕头就沉沉睡去了……"从7月7日开始，吴涛在一线连续作战6天6夜不下火线。也是在洪潮最凶猛的那一刻，采油厂采取了"游击战"策略，所有抢险队伍退出内涝区，在这一刻他们才得到片刻歇息。

正如信件里说的那样，沾上枕头就入睡的吴涛，还没等睡多久、吃晚饭，传来紧急任务的手机铃声就响起。吴涛立刻冲出家门，赶赴前线。因为他知道，汛情瞬息万变，稍有耽搁就可能贻误"战机"。在赶赴前线的路上，吴涛接到了会同各科室抢修这条新修的"L"形应急通道……

在这段大潮汛期间，采油厂按照"洪潮扑来我退守，洪潮退去我进攻"的原则组织抗洪抢险，这条1.9千米的"L"形应急通道也就是在这样与洪潮的"拉锯战"中，日益坚固，如今已经能通过重型车辆，为接下来的排涝复产工作打下了坚实基础。

越是到汛期，该厂土地公路管理中心的任务就越重，吴涛总是能深谋远虑地布局，把力量集中在关键问题上：洪潮暂时退去，有很多拦水路段出现了问题，他就组织修补；环保是"天字号"职责，他就组织大批力量加强防护；很多水淹区需要运送物资开展排涝复产，他就立即组织队伍打通路段……工作千头万绪，他都能抽茧剥丝一样梳理成清晰的条理。

　　今年七月的天气异常多变。全厂抗洪人员几乎每天都"蒸"在高温里，"烤"在炽阳下，夜晚又被"包"在蚊虫中。在这样的恶劣条件中，吴涛每天都要把分管的抗洪抢险关键点位巡到，遇到关键工作就重点指挥，点位多、战线长、环境艰苦等不利因素时刻考验着他的意志和体力。和其他员工一样，吴涛累到熬不住，就躺在烈日下的物资上睡会儿，渴了就拽出晒得发烫的矿泉水大口饮用，身上的工服在反反复复的被汗水打湿、风干过程中留下了明显的白色盐渍，已经黝黑的皮肤又被烈日灼爆了皮，脚底板下的水泡这边破后那边又起……可是对于这些困难，吴涛总是一声不吭，坚守在前沿阵地的员工没有一人喊苦叫累，更没有一人临阵退缩。

　　大灾面前，辽河人亮出了不屈不挠的胆量和气魄，也正是因为干部员工坚持不懈、克服千难万险的坚守，才换来了油田公司主力区块浴火重生的希望。

　　"真希望洪水早点退走呀！"读到了信的结尾，吴涛看到了自己和女儿的共鸣，仿佛充满了电一样，元气满满，渴饮一大瓶矿泉水后，再次走向抗洪复产的最前沿……

第一时间复产油井
曙采厂恢复日产能力二百三十五吨

（2022年08月10日《辽河石油报》一版 刘 力 姜旭沐）

8月9日获悉，曙光采油厂非水淹区油井复产170口、捞油井11口，恢复日产能力235吨。经现场排查，该厂目前具备开井条件的油井有181口，均分布在采油作业二区和采油作业四区非水淹区域。

为实现快速复产，该厂严格按照油田公司复产工作要求，提前制定有效复产方案，按照"一站一策、一井一策"原则，于8月7日第一时间通过管道输液进入曙二转生产、罐车拉液方式，当日复产采油站15个，油井143口，捞油井5口，恢复产量217吨。

由于前期应急抢修曙13支拦水堤，防止洪水进入曙采矿区，这一路段出现了不同程度受损。8月7日，该厂立即组织修复工作，截至目前已完成5.6千米的修复工作，保证了4区10号站的11口油井拉液生产。

曙二转是该厂采油作业四区的一个转油站，站内有两个2000立方米的储油罐。为实现容纳更多油井复产，该厂早在8月4日组织建设拉液流程，通过日夜赶工，截至目前已经全部完成，保证了古潜山19口井复产。

采油作业二区通过自建站内流程，将"一井一拉液"的生产方式变成了站内集中拉液方式生产，提升现场管理的同时进一步提高了工作效率。截至目前，该区已经有5个采油站复产，开井43口，恢复日产油90吨。他们在做好巡坝等工作的同时，组织精干团队，克服高温、路面积水等困难，对具备复产条件的油井电路逐个检测、及时维修，保证了机井设备正常运行。

按照《曙光采油厂 2022 年抗洪复产实施方案》，该厂进一步明确了复产原则、组织机构以及具体明确的复产工作部署，"点、线、面"充分结合，根据水退情况对 5 个区域共 14 批次井站排涝复产进程系统推进，力争在最短时间内恢复全部关停井站。

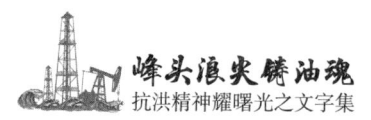

曙采厂开足马力科学高效复产

(2022年08月16日《辽河石油报》一版 刘 力 姜旭沐 王琪皓)

"要全面加快复产速度,以不发生安全环保事故为前提,克服一切困难,确保具备生产条件的非水淹区油井24小时内能开尽开,力争年内稀油产量恢复到灾前正常水平……"8月14日,曙光采油厂总地质师刘奇鹿在全厂抗洪复产干部大会上进行安排。

为贯彻落实油田公司领导8月13日在曙采现场办公会上的工作要求,该厂第一时间召开抗洪复产干部大会,部署复产相关工作,以落实油田公司《曙光地区抗洪复产方案》为基础,制发《曙光采油厂2022年抗洪复产实施方案》,成立四个执行小组,下设十个重点工作支持小组,形成专班,集中办公,前线设置办公地点,确保第一时间掌握现场情况。为科学有序推进抗洪复产工作,该厂进一步明确会议制度,每天15时准时召开抗洪复产工作会议,对当天产生的问题、发现的风险、遇到的困难等及时制定解决方案。

在抗洪复产工作中,该厂突出做好"安全、环保、依法、合规"四项重点工作,根据水位下降及海拔高程,以井场积水先浅后深、复产先易后难、产量先高后低的顺序,按照"一站一策、一井一策"原则,分系统、分区域、分批次排定实施计划、有序组织复产。坚持安全第一,严格执行作业许可制度,认真开展风险因素辨识、确认,落实防控措施,确保安全复产。综合考虑采油、热注同步复产,集输、污水上下联动,同时做到信息共享,实现安全、有序、快速恢复生产能力。

针对复产工作量大、交叉作业多、施工现场复杂等难点,该厂制定并严格执行《曙光采油厂井站复产安全环保监督保障方案》，结合油田公司"大反思、大讨论、大排查、大整治"活动期间提级问责清单相关规定，确保复产过程中安全环保风险受控，实现人员安全、环境安全、设备设施安全。

8月15日，该厂曙一联合站已完成抽水排涝工作，在开展消毒消杀工作的同时，正进行清理操作间、加药间等现场卫生，维修、更换机泵设备和电器线路，计划本周内恢复生产，这也标志着该厂稀油单位的复产工作全面展开，稀油产量陆续恢复。同时，该厂根据排水情况，计划分5个区域共14批次组织复产，全厂正开足马力、科学高效进行油井恢复工作。

曙一联全面复产

（2022年08月18日《辽河石油报》一版 刘 力 王 野）

8月17日凌晨1时，曙光采油厂曙一联合站各生产流程经过站内"小循环"安全运行后，开始陆续接收来自周边134口油井外来液量。这表明该厂稀油生产单位可通过管输方式进入曙一联生产。

曙一联承担着该厂稀油脱水、外输、污水处理和回注等工作，为力争年内稀油产量恢复到灾前正常水平，实现快速复产，该厂成立工作专班，前线集中办公，确保第一时间掌握恢复情况、第一时间发现现场问题、第一时间解决处理困难。同时，为科学高效复产，集输大队按照《曙光采油厂2022年抗洪复产实施方案》工作要求，及时成立曙一联抗洪复产领导小组和六个职能小组，一体化统筹推进，确保了复产工作更加顺畅、高效、安全。

加快脱水系统恢复，组织人员拆除管线保温，利用环境温度及涡流电磁加热装置对沉降罐溢流管线、脱水进泵管线进行暖管，确保管线不被受水泡的保温棉侵蚀。加快外输系统恢复，在5天时间内修复、安装好输油泵25台，确保原油外输平稳安全运行。同时，新加增压泵，加快污水系统恢复。

该厂开足马力加快注水系统恢复，尤其针对曙一联电器设备水淹浸泡时间较长的复产难点问题，组织各方力量抢时间、抢进度、保质量修复注水泵电机。组织专业技术人员做好绝缘检测，重新铺设、连接电器线路。组织专业队伍对重达5吨的注水泵电机进行拆卸、检修、安装，对比计划提前6小时完成调平衡、仪器仪表安装等设备调试工作。加快润滑油系统管线清理，及时更换2台水淹电机，恢复了注水泵"血液"供给。

随着曙一联各项复产准备工作的完成，稀油生产单位采油作业二区、采油作业四区开始通过管道输液方式进入曙一联生产。采油作业二区组织 14 名党员干部历时 8 小时开展单井改进站、外输管线预热等工作，实现了 3 座采油站 27 口油井通过外输管线运往曙一联。

不等不靠　备战复产

（2022年08月25日《辽河石油报》二版　刘雪晴）

"虽然是最后一批次复产，但是我们必须提前做好各项复产准备……"随着水位逐渐回落，曙光采油厂采油作业三区迅速启动汛后复产工作，8月15日8时召开复产启动大会，安排部署下步复产工作。

该区严格执行安全环保管理要求，按照采油厂抗洪复产实施方案，坚持安全第一的原则，认真开展风险因素辨识，确保安全复产。领导班子反复强调，所有临水、涉水作业必须穿救生衣；临时用电、设备送电等要严格执行审批、确认流程；各项动态高危施工现场人员必须戴安全帽，坚决杜绝汛期安全生产事件。

对35号站、16号站、32号站等旁边重点区域布置隔油栏，对平台已露出井站及时拆装机泵送修，检测站内配电系统及各类电气设备，加快清淤、消杀工作，目前已完成7个采油站的清淤消杀；安排员工24小时巡坝，一旦发现薄弱点及时封堵加固。同时，按照"一站一策"原则，提前制定采油站复产方案，确保一旦具备复产条件，第一时间复站复井。

该区科学组织、缜密安排，全区上下抢抓工作进度，每日下班前填写更新汛期复产进度跟踪表，仅4天时间就布置隔油栏1300米，拆装机泵19台，泵用电机19台，抽油机电机送修54台。

永不褪色的"旗帜"

——曙光采油厂曙五联电工李国海抗洪复产小记

（2022年08月30日《辽河石油报》四版专版　刘　力　杨　川　王　野　杨晓华）

8月19日，距离复产还有不到一周的时间，曙光采油厂曙五联一片紧张忙碌的景象。7时，李国海和同事们准时坐上班车奔向30千米外的"家园"。

今年59岁的李国海，是曙五联电工班班长，尽管已进入退休倒计时，但他依然坚守岗位，兢兢业业，坚持站好最后一班岗。随着水位不断下降，复产准备工作随即开启。

联合站设备设施多，电路系统不恢复，设备转不起来，复产就无从谈起。电路系统作为复产的第一道工序，李国海深知其重要性，于是，他主动请缨提前上站排查电路受损情况。

由于道路正在修复作业，李国海和同事不得不绕远道上班，原本半小时的车程现在要花费一个多小时，早出晚归成为常态。

白天他穿着叉裤在水中查看电路电器，晚上回到家制定电路系统复产方案。"我累一点儿没什么，早日复产才是最重要的。"看着工作数十年的联合站如今满目疮痍，李国海只想在退休前为它做最后的贡献。

眼看距离规定的复产日期越来越近，李国海肩负的压力也越来越大。安排当天电路恢复工作量、指导监护承包商修复电路、组织本岗位清理卫生……满满当当的工作任务，他几乎顾不上休息，每天两万多的步行量也成了日常。

"没有李师傅，我们的工作根本无从下手，每一条线路他都门儿清。"当

天,在李国海的指导下,承包商完成了输油大配电间断路器的参数核定工作,大家对李师傅的专业性无不称赞。

扎根电工岗位30年,李国海与电路电器结下不解之缘,他仿佛一张活地图,对错综复杂的电路了如指掌,对庞大的电器参数牢记于心。

为了尽快恢复生产,每一处电路恢复,从安排部署到指导操作,再到验收成果,他都认真对待,不放过一处细节。"抗洪期间,他一直在站上守着,关站前还在挨个岗位检查电路,现在准备复产阶段,他更是忙得不可开交,中午在岗上站着吃口饭就算休息了,让他去车里歇会儿怎么也不肯。"提起李师傅,站长吴超既心疼又佩服。

除了电工班班长身份,李国海还是一名拥有36年党龄的老党员,作为一名共产党员,在抗洪复产的关键时刻,他毅然决然冲锋在前,迎难而上,用责任和担当扛起联合站电路系统平稳运行的重任,在即将退休的日子里,持续在岗位上贡献着老党员的光和热。

众志成城迎"大考" 打赢复产攻坚战

——曙光采油厂干部员工深入学习
《油田公司党委致干部员工的一封信》大家谈

(2022年08月31日《辽河石油报》三版专版 刘 力 王 野)

最是风雨考验人,最是风雨见精神。连日来,曙光采油厂干部员工通过党委理论中心组(扩大)集体学习、抗洪复产会、微信推送等多种线上线下相结合形式,深入学习了《油田公司党委致干部员工的一封信》,让处于抗洪复产关键阶段、紧要时刻的曙采厂党员、干部、员工倍受鼓舞、倍感振奋、倍增信心,大家纷纷表示要立足各自岗位,拿出"乱云飞渡仍从容"的定力、"咬定青山不放松"的韧劲、"乘风破浪会有时"的决心,投入到当前最为艰巨的复产工作,全力以赴加油增气,在这场突如其来的"大考"中交出优秀答卷,为油田公司千万吨油气稳产积极贡献曙光力量。

拿出"乱云飞渡仍从容"的定力开始战斗

采油作业四区主任张宗发:作业区按照采油厂党委工作部署,组织了全体干部员工对《油田公司党委致干部员工的一封信》进行学习,大家都深受鼓舞、信心倍增,再次凝聚了打赢复产攻坚战的智慧力量。

由于我区前期属未涉水区域,我们一边保障生产、一边组成共产党员突击队参与筑坝、装沙袋、巡围堤等抗洪工作。8月7日接到复产指令后,全区干部员工24小时无休组织开井、流程改造、建拉油装车点等工作,当天就复产了13座采油站、152口油井。为了抢抓开井时率,我们在水深下降到1米时超前组织员工拆送修外输泵、变频柜等设备100余台次,在送电后48小

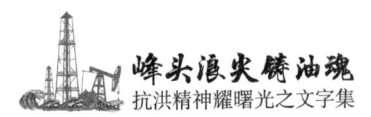

时内复产205口油井、56口水井。8月21日,我区率先完成了26座采油站、357口油井的全部复产工作。

采油作业一区103采油站采油工柳转阳:7月以来,辽河油田遭遇了历史性罕见洪涝灾害,洪水流量之大、来势之猛、破坏之强,超乎预期。油田干部员工在国家专业部门的帮助下,取得了抗洪的阶段性胜利。8月22日,《栉风沐雨勇担当 洪峰浪尖铸油魂——致油田干部员工一封信》点燃了所有辽河儿女的战斗热情。作为一名劳动模范,我要尽自己所能全身心地投入到抗洪复产中去,任何困难都难不倒我们英雄的辽河人。

作为国家级技能大师工作站的领衔人,在抗洪复产责任面前,我不仅要带领工作室的成员完成各基层单位交给我们的复产任务,还要团结全辽河油田公司的高技能人才,结合他们的工种及专业特长,组成抗洪复产突击队,协助我们曙光采油厂各基层单位干力所能及的活,发挥高技能人才的先锋模范作用。

采油作业三区火驱注空气站党支部书记宋春来:看到《栉风沐雨勇担当 洪峰浪尖铸油魂——致油田干部员工一封信》,我深受鼓舞,作为基层党支部书记,我将响应号召,不辱使命,带领全站党员干部,排除万难,加快推进复站复产工作。

具体工作中,我们结合注气站生产实际,将先后对电力系统、仪器仪表系统、螺杆机系统、中枢系统等实施分步骤复产,逐步启运各生产流程,恢复火驱注气运行。一是对受淹供电设备、运转设备进行抢修与更换,对流量计、冷却水塔管线进行清理与更换,这一期间党员干部全程专人跟踪、监护。二是急难险重党员先行,加速电力系统、仪表自控系统抢修,恢复设备供电,保证设备顺利正常启运。三是实施"党员包干"活动,对现场全部工艺管线、法兰、罐体、换热器等进行投运前检查、检测、试压及维修工作。接下来,注气站全站上下将继续发扬抗洪精神,力争在最短时间内实现火驱注气保供,努力打赢复工复产攻坚战。

热注作业二区 210+211 注汽站站长刘靖：工作 36 年，经历过不少防汛抗洪战役，但这场洪水史无前例。这场洪水让我认识到了人在自然面前的渺小，也让我体会到了人在灾难面前的伟大。面对突如其来的汛情，集团公司和省委省政府领导心系油田、亲临指挥，采油厂临危不乱、组织有序，干部员工奋勇逆行、众志成城，兄弟单位守望相助、八方驰援，大家同舟共济，筑起了层层抗洪防线。

近两个月的鏖战，我们经受住了洪水考验，但是战斗并未停止，复产工作才刚刚拉开序幕。秋季正是夺油上产的黄金季节，作为一名基层党员干部，更应在复产路上勇当先锋，团结带领班站员工，紧紧围绕"安全经济运行、高效清洁注汽"中心任务，深度结合"四大"活动，安全高效落实作业区复产方案，推进灾后复产工作驶上"快车道"，为采油厂高质量发展贡献不竭力量。

生产保障大队抽油机安装队党支部书记田战叶：信的内容使我心潮澎湃，充满力量。在抗洪前线我感受到兄弟情、战友情。此次洪水，带来的破坏空前严重，洪水无情，人有情。每一个抗洪战线的干部员工黝黑的脸上写着坚韧和坚强，每一处抗洪现场都是对石油精神和辽河精神最完美的书写与升华。这场洪水阻击战没有人讲辛苦，没有人讲条件，有的只是担当、拼搏、坚毅。

作为抗洪期间采油厂一支专业吊装队伍，我们队备战应急抢险，时常是早出晚归吊运抛石笼、安装排涝泵、搬运水泥沙袋。在接到组装沉水箱的工作任务后，全队 27 名员工积极应战，烈日下有人脸部皮肤过敏爆皮，酷暑中有的累倒虚脱，但我们轻伤不下火线，短暂休息片刻继续投入战斗。目前复工复产是我们的首要任务，我们将闻令而动，在做好风险管控的前提下，高效、有序完成每一项工作，全身心地投入到"凝心聚力再奋战、安全日增一万吨"劳动竞赛中，全力以赴打赢复产攻坚战。

拿出"咬定青山不放松"的韧劲继续战斗

采油作业二区主任林年玥：连日来，我把这封信的学习传达作为重点工作之一，通过早会与班子成员、机关干部讲，到一线与班站长、普通员工谈，做到了统一思想，提振士气。同时，在这次抗洪复产中，全体干部员工克服困难、加班加点、主动放弃休息的精神让大家感动，也正如信中所说，抗洪复产中的每一帧画面、每一次感动，都是辽河精神的生动体现、集中迸发和凝练升华。

作为稀油区块，我们按照2022年采油厂抗洪复产实施方案要求，第一时间快速组织，科学、高效复产。为保证产量尽快恢复至正常水平，为下步上产工作打下坚实基础，作业区在加快剩余新井的投产进度、加强水井措施工作组织、强化油井上产措施优选的同时，积极做好注水动态调整工作，提高水驱效率。在接下来的工作中，我们还将牢牢守住安全、环保、合规、稳定、防疫"五大底线"，视困难为机遇，变压力为动力，勠力同心在这场"大考"中交出优秀答卷。

采油作业五区第二党支部书记兼503采油站副站长朱玉华：作为支部书记，抗洪复产必须一马当先，面对历史罕见洪水，党员就该冲锋在前，展作为、勇担当、践誓言，做到关键时刻冲得上去，危难关头豁得出来，发挥党员先锋模范带头作用和支部战斗堡垒作用，同心守护我们共同的家园。

在当前复产的关键时期，我将团结带领支部党员群众，凝心聚力，勇担重任，把学习贯彻上级指示精神落实到抗洪复产的各项工作中去，全身心投入到"凝心聚力再奋战、安全日增一万吨"劳动竞赛中。在检测电路、检修管线、检查流程、保养机泵、隐患排查等各项工作中，主动作为，牢牢守住安全、环保、合规、稳定、防疫"五大底线"。特别是在吊装作业、动火作业、高处作业等高危作业中，做好现场安全监管，加强属地管理，打造优秀共产党员责任区。

采油作业六区生产技术组组长韩吴越：在学习完了《栉风沐雨勇担当 洪峰浪尖铸油魂——致油田干部员工一封信》之后，我感慨万千、信心激增。在抗洪抢险期间，作为采油作业六区的青年骨干，自己充分发挥"生力军"的作用，两个月以来一直奋斗在抗洪一线，事不避难、顽强拼搏，抢险、巡坝、护堤，为早日复产积极准备。

目前，作业区已经有三座采油站进入复产阶段，我作为调度长，要做好全面协调各路的工作。一是从车船调派、清淤消杀到设备设施检修，从单井流程到采油站主体流程，紧紧把握每一步，确保整个复产工作的有序高效地进行。二是做好基层与机关桥梁纽带的工作，抓好复产阶段的各项任务。三是保证复产一口井见效一口井，在预期之内完成复产的各项工作，力争使作业区产量早日恢复到灾前产量。

地质研究所综合室室主任明辉：在读完《栉风沐雨勇担当 洪峰浪尖铸油魂——致油田干部员工一封信》后，作为一名深处洪涝重灾区的曙采地质技术人员，深受触动和鼓舞，并对抗洪复产有了更大的信心和底气。

6月下旬以来，绕阳河出现1951年以来最大洪峰，水位暴涨，曙采厂遭受了建厂以来最严重的一次洪涝灾害。面对历史罕见洪水，我们积极响应油田公司、采油厂号召，迅速成立了抗洪抢险突击队，轮班值守在抗洪第一线。8月3日，值班人员24小时奋战在曙13支前线，垒坝、加固坝，为守住曙采最后一道"生命线"贡献了地质力量。在这期间，开发系统技术人员还精细地质研究，开展油井潜力大调查，努力探索和发现更多的优质储量，仅用三天时间就拿出了新增上产措施工作量235井次，为灾后快速上产奠定基础。

机动采油大队生产管理组组长杨静超：读过《栉风沐雨勇担当 洪峰浪尖铸油魂——致油田干部员工一封信》后，我的心情久久不能平静，深深感受到作为一名辽河人的骄傲。在抗洪水和保生产的压力之下，在油田领导的指挥部署下，辽河人爆发出惊人的意志力，以高效率、高成果打赢了这一场

抗洪保卫战,体现了新时代石油工人敢拼敢搏,坚忍不拔的时代精神。

目前,面对艰巨的复产任务,我迅速调整工作思路,抓好生产和安全两条主线,全面配合好作业区做好油品押运工作。与此同时,着重检查罐车"三件两证",科学规划安排车次,提前掌握押运现场场地、人员安排、押运路线等情况,加强对油品押运员的履职教育和安全教育,确保油品押运工作安全、高效运行。

热注作业一区第三党支部书记赵悦:现在复产迫在眉睫,需要动员各方力量共同参与抗洪复产。为此,我们党支部通过组织员工共同学习《栉风沐雨勇担当 洪峰浪尖铸油魂——致油田干部员工一封信》,让全体员工要紧急行动起来,积极投身复产攻坚战中。

立足岗位服务大局。随着水位不断下降,复产准备工作随即开启,作为支部书记要充分发挥表率作用,发扬连续作战的精神,把积极投身灾后复产作为开展"两学一做"学习教育和开展"四大"活动的重要实践,带头坚守岗位,认真排除险情,勇于担当、事不避难,对站区全面进行清淤、冲洗、消杀,保障电路设施、机泵设备调试工作正常运转,与支部班子其他成员齐心协力共同做好灾后复产各项工作。

拿出"乘风破浪会有时"的决心永远战斗

安全环保技术监督站站长王志超:公司党委致干部员工的信,让我们再一次感受了抗洪复产斗争的力度空前和艰苦卓绝。我们辽河油田的干部员工队伍经受住了考验、员工群众奋勇争先的精神经住了考验、应急处置和各项抗洪决策经住了考验。其中,我对抗洪复产取得阶段性重大胜利有三点体会。一是统筹协调、保障有力,是夺取胜利的前提;二是科学决策、分工明确,是夺取胜利的关键;三是政令畅通、执行到位,是夺取胜利的保障。

当前,我们工作的重心是以抗洪复产精神为动力,迅速投入到复产保障各项工作中。我们监督部门要持续抓好特殊时期、敏感时段、重点领域的安全环保监督工作；持续关注水情变化，紧跟采油厂抗洪复产总体部署，坚决服从指挥，做好道路疏通、复产施工的风险评估、承包商的监管以及日常的安全环保监督工作，发挥监督站不怕困难、勇于担当、务实奉献的优良作风，不分节假日，不分昼夜，监督保障在抗洪复产一线，为抗洪复产全面胜利贡献监督力量。

污水处理大队党总支书记赵刚：我学习了《栉风沐雨勇担当　洪峰浪尖铸油魂——致油田干部员工一封信》后，深受鼓舞和感动，"辽河人一定能，辽河油田一定行"这既是油田公司党委的信心和决心，也是公司领导对广大干部员工的认可和肯定，这种认可和肯定给我们今后工作增添了无尽力量。一场灾难就是一次考验，每经历一次考验就会积累一笔精神财富，这次抗击洪水，我目睹了万众一心、战胜洪涝灾害的壮丽场面；这次抗击洪水，我感受到了一方有难、八方支援，油田上下同心、苦干实干的辽河力量；这次抗击洪水，曙采人昼夜守护的曙13支防洪堤，带领我们大队14名员工连续奋战20个小时指挥筑起的污水大队门前道道防线……再次展现了曙光担当。

历经磨难我们更加坚强。目前，采油厂复产工作正紧锣密鼓进行，我将坚决执行上级工作部署，既要把灾后复产工作和安全生产"四大"活动紧密结合，又要将"党建＋安全"工作落到实处，还将发挥合规管理监督的工作职能，确保各项工作遵章有序进行。

采油作业七区第三党支部书记兼701采油站站长顾百峰：这封致油田干部员工的一封信，让我的精神为之振奋。面临一场超乎预期，自有水文记录以来最具破坏力、最超想象力的洪水，我见到了逆行而上的曙采厂广大干部员工持续奋战，他们日夜守护在防洪堤前，如果有需要，不管是烈日下的中午、还是熟睡中的深夜，都会义无反顾地奔赴前线。

这封信激励着广大干部员工勇于拼搏、激情奋斗的高涨热情。作为一名党支部书记，我更有责任和义务在支部内开展宣传学习，以多种模式进行宣

贯,为下一步复产工作做好"精神冲锋"的准备。目前,两座采油站复产在即,我要在牢牢守住"安全、环保、合规、稳定、防疫"的五大底线的前提下,加快复产步伐,组织对生产物资的"抢、修、装"环节,打破"班站界限"全身心投入复产工作中去,为早日复产成功、SAGD早日见产、并获高产"开始战斗、继续战斗、永远战斗"。

集输大队曙四联合站党支部书记吴尚颖:洪水渐渐退去,战斗却远未结束,曙四联全体干部员工积极响应油田公司党委、厂党委号召,同心同力,勠力奋战,全身心投入到灾后重建工作。

抗洪复产是对我们的一次大考。我们将以此为契机,不断增强团队创造力、凝聚力、战斗力。一是我们坚持排水、复产两线作战,党员干部带头发挥不怕疲劳、连续作战、敢打敢胜的精神,力求最快速度复工复产。二是队干部坚持每天工作结束后,晚17时召开复产碰头会,确保复产有章法,快干不盲干。三是做好复产全程安全监督和环保管控,以更强的责任心、更清晰的流程抓实各项工作。

工艺研究所防砂工艺室室主任殷伟:我从《栉风沐雨勇担当 洪峰浪尖铸油魂——致油田干部员工一封信》中汲取了奋进的力量,相信在油田公司上下的共同努力下,我们一定能战胜目前的各种困难,夺取抗洪复产的胜利。

抗洪抢险期间,每一名辽河人,都立足岗位坚守,以自己的智慧和汗水,用不同的方式参与抗洪、支援抗洪。其中,工艺所迅速组建抗洪小组,我和抢险队员们装填沙袋、加固堤坝,不喊苦、不说累,每一滴汗水都洒落在堤坝上。同时,作为一名青年人,在今后的工作中,我将以"抗洪精神"为指引,全身心投入到"凝心聚力再奋战、安全日增一万吨"劳动竞赛当中,精细措施论证,解决生产难题,助力采油厂原油上产。

技术开发作业区注聚队曙3-05-506站站长马野:读了《栉风沐雨勇担当 洪峰浪尖铸油魂——致油田干部员工一封信》后,感到作为抗洪抢险突击队的一员，通过抗洪救灾，我真切体会到"万众一心、众志成城、不怕困难、顽强拼搏、坚韧不拔、敢于胜利"的抗洪精神。一方有难、八方支援，这种互相帮助、互相支持更加激发了全油田抗击洪灾保家园的昂扬斗志。

抗洪过程中，党员干部争分夺秒、向水而行、奋勇争先，以实际行动筑起了一座座冲不垮的坚强堡垒。这是我们战胜各种灾害困难的重要法宝，也必将永远激励我们战胜复产工作中的任何困难。作为基层的一名党员，在当下复产的关键时期，应发挥党员先锋模范作用，继续大力弘扬抗洪精神，按照上级要求部署，克服困难、认真组织，树立"设备不转，复产不松；一井不注，复产不止"的理念，抓好注聚站上复产和安全风险管控工作。

全面完成复产工作　日产原油 305 吨

（2022 年 09 月 01 日《辽河石油报》二版头条　王海英）

8 月 25 日 7 时，曙光采油厂采油作业二区最后一口复产井曙 1-7-24 井通过顺利合闸送电、验电，成功启抽。

作为首先恢复产量的稀油单位，该区干部员工积极行动，严格落实《曙光采油厂 2022 年抗洪复产实施方案》，并提前制定出有效复产方案，及时成立抗洪复产领导小组和六个职能小组，全面协调配合物资材料保障、内部人员调派、外部联动协作、应急处置、后勤补给等复产工作。

该区严格按照"一站一策、一井一策"原则，提升管理水平和工作效率。"克服困难，安全复产"，这是该区共产党员的响亮口号。

8 月 17 日上午，该区生产副主任带领水电管理负责人先进入井场考察现场情况。第二天上午，3 名电工穿戴好绝缘防护措施和涉水用具，进入井场对低压线路、电缆等进行绝缘检测，统计配电柜内元器件缺失情况，清除水淹后电路残余隐患，为恢复水淹井安全生产做好前期准备工作。同时，统计出作业区复产材料用具，为下步复产工作提供可靠依据。

该区干部员工主动放弃休息，在做好巡坝等工作的同时，组织精干团队，克服困难，细致严密检测火管炉、外输泵、抽油机启动开关等设备和仪表，做好维修、更换，确保设备设施完好，加大巡检力度，增加分析频次，百倍精心操作，全力保证抽油机装置 24 小时安全平稳运行。还认真开展了井场周边区域的环境卫生治理，全力做好站区安全监督工作。目前，一切都在确保安全的基础上，向着平安复产目标不断迈进。

截至 25 日，已全部完成复产，日产原油 305 吨。

曙四联恢复基本运行

（2022年09月05日《辽河石油报》一版　刘　力　杨　川）

"我们成功了！"9月3日16时30分，曙四联污水外输泵顺利启运，恢复基本运行，欢呼声、掌声、机器轰鸣声交织在一起，大家相视而笑，现场一片欢腾。至此，继曙一联、曙五联复产后，曙光采油厂三座联合站全部恢复基本运行，历经17个昼夜奋战，集输系统成功恢复，标志着该厂输油、输气、输水的中枢环节实现畅通。

曙四联是油田公司工艺运行最复杂、生产负荷最大的联合站，不仅承担着曙采厂采油作业一区、六区的原油脱水、外输任务，还肩负着每日22000立方米热注锅炉软化水供应的重任，年处理采出液780万立方米，是采油厂生产系统的重要枢纽。

该厂科学研究制定联合站复产方案，按照积水先浅后深、复产先易后难的原则，组织对联合站恢复生产。作为本次受灾最重、复产最难的联合站，曙四联提前组织队干部、岗位长到曙一联、曙五联复产现场学习经验，为快速复产提供支撑。

8月23日，达到进场条件，该站立即组织复产，严守"执行、安全、环保、合规、高效"的复产工作要求，同步开展清淤、电力系统恢复、工艺管线检测试压等工作，复产各环节平稳有序推进。

由于站区面积大、复产难度高，曙四联举行复产上产签字承诺仪式，组织全员践行《油田公司党委致干部员工的一封信》工作要求，团结一心、众志成城复产上产。仪式现场，党旗国旗旌旗猎猎，迎风招展，醒目的"开始战斗　继续战斗　永远战斗""凝心聚力再奋战　抗洪复产勇担当"等标语激发

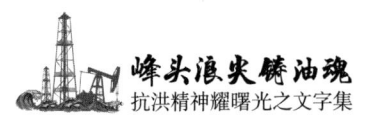

全员复产士气,宣誓声铿锵有力,干部员工气势高昂,干劲儿十足。

曙四联按照计划组织污水处理系统恢复工作。9月2日,站内有序恢复配电间,确保电力系统安全、稳定运行后,随着岗位长按下空压机启运按钮,"沉睡"32天的机泵终于"苏醒",轰鸣声传遍站区,曙四联又恢复了往日的活力。

曙采厂采油作业三区提前 15 天复产

（2022 年 09 月 06 日《辽河石油报》一版　姜旭沐　刘雪晴）

9月3日，曙光采油厂采油作业三区实现全面复产，420口油井、34座采油站正常运行，恢复日产油能力820吨。

按照抗洪复产实施方案，该区在结合实际充分讨论安全"11问"的基础上，严格遵循"水退人进、抢产减损"的工作要求，自8月22日复产开始，组织党员干部开展"白＋黑"战斗，加速推进复站复井工作。

针对点多、面广、大多井站积水较深实际，该区统筹规划，领导班子、机关干部全程坚守复产现场，从早6时到19时坚守现场组织协调通电、复站、开井等工作，实行挂图作战，以党支部为单位，前一日下午汇总当日工作量、上报次日工作量，确保电缆、配电设备检测、各类机泵更换以及清淤消杀等工作迅速、高效开展，工作量饱满。据介绍，该区在8月22日复产前就恢复了1座采油站和6口油井正常生产，其中创造了单日复产40井的"加速度"，对比计划提前15天完成复产工作量。

与此同时，该区持续加强安全环保管控力度，严格检查承包商施工资质、手续，并对他们进行入场前安全告知和确认签字等。该区安全组在每日更新重点工作风险提示基础上，将安全环保责任"细化到岗位、落实到人头"，组织岗位员工对重点部位加设隔油栏等措施，加密巡检开井区域输油管线的回压、干压等参数，确保风险隐患问题第一时间发现并处置。

曙采厂两口 SAGD 百吨井提前五天复产

(2022年09月07日《辽河石油报》一版 刘 力 杨 川 王 野 姜旭沐)

9月6日10时40分,油田公司SAGD百吨井曙光采油厂杜84—馆H52井顺利复产,对比计划提前5天,这是曙光油区水淹区复产的第一口SAGD百吨井。

复产现场,电路恢复、数字化设备启运、地面设备检修、试压、暖管等工作有序进行。随后,该厂成功复产第二口SAGD百吨井——杜84—馆H51井,当天共复产4口SAGD井,累计恢复日产液能力1409吨,日产油能力300吨。

SAGD是辽河油田提高采收率、科技增油的重要举措之一,其中馆陶油层开发达到国内外先进水平。目前曙采SAGD井组共有19个,年产油规模44.3万吨。曙采SAGD 1号站是SAGD油井主要生产"聚集地",现有油井13口,其中百吨井4口,年产油规模28万吨。

在本次洪涝灾害中,曙光油区SAGD油井全部受淹,受灾严重。与其他油井不同的是,SAGD生产系统的机泵、配电系统均属于高温高压装置,维修周期长,给复产上产带来巨大压力。

为实现安全高效复产,9月1日,在具备进场复产条件后,该厂立即组织员工进入SAGD 1号站,按照提前编制的"一站一策"复产方案,有序开展配电系统检查、工艺流程维护、场区泵房清淤、阀门更换等工作,同时组织缓冲罐系统、外输系统暖管提温,为SAGD油井恢复生产提供保障。

为提升液量,部分SAGD油井安有高温潜油电泵控制机组,该机组既是油井启泵装置,也是实时监测井下压力、温度等基础数据的重要设备,是SAGD油井复产的关键。各级党组织、广大党员干部充分发挥党支部战斗堡垒和党员先锋模范作用,严格落实"凝心聚力再奋战、安全日增一万吨"劳动竞赛部署和《油田公司党委致干部员工的一封信》工作要求,深入开展"强堡垒、树先锋、全力复产上产"岗位实践活动,加班加点加快复产步伐。

曙采厂热注锅炉快速有序复注

（2022年09月08日《辽河石油报》一版 姜旭沐 马立平）

9月7日，最先复产的曙光采油厂热注作业二区67号热注锅炉连续多日保持正常运行，目前曙采厂已复注锅炉12台，恢复注汽能力3420吨。

针对95台注汽锅炉修复工作，该厂加快安全复产进度，确保"人员安全、环保受控、设备设施安全"三个方面做实做细，严格按照抗洪复产实施方案，在水位下降到0.5米深时立刻组织力量进入现场，开展拉运机泵电机、烘干、维修等工作。随着水位持续下降，该厂逐步开展站区消杀、电路检测及电器设备的维修、供水供电流程检查、锅炉仪表维修、锅炉本体维修等工作，确保复产工作科学高效有序衔接。

经过10天的努力，9月5日，该厂热注作业一区6台固定锅炉、热注作业二区5台活动锅炉、金宇1台活动锅炉已恢复注汽生产，所有复产注汽锅炉运行状况平稳。据已经复注的22号热注站站长王矿民介绍，经洪水浸泡后维修过的注汽锅炉在运行中会出现小故障，他们加强巡检，及时发现问题。该厂两家热注作业区也针对这一问题，派技术员24小时驻守在一线，以保证及时排除锅炉运行故障。

当前，该厂的注汽锅炉有43台在修，已经修好17台，预计9月下旬全部完成维修工作。在对锅炉的炉膛保温、控制系统、仪器仪表及燃烧器、机泵、电机等维修过程中，他们科学调配资源，让各维修项目与更换保温同步进行，有效缩短抢修时间，提高设备质量。

剩余的处于深水区46台锅炉，该厂正紧盯水位情况变化，第一时间组织队伍抢修，根据目前排涝进程测算，预计9月25日前可全部完成注汽锅炉维修工作量。

第四篇 新闻报道

"涅槃重生"再启炉

——曙光采油厂热注作业一区抢抓复产工作侧记

（2022年09月08日《辽河石油报》二版头条　李　莹）

"今天22号炉恢复注汽，机关管理人员准时到达指定班站，各负责人按照复产方案逐项确认是否达到安全条件，进行灾后复产……"8月30日上午，曙光采油厂热注作业一区召开复产工作紧急会议，主任胡东波一再强调。

随着绕阳河水位连续下降，该区在经历了洪水"扫荡"后，抗洪复产战役顺利推进。为尽快提高原油产量，该区把恢复注汽能力、提高注汽质量、减少设备故障停炉作为助推原油上产、实现效益开发的生产关键点，严抓注汽源头管理，不断加强设备检修保养，确保全年注汽质量顺利完成。

该区上下不等不靠，主动作为，加强生产组织，形成汛后复产整体合力。深入"泥潭"，"白+黑"加紧设备设施场地路面修复……一幕幕"战天斗地"的画面定格在汛后复产的各个战场。

为了做好作业区灾后复产期间的各项工作，切实消除安全隐患，确保复产工作安全有序，该区结合实际情况，坚持"人员安全、环境安全、设备设施安全"的原则，有序开展灾后生产恢复。随着洪水渐退，该区立即组织现场设备恢复，对柱塞泵、生水泵等电机重新进行安装测试。目前，恢复锅炉保温5台、电机25台、差压变送器8台、压力变送器25台，对138条电缆进行绝缘测试，确保每一条电缆、每一台电器设备能够安全平稳运行。

抗洪保产是该区的"天命"，而汛后复产也理所当然成为该区员工的"天职"。越是困难，党员干部越是靠前，他们在洪水来临时，闻"汛"而动；在洪水侵袭中，严防死守；在洪水退去后，迎难而上。为了尽快恢复注汽生产，

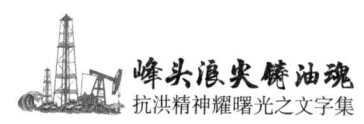

基层各党支部纷纷成立应急队伍统筹协调各项工作，迅速打响复产上产"保卫战"。技术骨干抢站"C位"，重点关注灾后已恢复生产的设备设施，加大维护巡查力度，做到有问题早发现、早处理，牢牢掌握生产主动权。党员亮出身份带动群众，清理场地污泥，清除平台杂草垃圾，除锈防腐刷漆，一步步恢复生产常态。

作为复产的"主力军"，该区提前备好各项物资和设备设施，对复产人员开展安全教育培训和危害因素辨识工作，保证人员安全和复产有序。机关各负责人针对本业务现场复产关键工序环节进行专业确认，并由安全组全程进行现场监督。

8月30日11时18分，一股蒸汽伴随着震耳欲聋的放空声冲天而起，22号炉成功恢复注汽生产。截至9月6日，在该区全体员工加班加点的努力下，22号、18号、21号、51号、10号、26号共6台锅炉成功恢复注汽生产。

科学编制复产方案 247口油井12天全部开井

（2022年09月08日《辽河石油报》三版 孙晨茜）

为加快复产速度，曙光采油厂采油作业五区全面吹响恢复生产冲锋号。8月23日第一口复产井杜212-大H104的顺利开井，极大地振奋了全区上下士气，复产步伐一日千里，10天内11座采油站267口生产井全部复产，目前6支作业队伍已经搬上，力争原油日产恢复灾前水平。

据了解，该区本着"先坝外、后坝内"的原则，科学编制复产方案，设立生产协调组、电路检测组、安全环保组、设备抢修组、后勤保障组五个工作组，通力合作，在"人-无人机"双轮监测下，实时掌握内涝区内水位变化及进站道路情况；集中对全区井场及各井、电气设备受损情况及下一步复产所需物资进行全面摸排，梳理形成复产物资统计表；深入井站"把关"，对危险点源逐一进行排查，对平台水深、隔油栏设置、开井流程、管线畅通等情况进行了确认，及时排查隐患，时刻监测，全面做到安全复产的"四个确保"，即：确保配电故障迅速修复，确保设备及时维修，确保水淹区域及时排涝，确保不正常井及时上修。

"我们实施梯次复产，把关井的时间压到最短，相对提高生产时率，坚决为复产上产劳动竞赛贡献力量！"该区主任李云翱说道。截至9月1日，这个区因汛停产油井全部复产成功，11座井站基本恢复正常。下一步，作业区将精细部署后三个月生产运行，同步推进井站标准化建设和冬防保温工作，为秋冬季安全生产提前做好各项准备。

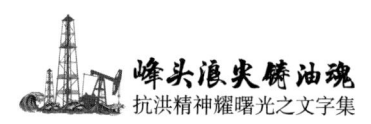

复产亮"剑"

——记曙光采油厂采油作业三区主任 张 剑

（2022年09月13日《辽河石油报》一版 杨世龙）

复产亮"剑"，井场点兵。两个多月来，在曙光地区没有硝烟的抗洪复产战场上，有这样一个85后，长着一副与年龄不太相称的粗犷面庞，张嘴则是沙哑的"抗洪嗓"。他就是曙光采油厂采油作业三区主任张剑，全厂最年轻的基层生产单位负责人之一。

抢拆出60余台套设备

6月末，历史罕见的特大洪涝灾害突袭曙光地区，一时间浊浪翻滚、潮水倒灌。由于地势低洼，张剑所在采油作业三区最先被洪水淹没，井场积水深达2米以上。看到曾经朝夕相伴的油井、站房被淹，每日700多吨的产量一夜归零，他心急如焚。

张剑年龄不大，处事却临危不乱、果敢老练。面对有水文记录以来最大的绕阳河洪峰，他果断决策，带领作业区员工顶风冒雨、手拉肩扛，提前把抢拆出的60余台套电机、变频柜等采油设备运到安全地带，在保住了核心设备财产的同时，为后期复产节省了大量设备检修时间。

两个多月来，无论是抗洪抢险，还是复产上产，他始终与作业区干部员工一起驻守前线，与时间赛跑、同洪魔较量，连续40多天前线坚守，只为保油护井、复产上产。

为了在具备复产条件时，第一时间启动复产，他针对点多、面广、水深的现场复杂状况，在避险关井的同时，同步启动复产准备工作，成立复产指挥部和10个复产工作小组,坚持"一井一策""一站一策",提前编制完善复产方案,分阶段、分批次、网格化复产,按照产量先高后低、水位先浅后深、难度先易后难的原则,最快速度组织复产措施,最大限度降低灾情影响,争分夺秒抢复产,把关停的井站开起来,把丢失的产量抢回来。

"其实从关井的那一刻起,我们区的复产工作就已经启动了。如果没有张剑主任的超前谋划,我们肯定不能复产这么快。"采油作业三区301党支部书记兼站长田小顺说。

早准备、早行动、早复产,正是这种抢先抓早的主动加压,让采油作业三区在9月3日便实现全面复产,比计划提前了15天时间。

420口油井、34座采油站"浴"后重生,一座座磕头机上下起伏、俯仰生姿,重新恢复了往日的生机。

第一家全面复产

持续两个多月的抗洪复产之路,充满艰辛坎坷。为了抢时间,在井场积水还有近半米深时,张剑就带领员工穿着臃肿的叉裤、救生衣,涉水踏泥、蹒跚前行,一口油井、一栋板房、一座采油站地逐个摸排生产设备水损情况,提前安排站房维修改造、设备维修购置等复产工作量。

洪水退去后,作业区满目疮痍、一片萧索。由于长时间水泡,地面的淤泥深达20厘米以上,空气中弥漫着刺鼻的腐臭味,复产第一步就是要清理这些淤泥。清淤虽然技术含量不高,但工程量浩大。为了节省成本,张剑坚持"自己的活儿自己干",身先士卒、率先垂范,机关基层、男女老少齐上阵,日出而作、日落而息。

每天早上6时到晚上19时,他全程坚守在清淤复产现场,与大家一起争分夺秒,不顾刺鼻的恶臭,清理场站的淤泥,为复产人员、设备、车辆进场奠定基础。

为了提高运行效率、加快复产节奏,他按照"水退人进、抢产减损"的

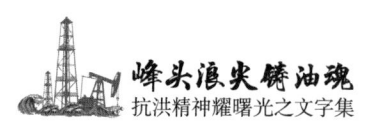

工作要求,挂图作战、清单管理、科学统筹、高效组织各种复产工作量。

不管当天工作多晚,即使是晚上 10 点以后,他都要组织召开复产协调会,会上一口一口井过"筛子",总结当天复产进度,安排次日重点工作,现场会商复产需要解决的重点、难点、堵点,确保电缆、配电设备检测、各类机泵更换以及清淤消杀等工作迅速、高效开展,实现工作衔接有序,避免出现窝工、等停等现象,极大提升了复产效率,加快了复产进度,使采油作业三区成为曙特地区第一家全面复产的作业区。

"不合格"的奶爸

一对龙凤胎宝宝,一个幸福美满的家庭。本应是照顾陪伴孩子的"超级奶爸",却因这场洪水,张剑与孩子只能通过电话联系,被同事和家人戏称为手机里的"奶爸"。

两个孩子刚满 1 岁,正是牙牙学语的年纪,每次电话里偶尔蹦出的"爸爸、爸爸",让张剑既觉得是最幸福的时刻,内心又充满愧疚。甚至在孩子生日当天,他却只能通过时断时续的手机信号,在大坝上为孩子送上祝福。

在两个多月持续高强度的抗洪复产过程中,身为作业区的大管家、复产的领路人,张剑与爱人协商把两个孩子送到岳母家照顾,一心抓复产、谋上产。复产工作紧张而忙碌,思娃心切,张剑只能在忙碌之余,在嘈杂的施工声中,与家人通过手机微信视频联系。但由于曙光地区许多通信基站水毁严重,手机信号非常弱,很多时候话没说完就断线。顾不上重新拨通电话,他就放下手机,迅速恢复状态,投入到紧张的复产工作中。

张剑的爱人是一名组织人事干事,本身平时工作就很忙碌。抗洪复产以来,由于张剑一直在前线,家里照顾孩子的重担全压在了她身上。一次深夜,儿子突然发高烧,她一边给孩子喂药,一边给孩子敷湿毛巾物理降温,忙活了一整宿都没有合眼。还没等儿子退烧,她女儿第二天又开始发烧。两个孩子这场感冒前前后后折腾了一个多礼拜。为了不让张剑分心,她一直都没有把这事告诉张剑。

8月22日是张剑抗洪复产以来最兴奋的一天。这天，在张剑的带领下、全体干部员工的共同努力下，采油作业三区第一批复产了58号站的6口油井。晚上9点30分许，看到停摆近两个月的油井再次唱起欢快的采油曲，张剑和同事们都露出了久违的笑容。

漆黑夜幕下，初秋凉风中，后勤保障部门送来的盒饭已经3个多小时，饭菜早已凉透。可围坐在井场边的他们却大快朵颐，都说这是抗洪复产以来吃过的最美味的一顿盒饭。

随着复产工作逐渐驶入正轨，几天后的一次深夜，张剑才拖着疲惫的身躯从前线回到家中。这是他近两个月来，第一次从"线上"走到"线下"，真实而幸福地看着熟睡的爱人和孩子。

80号青年采油站顺利复产

(2022年09月13日《辽河石油报》三版　白　阳)

9月5日一早,曙光采油厂采油作业七区80号青年采油站岗位员工高原、朱绵楠来到杜84-4933、杜84-兴H254进行量油取样……时刻确保两口刚刚恢复生产的油井正常生产。截至目前,两口井已恢复灾前日产量的三分之二,并逐渐接近正常水平。

随着水位下降,该站青年员工克服种种不利因素,紧盯复产任务指标,加快停井恢复生产步伐。站长廉福威第一时间进行动员分工,部署相关工作。

电力系统方面,80站高压已恢复,配电间及电缆检测完毕,生活用电已恢复。设备设施方面,加热炉电机检修已完成,仪器仪表检修已完成,流程管线完好。该站具备复产条件,青年们已做好复站准备。"1号外输泵投运正常,干压0.9!"廉福威紧盯压力表,脸上洋溢着喜悦的神情,该站顺利恢复生产,投入运行。

为确保早复产早见效,廉福威、高原与生产组、地质室技术人员沟通协调,多次往返现场,制定复产方案,确保复产顺利进行。该站员工们配合完成开井工作,各环节衔接迅速、高效。经过两天的艰苦奋战,9月3日16时,杜84-4933、杜84-兴H254两口长停井一次投产成功。

吹响复产"冲锋号"

（2022年09月13日《辽河石油报》三版　柏　涵　杨彧荣）

9月5日16时30分，随着抽油机规律地上下摆动，井口各部位运转正常无异响，曙光采油厂采油作业六区主任门福信宣布："杜813-兴H209、杜813-43-57、杜813-43-K58、杜813-44-59复产成功！"在场的所有员工都长舒了一口气……

自进入复产准备阶段以来，该区所有干部员工就克服一切困难，全力以赴抢抓开井时率。

602采油站是该区受灾较轻的采油站，8月21日进站以来，干部员工就通力配合，半个月之内完成站内清淤、拆装电机和变频柜、检测站内配电系统、保养外输泵掺水泵等工作，跑出了复产准备工作的"加速度"。

站长贾铁伟带头坚守岗位，9月3日，他组织热油车只用一天时间对该站240多条混输及掺油管线进行预热，对不通的管线立即组织压风机解堵，从7时30分一直干到了23时。

5日8时，门福信早早赶到602采油站现场，做好开井前各项协调工作；贾铁伟负责管线预热、采暖泵与掺水外输泵试运工作；副站长张永带领着员工检查皮带和盘根，给抽油机减速箱换油；电工卜庆寒与油气集输前来支援的4名电工一起安装电机与变频，所有人都开始了紧张有序的复产工作，劳动的号角声、车辆的轰鸣声交织在一起。

16时30时，随着一声"启抽"的口号，4口油井都顺利开井。

"快递小哥"

(2022年09月15日《辽河石油报》三版 孙晨茜)

"饭来了,大伙吃饭了!"刚下车,还没来得及站稳,一位黑黑瘦瘦的青年就迫不及待地在各个站门口吆喝着。9月3日午时,带着185份盒饭、15箱矿泉水、5桶桶装水等物资的他,马不停蹄地以最快速度送到11个抗洪复产站的员工手中,确保他们全部吃上热乎饭。

一直忙活到13时这个青年才将全部物资分发完毕,看到大伙全都吃上了饭,他才拿起一瓶水,慰劳一下自己干得冒烟的嗓子。这个青年是曙光采油厂采油作业五区王淼,自抗洪开始他就担起为大伙儿送饭的重任。

7月份抗洪抢险战役打响以来,采油厂提供了大量的矿泉水、火腿肠、盒饭、草帽等物资补给,所有的物资都需要作业区上报、领取、卸货、分发以及运送到现场,身为工会干事的他自然地承担了这项工作。虽然后勤服务不是在抗洪复产现场,却也是物资供给的"大后方",干起活来也不是轻松的事儿。"大淼,我们站还需要3个手电筒。""淼,我们需要5顶草帽。""大淼,我们站还需要2瓶蚊不叮"……为确保各站物资充足,抗洪复产工作无后顾之忧,家在兴隆台的王淼每天6时40分准时到单位,7时前按照现场的需求快速、有序地下发当日所需物资。心细、热心肠、责任心强、不怕吃苦是他的特点。

送饭到抢险现场,也是一件非常辛苦的活儿。8月4日,他像往常一样将盒饭装到皮卡车上,到了杜13支路口发现道路一旁就是土坝,再加上施工车辆,进车十分不容易,眼看着已经11时30分了,不能让抢险现场的兄弟们饿着肚子啊。"路不通，就扛过去！"王淼与同伴陈海涛、张宗喜、阎斌随即跳下车，拎着20份盒饭，扛着10箱的水，一趟一趟地走在泥路上。来回四趟，累计12千米，直到14时才完成餐食的配送。回来时他的手臂和小腿有些抽筋，但是为了让兄弟们能按时吃上饭、喝上水，他觉得累点也值得。

"还是咱们厂里的应急物资充足，我就是'快递小哥'，服务好大家是我的职责，这点累和在一线抗洪复产的兄弟们比起来微不足道，况且我还是预备党员，要接受组织对我的考验！"此时此刻的他和作业区的兄弟们都在为复产坚守岗位，共同期盼井站一切恢复如初。

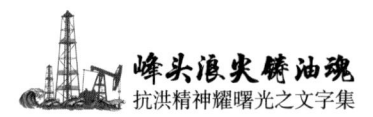

复产"尖兵"

（2022年09月16日《辽河石油报》三版　孟令君）

"轮虫出现啦！"8月28日，曙光采油厂污水处理大队现场化验室里传出的一句兴奋的喊声，成了该大队负责生产技术的管理组组长丁晗的"强心剂"。

轮虫的出现代表整个处理系统的稳定，也为汛情之后的复产复排工作开了一个好头。直到此刻，丁晗紧绷的神经才终于得以放松。

8月4日，受汛情影响，负责污水处理大队变电系统的曙六变电站进水，污水系统全线停产。生化细菌由于缺少溶解氧的供给，大量死亡，处理系统处理效能大幅降低，给紧随其后的复工复产带来了巨大的困难。

将军难打无兵之仗，想要做好抗洪复产工作，必须保证细菌的活性。面对难题，丁晗主动请缨，带领技术攻关小组投入多轮研究测试。他在化验室里盯着显微镜观察细菌的生长情况，常常一坐就是一整天，等到月上枝头、万籁俱寂，才恍然惊觉已是深夜。几天下来，身体酸痛不止，但这无法动摇丁晗的决心，他说："被汛情耽误的时间，我们要抢回来！"

"线虫太多了，溶解不足，马上提高鼓风机气量，增加回流比。""磷壳虫多了，食微比太低，营养剂增加一倍。"他冷静地下达一项项调整指令。经过日夜不懈的努力，生化池的污泥菌群活性终于逐步恢复，生物浓度由每升2000毫克终于达到了每升8000毫克，沉淀池出水测试合格。28日，污水厂开始达标外排，为采油厂复工复产提供坚实保障。

没有比脚更长的路，没有比人更高的峰。如今，丁晗又开始了新一轮的忙碌工作。生化池上、沉淀池旁，鼓风机房、加药间里，都有他忙碌的身影。他始终以抓铁有痕的勇气，深耕污水处理的事业，为复工复产和劳动竞赛按下"加速键"。

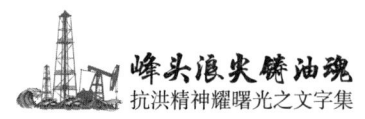

"三举措"构筑"复产健康战线"

(2022年09月16日《辽河石油报》七版 孙晨茜)

为确保复产工作在健康安全的状态下有序推进,曙光采油厂采油作业五区组织开展区域消杀、员工健康监测、知识普及等举措,将各项防控措施落实落细,筑牢复工复产健康"战线"。

工作现场全覆盖消杀。复产前,安全组负责人与消杀专班每日开展重点环境消毒、生活垃圾清理、杀虫等工作,以切断疾病的传播途径。同时向每个站分配发放消杀药剂,确保各站定时定人对生产生活等区域进行消毒。

加强员工健康监测。为将抗洪复产期间员工健康风险降到最低,作业区设立健康小屋,为员工提供血压计量、体温检测、消毒等服务。并且各站每日上报现场员工精神状态,确保及时掌握一线员工身体情况,做好信息登记。

切实做好健康知识科普。作业区先后利用微信、即时通工作群等广泛普及环境消毒、杀虫和汛期防病科普知识,发放健康教育知识宣传单近200份,切实保障一线抗洪复产员工的身心健康。

曙采厂贯彻落实党代会精神苦干实干再作为
全面打好"三个战役" 强力助推原油上产

（2022年09月22日《辽河石油报》一版　刘　力　姜旭沐　王　野）

"报告振奋人心、催人奋进，我们一定要学习贯彻好油田公司第三次党代会精神，凝聚力量攻克难关，助力原油上产。"油田公司党代会刚刚闭幕，曙光采油厂原油日产踏上了生产运行线，全厂干部员工在学习贯彻会议精神中，再次掀起了大干快上夺油上产热潮。截至9月21日，该厂日产上升到3940吨，对比前一日增加了243吨，注汽量增加1801吨。

该厂立足当前，第一时间组织参会代表前往基层联系点传达会议精神。通过党委理论中心组（扩大）集体研讨学习、微信推送等多种线上线下相结合形式，深入学习贯彻落实公司党代会精神和《贺信》内容，开展"学贺信、鼓干劲、找差距、再作为，深入开展劳动竞赛"主题活动，组织采油、热注、集输系统打好"三个战役"，为油田千万吨稳产贡献曙光力量，以丰硕成果向党的二十大献礼。

打好采油系统提产上产攻坚战。针对油井复产后出现井卡、产量不正常等难题，该厂按照"一井一策"原则，第一时间组织热洗车，保不正常井及时得到处置。各采油站以党支部为"作战单元"，根据处理工作量，及时调配各项资源，保证恢复油井产能工作无缝对接。在加强单井日常管理方面，他们通过及时开展"憋、碰、洗、调"工作，加快不正常油井处置效率。采油作业一区通过成立由管理组和地质动态组成的不正常井处置小组，近期平均处理10口井，恢复液量200吨。

打好热注系统加快恢复歼灭战。按照油田公司锅炉的复产计划,目前该厂热注锅炉有 61 台投产复注、28 台在修。为让维修队伍集中精力抢进度、提质量,该厂派遣本厂仪表工协助厂家调试仪表,组织车辆接送控制盘、仪表器件等待修设备。为确保维修后的锅炉尽快达到最佳运行状态,该厂两家热注单位组织加密巡检频次,及时处置运行故障。此外,他们还派遣技术人员在生产一线 24 小时驻守,提供技术保障。

打好集输系统稳定运行保卫战。该厂通过积极组织维修工作量,恢复备用设备、自动控制设备等设施,进一步恢复系统稳定性,截至目前已恢复 33 台。对 13 台锅炉同时提温,保证软化水合格率达到 100%,提高了脱水效果。在提高污水处理量和质量方面,该厂通过动态调控加药浓度,加强污水系统管理力度,保证全厂水量平衡。

多措并举保障复工复产

（2022年09月22日《辽河石油报》二版　李春雪）

"当前，优质高效保障复产是我们现阶段工作重中之重……"9月19日，曙光采油厂生产保障大队以"凝心聚力再奋战、安全日增一万吨"复产上产劳动竞赛为契机，吹响"凝心聚力保复产"会战号角。

该大队按照"水退人进、先易后难"的原则，有序对采油厂1000余口井的减速箱进行复产前保养工作。抽废水、清废油、注新油"一条龙"服务，使抽油机"焕然新生"。该大队采取了"2+1"润滑油加注模式，固定2台拉运润滑油加注设备车，并根据车辆情况机动调配另外1辆卡车，以备随时拉运润滑油加注设备，抢在开井前将抽油机减速箱保养到位。利用研制新型自发电换油设备，使人工节省超一半，采购降本百万元。截至目前，已完成330台抽油机减速箱齿轮油更换工作。

该大队组织人员深入受淹区域，利用3天时间，转运22台排涝泵排水，回收抽水发电设备90余台。连日来，电力工程中心上下"5+2"，完成焊制37个复产时期特殊加高的配电柜支架、焊接各类管线2000多米、维修变频器、检验配电柜等复产工作项目27项，全力以赴推进复产现场施工进度。

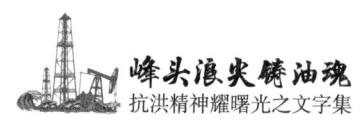

曙采产量迅速攀升　日产超月度生产线运行

（2022年09月23日《辽河石油报》二版　王敏馨　姜旭沐）

记者从曙光采油厂获悉，9月22日，该厂原油日产4007吨，成功踏上月度生产线，复工复产态势强劲，为实现全年生产指标奠定了坚实基础。

据了解，受洪涝灾害影响，该厂原油产量受到极大冲击。自9月16日全面复产以来，干部员工积极主动作为，全厂掀起了大干快上夺油上产新高潮。

针对复产后油井产量低的问题，该厂优化措施全面提升上产能力，认真开展油井热洗、清防蜡、测试等日常工作，严格落实逐级信息反馈制度，及时掌握油水井生产动态。针对油井复产后出现井卡、产量不正常等难题，该厂按照"一井一策"原则，及时调配各项资源，保证恢复油井产能工作无缝对接。围绕"优化运行提效率、精细组织提时效、监督升级提质量、提升保障促运行"四项要求，集中组织作业施工。自复产以来，实施小修工作量412井次、大修3次，恢复不正常井220口。目前在位小修48支作业队伍，大修队伍在位10支。

热注集输系统恢复是油气上产的关键。该厂加快热注系统恢复提速，目前已恢复注汽67台锅炉，恢复日注汽能力20580吨；与厂家紧密配合抢维修进度，同时加强日常巡检维护，派遣技术人员24小时常驻生产一线。同时，维护集输系统稳定运行，加紧恢复备用设备、自动控制设备等设施33台，进一步恢复系统稳定性；对13台加热炉同时提温，保证软化水合格率达到100%，提高脱水效果，进一步提高外输质量。

曙采厂第一阶段复产热注锅炉全面恢复注汽

（2022年09月26日《辽河石油报》一版　姜旭沐　马立平）

9月24日22时30分，随着66号注汽锅炉顺利点火，曙光采油厂第一阶段77台热注锅炉全面恢复注汽，对比计划提前1天完成。截至25日，该厂日注汽量1.85万吨。

在注汽锅炉修复过程中，该厂以"加快安全复产进度"为宗旨，在确保"人员安全、环保受控、设备设施安全"三个方面做实做细。面对修复工作量大、程序复杂、环节紧密的特点，自采油井站全面复产以来，该厂集中精力加大热注锅炉维修力度，厂党委组织开展了热注系统加快恢复歼灭战，党员干部员工以"白加黑""车轮战"模式加快复产进程。

为了让维修队伍集中精力抢进度、提质量，该厂派遣本厂仪表工协助厂家调试仪表，组织车辆接送控制盘、仪表器件等待修设备。在SAGD1号注汽站复产中，热注一区干部员工在做好监督的同时，抄起扳手与施工队伍一起拧螺丝、装设备，保证了1台100吨和2台50吨注汽锅炉在最短时间内复产。热注二区第一阶段复产锅炉占曙特地区总量的三分之一，该区将每台锅炉复产工序精确到小时，确保了44台锅炉的顺利复注。

目前该厂已经开始第二阶段备用锅炉的修理调试，为注汽高峰到来做好锅炉储备。针对已恢复注汽的锅炉，进行"回头看"检查，并进行"提排量、提干度"的注汽措施，为稠油上产夯实基础。

复产"一块砖"

(2022年09月26日《辽河石油报》三版 孙晨茜)

面庞清瘦、目光炯炯、肤色黝黑,是对曙光采油厂采油作业五区方文宇的形象速描,而给大家印象最深的是他对工作认真负责的态度。8月中旬,调度长吴迪因严重腰脱不得不进行手术,此时也是筹备复产忙得不可开交的时候,方文宇"临危受命",解了生产中枢缺位的燃眉之急。

复产期间,作为代理调度长,方文宇每天不仅要负责30余台车、200余名员工、各路施工队的整体调度调配,还要组织安排全区240多口复产井开井。

"别看小方年纪不大,干事的思路却异常清晰、忙而不乱。"同事的激励给了这个"90后"小伙子干好工作的动力。

需要付出"脑力"时,方文宇当仁不让。深夜,安静的办公室里键盘敲打声格外清晰。方文宇每天晚上都会复盘当前的工作落实情况,制定第二天车辆调配计划,根据施工需求随时调整车辆、人员安排,事无巨细地把控各类施工中的难点、要点,力争下达最直接、最有效的调度指令,常常一干就干到半夜一两点。

需要付出"体力"时,他更是冲锋在前。复产初期,方文宇每天7时必到现场盯守,随时解决突发问题和困难。8月31日,受85号站内水位影响,吊送外输泵的吊车无法进入现场,其他人都以为干不成了。"不能等!今天必须让85号站的外输恢复正常!"方文宇急中生智,在确保现场安全的情况下,调配长臂钩机和铲车将外输泵运送进站。仅用一个小时,85号站外输就恢复正常，为作业区提前 10 天完成全面复产提供强有力的支撑！

  复产期间，方文宇事事亲力亲为，每日带车在区域内"穿针引线"。接打 300 多通电话、带两块 1 万毫安的充电宝、20 时以后下班，成了他每天工作的"标配"。他以超强的行动力将电路检测、设备更换、开井投产过程中的不畅和困难一一化解。有人问他这干劲咋这么足？他说："因为责任在肩，答应干就一定要干好！"

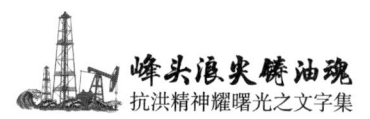

"重生"的609采油站

(2022年09月27日《辽河石油报》二版 柏 涵 杨彧荣)

9月8日17时,曙光采油厂采油作业六区609采油站15口油井已全面复产,产量基本恢复灾前水平。

走进609采油站,干净整洁的板房,有序工作的抽油机,忙碌的员工,很难想象这个站不久之前刚刚经历过一场洪水,而这一切都是609采油站的所有员工,不等不靠,十几天共同努力的成果。

自8月23日进站以来,面对曾经整洁干净的板房变得满目疮痍,员工们来不及过多的感叹和忧伤,就迅速投入复产工作。为节约人手,站长廖丹带领着员工撸起袖子自己干,板房墙壁都是淤泥,她与员工用刷子一点点清理,对每个房间消杀都是仔仔细细,一个角落都不放过,仅用3天就完成所有板房的清理和消杀工作。

快一点,再快一点!是该站所有人的工作状态。副站长刘影与王志国仅用一天时间就完成了该站15台电机的拆卸工作,紧接着就开始对所有的电路电线进行检测,并根据该区的一井一策复产方案对油井管线预热,提前完成抽油机、外输泵保养等工作。

9月7日,当该站的10口井已经具备开井条件,廖丹给自己立下军令状"今天一定要把这10口井开起来"。一到站上,她就与刘影一起仔细检查电路、抽油机各部位螺丝紧固状况,反复确认流程状态,检查完所有流程已经17时,包含廖丹在内的4名员工,都没有坐上回家的班车,而是继续留在站上准备开井。夜间站上的蚊子成群围着他们,都无暇顾及。19时,10口井顺利开了起来。这时大家才发现每个人身上都是 10 多个蚊子包，而这些困难在他们眼里微不足道。第二天，他们照旧忙剩余 5 口井的开井工作，终于 609 采油站全面恢复生产，获得了"重生"！

洪流激荡"磐石"坚

——曙光采油厂热注作业一区党总支开展抗洪复产工作纪实

(2022年09月27日《辽河石油报》三版　李　莹)

"党员张洪强进行电缆阻值检测时发现柱塞泵控制电缆对地值不合格需要更换,于是他带领员工打开电缆沟盖板进行气体检测,确认现场环境安全后,一起扛着几十斤的电缆,踩着淤泥完成控制电缆布线工作……"9月17日晚,曙光采油厂热注作业一区SAGD1号站5号炉党员干部在一起总结白天的复产工作。

截至目前,作业区22台锅炉已成功恢复注汽生产。17个注汽站日注汽量1万吨,班站生产平稳运行。但站内的设备被洪水侵袭的痕迹依然清晰可见。为此,该区党总支带领党员干部马不停蹄地投入到了复产上产攻坚——恢复站区标准化中,重建我们的新家园。

突击!他们用行动重建家园

"越是急难险重面前,越能彰显支部堡垒和党员先锋模范作用。"自采油厂"强堡垒、树先锋、全力复产上产"岗位实践活动以来,该区党总支闻"令"而动,组建党员突击队,引领带动党员们站排头打头阵。

8月30日,该区7支党员突击小组第一时间出现在复产一线的现场,以最快速度集结力量,科学、高效、有序组织开展复工复产工作。该区党总支带头,重点从拆卸及安装电机、机泵、阀门等方面入手,帮助站上员工最大限度缩短了修理时间。党员干部主动放弃休息时间,抢时间、赶进度、保质量、担责任,以最快的速度高效恢复注汽生产。

两个多月以来,洪流冲垮了各站的围墙,顺水而下的淤泥灌满了小站的泵房和操作间，站内淤泥的最深处可以没过膝盖，该区党员突击队用铁锹一点点清除着厚厚的淤泥。

在这场与"洪灾"的较量中，9月2日一大早，该区机关12名党员打头阵，扛着铁锹、编织袋等物资，通过"12+N"的方式到7个联系点与员工开展"生产自救"，第一时间清理站内污垢。12名党员以"步踏巡线"的方式对责任区的管线、电缆、变压器等生产运行设备进行"实地勘察"。通过党员带动，站内员工"动起来""干起来"了，仅3天，在12名党员的带动下，该区共开展管线巡查260余千米。

攻坚！他们用担当做好表率

当先锋，挑重担，在复产"战场"担当有为。在持续的复工复产保卫战中，该区以领导班子为"领头羊"的党员干部身先士卒、率先垂范，多次"沉"入抗洪复产一线查摸实情、指挥工作，为基层解难题、想办法、理思路。

该区机关党员朱亮、顾杨等党员干部连续数日驻守班站。真正做到"业务在一线指导，服务在一线体现，问题在一线解决，形象在一线树立"。

青年党员隋振雨在工作中以身作则，在技术创新上寻求突破。抗洪复产期间，他连续20多天坚守岗位，吃住都在站上，针对所在支部锅炉水淹后仪器仪表需要修理的问题，他配合厂家配盘、布线、流程安装、设备维护保养、锅炉点火调试。通过对引燃压力、电磁阀检查、火花塞间隙、引燃枪、点火变压器等逐一排查，发现控制点火变压器的继电器出现故障，导致引燃火不着，立即更换后锅炉成功点火，有效缩短检修时间。

"钻地沟、穿电缆、接线500余条，连续七天在站上连班到后半夜……"党员马向波与承包商工人紧密配合，主动放弃休息，加班加点连续奋战。

截至目前，全区党员更换维修保养阀门326个，维修锅炉仪器仪表22套，调试锅炉燃烧器控制系统22台次，维护差压变送器23台、压力变送器120台，更换电缆46条，检修柱塞泵、离心泵82台，清理风道15台。

冲锋！他们用拼搏诠释信仰

当先锋、站排头、亮身份，党员身上的"红色"气质，在抗洪复产的战线上愈发凸显。"61号站启炉点火，达到注汽条件。"该区党员马凡林沙哑的声音喊着。

"安全阀垫子偏了。""天然气流程有漏点。""这条电缆穿线管无防护！"……整个站区员工都在问马凡林各种问题，站区内到处都有党员马凡林忙碌的身影。在马凡林的带领下，直至深夜配合厂家调试操作盘完成，锅炉试点火，听见这句话所有人都忘记了一身的疲惫，高兴地挥起手臂，此时时针已指向9月14日凌晨1时。

劳累一天的他让大家都抓紧时间回去休息，而他又对所有的各部流程、机泵细致地检查了一遍，此时已经是凌晨2时10分。

SAGD电机体积巨大，重量在2吨以上。9月16日，在SAGD 1号站拆除维修柱塞泵、鼓风机过程当中，SAGD 1号站党支部组织党员立项攻关，党员王向明结合工作实际，在电缆沟上铺设5毫米厚钢板70米，调用5吨叉车一台，提高了工作效率，他带领员工利用两天时间拆卸2吨以上的电机21台。

"作为一名党员，我不仅要自身素质过硬，还要带动身边的群众一起进步，将这个班站打造成一支技术过硬、上下同心的钢铁团队。"王向明如是说。

"洪涝灾害面前，该区党员干部们，用一个又一个不眠夜的坚守和担当，诠释着'不畏艰险、敢于胜利'是我们热注人在抗洪抢险中充分展现的可贵品质；'忠诚履职、勇于担当'是我们热注人自觉肩负抗洪复产的责任使命；'群策群力、同舟共济'是我们热注人能够形成强大合力的关键所在。"该区党总支书记林京华说道。

抢修百吨井的"发动机"

——曙采厂热注作业一区 SAGD 1 号注汽站复产工作纪实

(2022 年 09 月 28 日《辽河石油报》二版头条　刘　力　姜旭沐　李　莹)

9月18日凌晨1时30分,5号注汽锅炉点火成功,曙光采油厂热注作业一区 SAGD 1 号注汽站 3 台锅炉全面恢复注汽,向杜 84 馆陶油层源源不断地输送驱油动能,同时极大缓解了曙特地区生产系统内水平衡难题。

SAGD 1 号注汽站日注汽能力 3800 吨,为该厂 13 口 SAGD 油井提供能量,其中有 4 口百吨井。受洪水影响,这个站于 7 月 14 日按照上级要求停炉关站,站区所有设备全部受损,复产任务十分艰巨。

抓时机,下好复产"先手棋"

在排涝期间,该厂紧盯水位下落情况,第一时间组织落实站区设备受损情况,第一时间组织采买设备部件,通过小船进入站内踏勘,为复产做准备。

"先复产哪台热注锅炉?" SAGD 1 号注汽站有 4 台注汽锅炉,热注作业一区主任胡东波多次与班子成员讨论复产事宜,通过测算消耗污水量和注汽量,制定了"先易后难力保生产"的复产原则。

9 月 1 日,积水剩 1 米深时,该区立即组织员工进站拆卸设备,利用两天时间将机泵、电机燃烧器配件等热注锅炉零部件全部拆回维修。

4 台 SAGD 热注锅炉零部件不能和小热注锅炉通用,采买、维修配件需要相对较长的时间。在这一空档期,该区开始组织拆除热注锅炉被浸泡的保温层以及站内清淤、消杀等工作。

9 月 4 日,部分零部件维修完毕返回,技术人员立即校验检测。同时,新

采买的 SAGD 热注锅炉的操作盘内部有 1400 余个接线点位需要连接。为此，该区组织两组技术人员进行接线。

"必须保持心无旁骛地工作，但凡有一丝分神，都有可能出错。"一名技术人员介绍说。

抢进度，及时注入"强心剂"

随着全厂复产井不断增多，生产系统水平工作压力陡增，急需热注站消耗多余污水，而消耗量最大的就是 SAGD 注汽锅炉。

9月8日晚，采油厂连夜成立 SAGD 1号注汽站抗洪复产临时指挥部，针对 SAGD 1号注汽站复产，油田公司、采油厂相关领导组织召开专项会议，采油厂主要领导现场指挥协调，相关机关科室干部纷纷冲进施工现场，组织各自队伍开展包保温、装配件、换电缆等复杂繁多的工作。

主要领导带头坚守、党员干部冲锋带头方式，给员工队伍注入"强心剂"。党员干部纷纷响应，主动献工，白天晚上"连轴转"，越来越多的员工主动放弃休息前来支援复产。"这个站规模大、设备多，进一步盘活人力资源就能有效推进复产进度。"胡东波说。

"配电间安全送电完成，水处理软化水输送完成！"9月14日，停运了65天的3号热注锅炉重新运转。"火焰燃烧正常，锅炉参数趋于正常值，各机泵设备运转正常！"9月15日，4号注汽锅炉恢复运转……在大家的共同努力下，捷报频传！

保安全，层层管控防风险

早在复产前，该区就组织承包商开展安全培训，使承包商了解到该站结构、工作内容以及需要注意的安全环保风险点位；复产中，该区将不同的施工场地用隔离带封闭，派专人监督，避免了施工"越界"造成交叉作业；该区还组织本站骨干员工各带一组承包商队伍，在监督施工进度、质量的同时，也负责施工队伍在操作上的安全规范。

"实现了千头万绪的复产工作在整体推进中秩序井然，达到了风险管控的效果。"该区一名安全管理人员介绍说。

热注锅炉启动前，该区将生产现场分成了5个工作小组，先后从配电间、柱塞泵、水处理、锅炉房、汽水分离间等重点部位进行最后的检测、调试，再次确认生产运行设备的完好性、有效性、安全性。

在此基础上，该区还对站内安全复产上了"双保险"，每天安排两名专职安全监督员，全程在现场进行监督，分别从疫情防控、风险作业、现场监督、隐患排查等多方面配合承包商施工作业，确保多个施工作业项目安全有序完成。

中秋过后，该区还在锅炉房安装了七盏照明灯，在"白加黑"式的攻坚中，炉膛保温修理和机泵修理的速度对比计划提前了两天。

抓速度，更要提质量，在对配电间变频器的维修过程中，该区员工用毛刷、吹风机一遍又一遍地清理设备中的灰尘，对机泵间卫生清理、天然汽仪表配件恢复等每个细节都严格对照标准、反复确认。

目前，3台锅炉平稳运行。

优化措施　吹响上产"冲锋号"

（2022年09月29日《辽河石油报》二版　刘雪晴）

"我们将利用三天时间对全区油井测试功图，地质工程密切配合……"9月21日，曙光采油厂采油作业三区地质副主任刘如杰说道。全面复产后，该区紧盯产量目标，全面推动各项工作。

组织提速保进度。该区本着抢时率、降损失，调运行、保能力的工作思路，强化沟通协调及环节衔接，区领导班子深入一线，查找问题，共同排定重点工作计划表。地质技术动态与两所科研人员、基层技术骨干紧密结合，提前排定9—12月的运行措施，精确至每周，并且根据实际情况及时更新，每日跟进注汽锅炉复产状态。他们以最快速度恢复油井取样及化验含水工作。目前，全区取样工作已恢复正常，为下步上产措施提供数据支撑。

现场提速保平稳。该区针对受灾导致的不正常井，深入现场，分析原因，寻找对策，积极联系相关负责人，及时安排热洗、检泵、大修等处理措施。他们每日统计不正常井处理进度，努力提高油井生产时率。针对近期气温变化，他们加大监控力度，岗位员工严格执行秋冬季安全生产强化措施，各站加强巡检，督促员工密切关注各项参数变化，常观察、勤录取，及时发现异常并排查原因，将隐患第一时间消除在萌芽状态。

曙采厂严守质量关口　确保复产上产物资优质

（2022年09月29日《辽河石油报》五版　姜旭沐　刘　新）

为保证复产工作高效有序开展，曙光采油厂严格落实对复产物资质量管控工作要求，以"质量月"为契机，开展质量管理专项检查，按照"重点物资质量全程管控、应急物资质量全面检查、常规物资质量全面抽查"的原则，对复产物资质量严抓严管，杜绝假冒伪劣、以次充好。

他们依据关键物资的入库信息、重点复产现场等制定质量抽检工作量，并严格按照《辽河油田必检产品目录》等表单现场逐项检查，健全抽检台账。"我们将抽检的电缆、保温材料等关键物资取样后送到相关部门检验，在现场主要检查设备、阀门等物资的合格证和产品外观，对发现不合格的物资立刻采取停用措施，同时上报上级部门。"一名现场质量监督干部介绍了质量监督流程。

同时，以最严的标准、最快的效率、最优的服务把好物资质量关。他们坚持以"三个严肃对待、三个过硬"的纪律要求，敢于对质量监督工作动真碰硬。质量监督工作量随着抗洪复产进度剧增，主管领导既当决策者又当检验员，坚持每天带头组织对送达的复产物资严格按照相关规定进行物资质量验收，扎实做到"五检查、三核对"，确保质量监督无一漏检漏查。对每一类、每一批次复产物资的使用过程中的性能及时跟踪、及时反馈物资质量信息。建立健全了质量问题"日汇总、周报告"制度，对发现的质量问题及时汇报反馈给上级主管部门。

随着复产节奏加快，生产现场急需多种产品物资，部分供货的新厂家、

新产品在实际应用中缺少质量资料和数据,采取常规质量监督方法无法提高工作效率,于是,该厂推行"到货检验+监督抽检+现场跟踪"的强化质量监督组合模式,通过集中选调质量监督骨干,采取提前沟通和提前时间段检验、急需物资和重点物资优先抽检、专人专项现场跟踪等方式,加密抽检频次,确保每一批次产品质量合格一致,大幅度提高了复产重点急需产品物资到货使用效率。

目前,该厂通过高效有序组织关键环节、关键工序、关键物资质量监督,共检查、抽查产品30余批次,完成重点物资质量核查50批次,为提高复产时率提供了质量监督服务保障。

为快速复产上产增添底"汽"

（2022年10月01日辽河油田官微　王　远　邱大维　姜旭沐）

9月24日，曙特地区完成了132台注汽锅炉复产任务。一周过去，这些锅炉的运行情况如何？注汽量恢复情况如何？

10月1日，新闻中心报道团队来到曙采和特油的两个注汽站，为大家带来《和你在一起——走进曙特复产上产现场》特别报道第一集，看看他们如何优质高效注汽，为稠油快速复产上产增添底"汽"。

9月14日，曙采3号注汽锅炉恢复运转；9月15日，4号注汽锅炉恢复运转；9月18日，5号注汽锅炉恢复运转。在停运了65天后，曙光热注作业一区SAGD 1号站重新启运，开始向杜84馆陶油层输送能量，为区块复产上产提供保障。

随着注汽量的加大，曙采软化水供应能力出现不足，SAGD 1号站紧急启动恢复五组水处理装置任务。"十一"期间，他们首先要加班加点完成水处理装置的清理工作。

稠油复产上产，注汽系统是保障。目前，曙特地区第二批备用锅炉的维修调试也在加紧进行，为即将到来的注汽高峰做好锅炉储备。

看到水淹后的家园，他们泪目；看着慢慢恢复中的班站，他们感动；看到重新启动运行的锅炉，他们激动在连续奋战了2个月后。这个"十一"假期，员工们继续坚守在岗位上，他们心中只有一个目标：加油干，为了重建，为了上产！

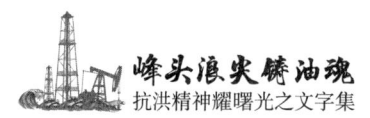

有力跳动的"心脏"

（2022年10月03日辽河油田官微　隋泠泉　季玉琪　姜旭沐）

曙四联，油田公司生产负荷最大、工艺运行最复杂的联合站。如果拿人体做比喻，曙四联就如同"心脏"，有了它的有力跳动，稠油"大动脉"才能奔流不息。

8月1日，曙四联全面水淹，8月23日，首批员工涉水进站，8月27日全员进站，9月3日，通电"复苏"……国庆期间，这颗"心脏"怎么样了？

10月3日，新闻中心报道团队走进曙光采油厂曙四联合站，带来《和你在一起——走进曙特复产上产现场》特别报道第三集，看看重建家园的奇迹。

10月3日，一场秋雨带来断崖式降温。清晨8时，曙四联门卫处的出入登记本已写满6页。院内，包括油建、设备厂家、现场监督等118名人员给管线保温、为墙体抹水泥、安窗户……各司其职，马不停蹄。

2个月前，曙四联遭遇洪水重创。如今，曙四联油、水系统已全部恢复生产，日处理能力近2.1万立方米，基本达到灾前水平。

然而，斑驳的墙面，"蜕皮"的脱水罐，一道道抹不去的水痕，都无声记录着洪水的凶悍。国庆假期，曙四联院里，除了各类机泵平稳运转的低频轰鸣声外，还夹杂着叮叮当当的施工敲击声，那是人们在"治疗"洪灾留下的"伤痕"。

曾经的食堂，门窗因浸泡变形被拆掉，工人们正在重新修缮。站长白涛跟工人们认真交代施工细节："要尽快具备开饭条件，天一天比一天冷了。"

尽管生活设施简陋，抢修一直在加速跑：40多天里，机泵、加药泵、搅拌机、加热炉……200余台瘫痪的设备，在一次次抢修调试中重焕生机。

修旧是最快、也最省钱的方式。在曙四联，设备、设施复产几乎全靠修旧。平均年龄 52 岁的员工们，人人有一股拼命的狠劲儿。

9 月 2 日，复产前一天，54 岁的大班周广长一人校了 25 台泵，平均校一个泵需要半小时到 1 小时，最后几个他是手抖着完成的。副队长王连，在这 40 多天，感冒了 3 次。无论谁劝，他也不愿意回家："我工作 35 年了，这是最累的一个月，但站里包括我在内的每个人都不愿意停下来。它，那不就是家园吗？！"他用手指一顿一顿指着脚下的地。

因为对曙四联的深厚感情，每个人干起活儿来都全力以赴。8 月 27 日，水还没全退，女员工们本可以倒班上站，大家争先恐后第一时间全来了。当天，员工们双手在水下摸索着拆对轮、拆螺丝，从水里抱出 80 多台电机提前着手抢修，为复产抢出了宝贵时间。

建站 35 年的曙四联是名副其实的老站，最近 3 年，全站员工凭着不服输的韧劲，接连获得集团公司 HSE 标准化班组、辽宁省红旗党支部等一项项来之不易的荣誉。天灾可怕，但精神坚不可摧。

不远处的酸碱罐旁，周广长正在用扳手拆卸锈蚀的螺丝，由于锈蚀严重，螺丝异常牢固。不到 10 厘米的狭小操作空间，一双粗糙的大手青筋暴露，螺丝被一点点拧动，由于用力，周广长脸憋得通红。

重建家园，并没有太多巧夺天工、神来之笔，更多是靠一步一个脚印的笨功夫。曙四联今年修建的文化长廊，被洪水浸泡后面目全非，这些天，支部书记吴尚颖带头，先后用了洗洁精、去油粉、油烟净多种洗剂，终于把它擦拭得洁净如新。"这里记录着曾经的荣誉，累的时候看一眼它，就有劲儿了。"化验岗女工刘丽菊说。

进了 10 月，就离入冬不远了，大面积做好管线、罐体保温，是新一轮挑战，"一直紧绷的弦一刻不敢松，曙四联在，家园才在！"白涛一番话掷地有声。

努力不会被辜负。曙四联一定会有更好的明天！

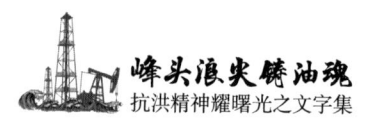

上产黄金周

（2022年10月04日辽河油田官微　靳海峰　王　凡　姜旭沐）

10月3日，曙光采油厂火驱井已全部恢复生产，360口采油井日产原油420吨，已达到灾前日产的75%以上。

100吨！200吨！300吨！400吨！复产以来，曙采厂火驱产量迅速越过四个百吨台阶。"500吨台阶最难，但我们有信心、有决心尽快跨越。"曙采厂采油作业三区区长张剑语气坚定，目光炯炯。

10月3日、4日，新闻中心报道团队走进曙采厂采油作业三区和地质研究所，带来《和你在一起——走进曙特复产上产现场》特别报道第四集，寻找火驱产量快速回升的秘密。

10月3日，在淅淅沥沥的秋雨中，曙光采油厂采油作业三区火驱井场内，抽油机循环起伏地唱着欢快的采油曲。井场不远处，火驱注空气站内，站长陈治国正带领站上员工时刻紧盯着刚刚复产的两台螺杆机。

7月9日，火驱注空气站被淹，18台螺杆机、8台往复机全部水淹停产，每天80万立方米的注空气量一夜归零。洪水退后，经过一个多月的努力，10月2日，一台往复机两台螺杆机成功复产，日注空气能力达20万立方米以上。

随着水损设备的逐渐修复，停产的其他螺杆机和往复机也将陆续投产，为火驱井产量提升注入源源不断的能量。以往，该站员工两个小时一巡检。现在，由于系统刚恢复运行，站上始终有人在控制柜上盯着现场，以便第一时间发现和处理问题。

火驱井产量的快速攀升，离不开一线员工的精心管理，也离不开科研工作者的默默付出。10月4日上午，曙光采油厂地质研究所内，火驱室主任柴标正和两名同事密切监测火驱井的地下温度变化："停注空气时间太长，对火驱油藏燃烧影响大，我们要做的就是评价影响程度，为后续上产措施提供依据。"

生产井的供液情况、气量、气体组分情况和地下温压监测情况……柴标和同事们要根据这些指标，综合判断火驱各个井组的状况，针对性编制上产和调整方案。

对柴标和同事们来说，国庆黄金周，更是上产黄金期："确保产量在最短时间内恢复到灾前水平，这是我们室的态度，也是我们全体曙光人共同的心愿。"

无论在曙特地区，还是在其他油区，许许多多员工把国庆黄金周过成上产黄金周，在紧张的工作中诠释了责任、担当和奉献。

致敬每位节日坚守岗位的辽河人！

重建"小家"

(2022年10月06日辽河油田官微 罗前彬 杨晓华 姜旭沭)

绕阳河特大洪灾,造成曙特地区大量生产生活用房被淹。油田公司统筹考虑井站关停并转减等因素,决定对其中2376间进行修复(维修2128间,新建248间),其余的进行闲置报废,全部工作量要在11月15日前完成,才能保障设备和职工温暖过冬。

国庆期间,房屋修复在凛冽秋风中火热进行。10月6日,新闻中心报道团队来到曙光采油厂,带来《和你在一起——走进曙特复产上产现场》特别报道第六集,看看修复现场火热的施工场景。

6日一大早,记者跟随曙采厂基建管理科科员王作伟来到曙四联,这是修复工作量较大的一个施工点。站外,施工队伍的车辆停了一长溜。现场十几名工人,正在对房屋进行重新装修。"这些房屋经过洪水浸泡,墙体返潮掉渣,门窗变形,需要把墙皮扒掉重新刮大白,重新装门窗。"王作伟说。仅曙采,像这样需要重新装修的砖砌房屋,就有200多间。

继续往站内走,6栋白色彩钢房已经换上新外衣。这些彩钢房安放着大泵等设备。天气越来越冷,设备怕冻堵,工程量很大,工期要求也紧。好在负责施工的油建公司队伍特别给力。9月1日接到任务后,他们起早贪黑,目前已完成12000多平方米的外墙更换,正在进行门窗更换,预计还有三四天就能完工,让设备提前住上"暖房子"。

离开曙四联,报道团队走进曙采厂采油作业七区SAGD 1号站,站内10座值班房,已有5座修复完工。作为油田产量第一大采油站,目前该站管理的 13 口 SAGD 井已全部复产，液量达到 3300 余吨。

井复产了，生活也要继续。副站长李宁当天值班，他和工人们一边精心照料着"大病初愈"油井，助推 SAGD 井产量继续回升；一边像自家房子装修一样，盯住值班房修缮的每个细节和工期，希望早一天把房屋修好。

在房屋修复过程中，曙采厂坚持"能用则用"原则，充分利用已建设施，减少新建房屋，既降低了投资，也缩短了工期。同时，提前对生产急需、越冬必需房屋进行修复；施工中，给站上留出部分房间，保障职工换衣服、上厕所等基本需求。

截至 10 月 5 日，曙采厂和特油公司已拆除房屋 543 间，修复 224 间。

在油田上下的共同努力下，更多"小家"正在重建，将为曙特地区的冬天带去更多的温暖。

献礼二十大　重登五千吨高点
曙采厂原油日产连升四个千吨台阶

（2022年10月09日《辽河石油报》一版　郑水平）

10月8日辽河晨报显示，曙光采油厂当日开井2038口，日注蒸汽19578吨，日产原油5338吨。从9月3日的1005吨到9月底跨过5000吨，在一个月不到的时间里，该厂原油日产连升4个千吨台阶。这是该厂成功应对复产大考，向即将召开的党的二十大献上的一份厚礼。

"没有想到今年遭遇的水灾这么重，没有想到员工的干劲这么足，没有想到复产速度这么快。"三个没想到是近日记者采访基层作业区时，听到最多的意思表达。

"最高水深达6米，只见汪洋不见站。"是采油作业六区主任门福信对该区洪水灾情的描述。从8月26日该区干部员工身着叉裤长筒靴进站排水，到9月5日该区排完最后一滴洪水打响复产上产保卫战，短短10天时间，该区即恢复油井450口，恢复日产400吨，目前该作业区日产量升至935吨。"因在水中浸泡时间较长，除少数油井开抽后出现卡井的生产问题外，目前作业区所有油井已经具备生产条件。"门福信表示。

"最高一天开井66口，中秋节当日即开井48口。"采油一区主任郑军表示。此次复产，作业区突出一个"抢"字。8月26日，具备复产条件后，各家单位争先恐后恢复生产，锦州采油厂来作业区的挂职干部、本区副主任、机关组长兵分多路与采油厂对口科室协调电机、配电柜、抽油机等生产设备，早出晚归、争分夺秒。用郑军的话说，那段时间，大家天天"长"在生产一线，没有干部，都是工人，大家实在太拼了。目前作业区日产 1100 吨，比高峰时还差不到 100 吨。

SAGD 开发是曙光采油厂稳定产量大盘子的重头戏，在采油七区主任王林看来，"超前预判，超前部署，超前解决"是将 SAGD 产能损失降至最低的关键，目前作业区原油日产 1220 吨，日产液量达到灾前水平，产油量比灾前每日高出 30 吨，原因是含水比灾前下降了 6～8 个百分点。目前该作业区油井全部达到灾前生产能力。

第五篇
故事讲述

年轻就要能顶上去

——记采油作业一区 23 号站站长刘震

2022 年 7 月初,盛夏夜晚,暑气逼人,蚊虫紧随。在采油作业一区 23 号站大坝上,一个年轻的身影又出现在了这里,他就是采油作业一区 23 号站站长刘震。为了及时掌握水情,科学判断处置,这个大坝成了他工作之余、最频繁"光顾"的地点。

1990 年出生的他,刚刚接任 23 号站站长。同事眼里的他,不善言辞,就知道干活,是站上最忙的人。进入 2022 年 7 月,绕阳河水位持续抬升,采油作业一区 23 号站坝内水位急剧上涨,而 23 号站大坝下新井平台由于进场路地势极低,水大量流向井场,严重影响了部分井的正常生产。为此,看护井场水情成了刘震的头等大事。

7 月 10 日 18 时,刚刚坐到饭桌旁边的刘震接到电话:"23 号站大坝下南北路段及溢油应急处置中心的东西路出现大面积溢水,水位上涨造成部分路段被水冲垮!"险情就是命令!顾不上吃饭,刘震赶到现场,协调 6 台钩机、10 余辆料车进行路段抢险。当时,路面积水很深,潮水灌满了雨鞋,每走一步都无比艰难,脚因为一直泡在靴子里,又酸又胀,早已失去了知觉。他顾不上这些,步履蹒跚、满身泥泞地往返于井场路段。

11 日凌晨 1 时 30 分,经过争分夺秒的奋战,1500 米全路段抢险成功!据同事回忆,回站的路上,刘震走在前面,单薄的身影有点打晃。"早上,我们都以为他得找空歇歇,没想到他精神抖擞,一早就快速安排完了工作。"当接到"施工车辆马上就到"的通知,他又二话没说赶到现场,统计拉料情况,协调钩机施工,提示注意事项。

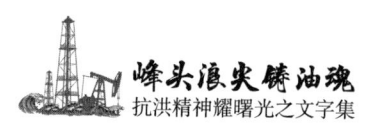

在抗洪这段日子里，刘震平均每天工作超过 15 个小时，二十一二点钟回家是常事，即使到家了也是一个电话就立即赶赴现场。

由于形势需要，全区的砂石料全部堆放在 23 号站，刘震主动承担起砂料的发放、领取工作，每天早 5 点，当人们还在熟睡中，他就早早地来到作业区提前完成准备工作。到了站上，他又忙着装沙袋、扛沙袋、垒沙袋，对大坝进行加固。一个夏天过去，手磨破了，脸爆皮了，原本就瘦高的他更瘦了。身边的同事都劝他："连上了好几十天班了，铁打的人也受不住，歇一天！""我回家也是一个人，人在这，心安些。"他腼腆一笑说道。

曾经有人说，"90 后"是垮掉的一代。然而，从巡逻堤坝到排除险情，刘震一直坚守抗洪第一线，用实际行动，为自己，也为"90 后"正言，用责任与担当筑起一道道坚固防线。

（采油作业一区　刘高昕　刘　震）

第五篇　故事讲述——抗洪篇

保障线上看老骥伏枥

——记采油作业一区司机王国庆

2022年7月，抗洪人员几乎每天都"蒸"在高温里，"烤"在炽阳下，夜晚又被"包"在蚊虫中。这种燥热天气加上时不时突如其来的大雨、日益上涨的水位，更加让人悬心。2021年，曙光采油厂刚刚经历了30年不遇的洪水，今年的形势也决不能放松警惕。采油作业一区司机王国庆想到这些，不禁心头一紧。

熟悉的人都知道，王国庆有多年的冠心病史，还曾经做过心包支架手术，为了缓解病情，每天药不离身。

平日里，作为值班司机，王国庆并不需要每天到井站报到，也不用干肩扛手提的力气活儿。可洪灾面前，他主动担当，尽自己最大的力量守护着这条抗洪保障线。

7月6日起，连天大雨如注，最考验人的时候到了，由于绕阳河水位急速上涨，堤坝相继出现险情。在接到抢险通知后，王国庆立刻行动起来。现场车多人杂，他用熟练的驾驶技术穿梭于各种救援车辆之间，保证人员、物资运送到位。

作为司机师傅，王国庆每天除了完成本职工作，还坚持和大家一起装沙袋、递沙袋、扛沙袋、码沙袋，争分夺秒、忘我奋战，实在累得熬不住，就在车里眯一会儿，短暂休息后又回到现场。身上的衣服在汗水和烈日的共同作用下留下了明显的白色盐渍，黝黑的皮肤又被烈日灼爆了皮，脚底板的水泡这边破后那边又起。

一次坝体抢险，王国庆与兄弟们一直干到次日凌晨2时，抢险任务终于

告一段落时,他才发现,潮水灌入鞋子,脚由于浸泡变得浮肿,肩膀也累到抬不起来。可这时又有新的任务,来不及休息,他赶紧赶去下一个抢险点加固堤坝。凌晨3时30分,结束工作后,开上回程车的他早已大汗淋漓。

从7月6日起,王国庆在抗洪复产战役里从未停歇,需要接送人员到前线,他随叫随到;需要运输物资到达现场,他毫无怨言;需要拉料卸料加固大坝,他冲锋在前。他几乎每天都工作到后半夜,为了抢险需要,连轴转也是家常便饭。

看着日渐消瘦黝黑的王国庆,家人不禁劝他:"你都50多了,咋还这么拼?""大家都在拼命干,在困难面前,咱必须顶住,不能掉链子。为了保住大坝,保住咱厂的阵地,再苦再累再难也得干!"话虽朴实,却透着一股子难不住、打不倒、加油干的精神。王国庆在这场抗洪复产的战役中,冲锋在前,战斗不止,坚守着运输供给保障线,用自己的行动诠释了曙采人众志成城、不怕困难、顽强拼搏的昂扬斗志。

(采油作业一区 刘高昕 王国庆)

守住安全底线　保卫员工平安
——记采油作业一区安全组组长王奎淞

"救生衣上腰间卡扣可得系紧了！""你的探路杆带没带？""防暑降温物品备上没？"自抗洪抢险以来，每日清晨，在采油作业一区大门口总能看到一个身影，事无巨细地检查着上岗前的安全工作，叮嘱每名员工现场可能存在的风险，他就是采油作业一区安全组组长王奎淞。

2022年7月，洪潮来袭，一区3座采油站、近150口油井关停。井站虽停，安全环保责任却更重，每天必须有专人乘船进入水淹区域巡检。船行缓慢，井站分布零散，一进去就得几个小时，烈日当头，实在煎熬。"我熟悉情况，让我来！"王奎淞主动请缨。从此，他每天又增加了一项重要任务——在乘船点指挥人员登船、领着船队巡检水淹区域。

7月17日下午，巡检期间，乌云密布，大雨倾盆，王奎淞见雨势急、风又大，立刻指挥各船队靠岸避险，清点船只后发现，108采油站站长顾洪玉负责的船一直联系不上，现场气氛紧张了起来。已经靠岸的王奎淞丝毫没有犹豫，毅然返回洪水区域。雨越下越大，砸在脸上，让人睁不开眼、看不清路，浇进船内，船里水越积越多，很快就没过了脚踝。王奎淞一面沉着指挥躲避水面杂物，一面迅速往外舀水，一次又一次，脸上早已分不清是雨水还是汗水。终于，前方发现了失联船只！这时，王奎淞才松了一口气。

高温、暴晒、疾风、骤雨考验下，不到十天，他已累计组织120余次出船、300余人次进出水淹区域，巡检未发生一起安全环保事件，出色地完成了任务。

陀螺永不停转。随着防洪压力增大，大坝所需用料紧张，急需人员配合

组织卸料工作，王奎淞带领大家，一会儿指挥交通，一会儿登记台账，一会儿拍照留证。

白天高温、夜间潮湿，蚊虫叮咬、睡眠严重不足，导致王奎淞免疫力严重下降。感冒初期他咬牙坚持，几天后病情更加严重，高烧不退，作业区领导让他立刻回家休息。为了不影响工作进度，王奎淞每天晚上去医院输液，第二天又悄悄返回岗位。在作业区抗洪最紧张、最艰难的4个昼夜中，他组织防洪用料装卸170多车，为大坝安全提供了坚强保障。

特殊时期，拿什么守护安全底线？

王奎淞有着自己的理解。首先，得有一张"婆婆嘴"，再唠叨也不为过；其次，得有一双"勤快腿"，每天几万步是常态；然后，还得有两只"智慧眼"，第一时间发现处理隐患，确保防汛抗洪工作安全有效开展。

（采油作业一区　高　鑫　王奎淞）

第五篇　故事讲述——抗洪篇

紧急关站

——记采油作业一区 103 采油站站长王利新

2022年8月1日上午9时，103采油站站长王利新接到作业区调度紧急通知，受洪水影响要求立刻完成关井关站，组织人员安全撤离。

本已坚守一天一夜的王利新此时身心俱疲，但是险情就是命令，一线就是战场，他迅速召开党小组会布置工作任务："同志们，由于防汛形势严峻，现在我们必须在最短时间内完成关井关站工作，立即启动关井应急预案。今天我们共有7名员工上班，第一小组王军与李合营负责关停东面50口井，第二小组蒋斌与孙国栋负责关停西边的51口井，第三组李福贺、王刚负责关闭站内炉火停输油泵，翻斗量油装置转移和架高，电工张祎负责切断变压器电源。现在是考验我们站的关键时刻，大家有事情及时向我汇报，请大家务必迅速行动起来，确保关井关站工作在最短时间内完成。"

关井小组成员迅速各司其职，配合默契。停抽、拉刹车、断电、倒流程，像齿轮般安全、精准有序地完成每个动作，10口、20口、50口、101口……关井小组成员不惧井场的泥泞、烈日的暴晒、蚊虫的叮咬，关闭高压闸板300多个，拉死刹车100多个、断配电柜空气开关100多次、微信步数20000多步，这些数字见证了紧急时刻采油站石油工人的担当和敬业，也展现了采油厂和作业区平时对采油站应急处置能力的重视程度。

11时，不到两个小时站长王利新接到101口油井全部关完的消息，他匆匆赶往井场，对蒸汽驱容易出砂的重点油井的流程关闭情况进行再次确认，确保复产时直接具备开井条件。确认完后他又马不停蹄地返回站内，对站内各个加热炉罐位进行检查，特别是排污地罐落实封堵情况和液位现状，防止

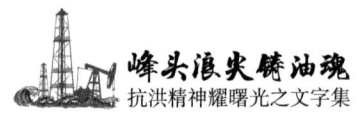

发生污染和漂移。

"王站长,李哥由于紧急关井,现在有点头晕,好像中暑了。"由于高强度作业,在回来的路上李福贺因为中暑晕倒在井场,脸色苍白,安全帽下被汗水打湿的头发紧贴着额头,汗珠如豆大般滴落。王利新立刻和作业区领导汇报,不到5分钟主任郑军赶到现场了解情况。正在井站组织人员撤离的周鹰厂长听说这件事后迅速赶到井场看望,给他遮阴,让他喝水休息,确认没有大碍后,及时把李福贺搀扶到撤离的客车里,他又立刻投入到人员撤离的工作中。

等到全站人员到齐,站长王利新立即开始清点人数,组织班站员工有序撤离。班车上,有的员工安全帽还戴在头上,有的手上的油还来不及擦掉,有的还穿着一身泥泞的工服,但是全站人员没有一丝抱怨,正是有采油厂和作业区的紧急部署、站长王利新精确缜密的工作安排、全站员工的团结协作,才能在两个小时内快速、安全、高效地完成关井关站的艰巨任务。

沙哑的声音,黝黑的脸庞,这是近一个月防汛护堤、奔走一线留在站长王利新身上的鲜明印记。他与103采油站的党员职工们一同守护油井,保卫家园,石油人永不言弃的精神在他们身上体现得淋漓尽致。

(采油作业一区 高 鑫 王利新)

老站长洪水攻坚勇逆行

——记采油作业二区 202 采油站站长季路阳

2022 年注定是不平凡的一年，疫情反复，持续高温，洪水肆虐。然而，灾难面前总有一群勇士逆行出征。

8 月 15 日，天晴得像一张蓝色的纸，几片薄薄的白云，仿佛就要被晒化了似的，随风缓缓飘荡，一切显得那么平静而自然。但在采油作业二区 202 采油站站内，大家却干得热火朝天，"今天开始，我们站要复产啦！"虽然天气炎热难耐，工作繁忙艰苦，但是站上每一个人的脸上都洋溢着喜悦的笑容。站长季路阳尤其高兴，连额头深深的皱纹，也舒展了许多，透着欣慰。

指针回拨到半个月前紧急撤离的那天。8 月 1 日中午 11 时，季路阳接到一通紧急电话："曙四联国坝发生险情，赶紧关井关站！迅速抢救设备！听好电话，随时准备撤离！"时间紧、任务重，季路阳嘴里分配着工作，手里一刻不停，拆电机、倒流程、检查罐位、指挥吊车……回头看见李晓峰准备出去关井，他千叮咛万嘱咐："断空开，拉刹车，停到下死点！绝缘手套和靴子带没带？506 水深！"看到女工收拾资料，他反复强调："重要的带走，不重要的放到高处。"一边说，一边搬起一大摞报表抬到柜顶上。这时，季路阳的手机又响了起来，汗水沿着脸颊不停地往下落，红色的工服早已泛白。搬完报表他又急忙跑向吊车，"吊不出来，拆靠背轮螺丝，快！快！"说着拿起扳手就拆。一整个下午，季路阳忙碌的身影穿梭在站内每个角落。

17 时，为了安全起见，季路阳让站上其他人先回家，只剩下他和另外一名员工等待运送物资的车辆。酷暑难耐，他们坐在台阶上大口地喝水，喝完又把水浇在头上，就这样静静地等待着。最终，他们把站上的重要物资全部

安全运送入库。回到单位,只见作业区门口的台阶上已坐满了吃盒饭的兄弟们,季路阳也坐了下来,看着他大口地吃着盒饭,同事好奇地问道:"季哥,我都累得吃不下了,你咋胃口这么好?""至少,站上要紧的,都搬回来了!"话音刚落,作业区党总支书记安金龙跑过来说:"前线吃紧,需要咱们出 10 人支援,谁还能上?"季路阳嘴里的饭还没咽下就举手示意:"我去!"放下还未吃完的盒饭,季路阳又紧急赶往下一个任务点。

随着洪水渐退,一切又恢复了平静。在这场大考中升华的抗洪精神依然燃烧着每位逆行者的工作热情。面对繁重的复产上产任务,57 岁的季路阳没有停歇,他坚守岗位,全力以赴迎接新的挑战。

(采油作业二区 赵 磊)

我的身体能行

——记采油作业二区 205 采油站副站长毛忠

"快,快,老高和小刘,你俩赶紧去关井,关闭注水闸门,停止一切运行设备,刚刚接到上级通知,要紧急撤离!"这个急切的声音,来自采油作业二区 205 采油站副站长毛忠。说话间,他的手中依然没有停下旋转闸门的动作。

"报告,我们 205 采油站已全部撤离,所有男员工 24 人待命,请指示!"毛忠的气儿还没喘平,又赶紧向上级汇报情况。

通完电话,站上员工李雷赶紧扶住毛忠,劝他坐下来歇歇。原来,在 2018 年 6 月,毛忠做了心脏支架手术,术后需要常年吃药来维持,医院大夫千叮咛万嘱咐让他不能过于劳累。可面对来势汹汹的洪水,毛忠义无反顾地冲锋在前,坚守在一线岗位上。单位领导和同事不放心,时不时留意着情况,劝他休息。

"不用担心,我的身体能行!咱共产党员,关键时就得能冲得出去。""对付洪水咱有经验,但这么大的洪水,我也是头一回见。没事,只要大家齐心协力,肯定能过了这场难关!"这是 2022 年 7 月以来,毛忠说过最多的话。他既是给别人加油,也是给自己打气。

7 月末,连续三天的暴雨导致杜古潜山区块发生水淹,造成采油作业二区 7 座采油站进水,上百个井场、上百口油井受淹。一站受灾,全区帮忙。毛忠及时组织站内男员工奔赴抗洪一线,帮助受灾的兄弟井站,装沙袋、运沙袋,将沙袋垒得层层高,同时加班加点巡查水位。

为了第一时间掌握雨情、水情,毛忠睁眼第一件事就是查询天气预报,到单位第一件事就是了解站上水位情况,每天都盘算着一旦出现情况如何抢

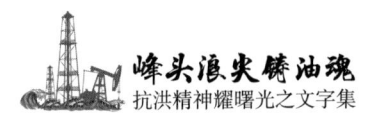

险救灾。由于准备充分、处理妥当、行动迅速,撤离时全站有条不紊、不慌不乱,人员各司其职,井站设备完好,无一缺失,无一损坏,为第一时间全面复工复产打下了良好的基础。

(采油作业二区　高绮妮　王海英)

第五篇　故事讲述——抗洪篇

责任在肩　奉献在前

——记采油作业二区 211 采油站副站长程秀领

当汛情来临时，他的足迹踏遍井站；当险情出现时，他的身影奋勇向前。他就是采油作业二区 211 采油站副站长程秀领。

2022 年 7 月以来，211 采油站关停班站 3 座，关井 42 口，产量损失严重。作为班站干部，程秀领坚定地认为，自然灾害难以避免，但减少产量损失是可以通过努力做到的。

他，身先士卒冲锋在前。防汛救灾战役打响以后，程秀领始终坚守第一线，身上的衣服被雨水淋湿，被汗水浸透，被泥土飞溅，几乎从未干过。一直没有回家的他，只能在深夜给家里打个电话。为了保障工作人员的人身安全，程秀领及时掌握水位情况，细致统计进出人员。"虽然在基层，但'人民至上、生命至上'咱也懂，必须做好！"

他，尽职尽责临危不乱。按照作业区要求，程秀领及时研究班站防汛抗洪工作，制定人员和设备转移方案。每天和工作人员一起巡逻，察看汛情，密切监控跨河、穿河、沿河管线，及时在水淹风险区域油井周围布设隔油栏。

他，心系油田勇挑重担。在抢救物资时，程秀领负责 33 号、34 号、35 号站内的外输油泵、电机、空调等重要物资和站内重要生产资料转移。连日大雨，程秀领眼睛熬得红肿，脚掌泡得惨白，手机也被雨水浇湿，全身湿透的他无暇多想，全身心地投入到物资和资料的转移工作中。物资运送完成，抢险告一段落，程秀领新买的手机却因为长时间的雨水浸泡提前"下岗"。

狂风暴雨，挡不住他冲锋在前、抢救物资的脚步，就像那首歌唱的一样："泥巴裹满裤腿，汗水湿透衣背，我不知道你是谁，我却知道你为了谁……"

（采油作业二区　李丙帅）

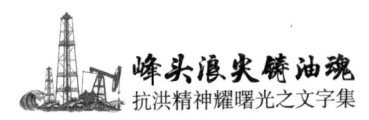

这次抗洪让人难忘

——采油作业二区 203 采油站撤离复产记

2022年8月1日,是令人难忘的一天。炙热的太阳烘烤着大地,空气中弥漫着闷热的气息。刚吃过午饭,采油作业二区 203 采油站站长常彬接到电话后神情凝重:"洪灾形势严峻,上级指示我们站开始有序撤离。27 口油井、32 口水井都要关井,重要的文件整装成箱,不能浸水的设备设施尽最大努力转移,不能转移的迅速抬到高处!"这是 203 采油站建站以来第一次经历关井关站考验。

听从指挥,有序撤离

员工杨松第一时间去井场关闭所有油、水井,当时正值正午时分,顶着炎炎烈日,他穿梭在各个油井之间。女员工们也积极投入这场抢险战役,她们将 300 余米长、40 斤重的隔围栏,整齐地摆放在班站四周。吴静丽的胳膊被树枝刮破了,闫艳的手磨出了茧子,却丝毫没有影响进度。就连身体不适的陈建伟,此时也加入到抢险队伍中,拆电机、扛设备、搬运物资,忍着病痛忙里忙外。在这紧要关头,大家心中只有一个共同的信念:尽最大可能保护井站。

紧要关头,我要先上

在抗洪抢险的日子里,常彬时刻关注着水位,心系采油井站。洪水稍退时,他带领田伟、邓小龙蹚着齐腰深的水一步步艰难走向采油站。整个站矗立在水中,一片汪洋,水已漫过稻田,没过台阶,涌进了所有房间,桌子、椅子、柜子全都浸泡在水里,幸亏当时将机泵拆除、运走,否则损失惨重。

抗洪复产，我们全在

当洪水退去，淤泥沉淀。常彬第一时间带领全站员工上站开展消毒、清淤等工作。他们尽快清点井站设备设施受损情况，及时调配设备，更换电器电缆，每天都忙到晚上十八九点钟，为恢复生产做好充分准备。经过近一周的辛勤工作，203采油站基本恢复了正常生产。

（采油作业二区　王　巍）

吹响抗洪"集结号" 党员一线践初心

——采油作业三区党总支全力组织防汛抗洪

自2022年6月27日起,受连续强降雨、上游泄洪、天文大潮等多重影响,绕阳河水位持续上涨。面对突如其来的汛情,采油作业三区党总支吹响防汛抢险"集结号",党员敢于担当,干部勇于奉献,员工积极响应,以实际行动践行初心使命,在防汛一线筑起了一道冲不垮的"红色堤坝"。

勇敢逆行,向着迎战洪水最前沿火速集结

党总支立足防大汛、抗大险、救大灾,将防汛抗洪作为首要任务全力以赴。随着水位骤升、关井、关站,党总支成立由领导班子、机关干部、基层人员组成的抗洪抢险小分队,每日6时30分,穿戴好劳保用品及救生衣,准时出发奔赴现场,巡坝固坝、监测水位、查险除险。领导班子以"时时放心不下"的责任感,每天驻守抗洪一线,协调处理防汛工作,保证抗洪抢险各项工作高效进行。

迎风而飘,在抗洪一线插上吹不倒的党旗

一个党员一面旗,一个支部一段堤。3.5千米的防洪堤坝上,国旗、党旗迎风飘扬。启动防洪应急预案后,党总支第一时间成立抗洪抢险党员突击队、临时党支部,在注空气站设立应急指挥部,多次召开现场会议,不断完善应急预案,做好各项防汛应急措施。临时党支部队员们巡坝固坝,铺设隔油栏,24小时监护排涝泵运行情况。各党支部书记带头坚守抗洪一线、连续奋战,为打赢抗洪抢险攻坚战提供了坚强的组织保障。

敢挑重担,在急难险重中彰显党员担当

汛情就是"集结号",险情就是"冲锋号",哪里汛情最急最重,哪里就能看到党员干部"一抹红"。7月11日21时,32号站一字堤发生两处管涌,已坚守了三天三夜的作业区主任张剑,立即带领党员突击队第一时间奔赴现场,卸砂料、装沙袋、垒大坝,连续4小时加紧作业,成功封堵管涌。党总支书记孙骥壮在搬运沙袋过程中,突发腰脱,但他依然坚持带病作战,任凭大家如何劝说也坚决不离开抗洪一线。灾情面前,党员干部亮身份、做表率,成为防汛抗洪的"领头人""主心骨"。

(采油作业三区　焦志洪)

电路"指挥官"

——记采油作业三区 314 采油站电工姜鸿泽

"一二三,分!"

"这里还剩三组,五分钟后断开。"

说话的人叫姜鸿泽,一名基层班站的"80后"电工。拆磁力、挪电机、断空气开关、拉令克,这些日常工作在此刻变得紧张万分。9小时内关停油井 74 口、拆除电气设备 31 台次、断开令克 15 组,这无疑是在与时间赛跑,与洪水竞速。

自参加工作以来,姜鸿泽始终兢兢业业,不断研究探索,攻克了多项生产中电力设备难题,先后荣获油田公司优秀共产党员、采油厂优秀员工等荣誉称号。

经历了数次抗洪复产,姜鸿泽早有一定的经验和准备。虽然知道这次抗洪一定又是个难啃的"硬骨头",但连续数日从早七点到晚十点做着拆除设备、扛运沙袋、铺设防渗布等高强度工作,还是让他的身体吃不消了。后颈蜕皮、手部晒伤还是最轻的,由于自身血糖高,加上穿着靴子在泥泞中行走,脏水随时可能倒灌进鞋里,双脚已经开始出现溃烂。轻伤不下火线。姜鸿泽坚持认为,这点伤痛不能是受到照顾的理由,他只是简单地消毒处理,继续投入工作。每当被同事问起需不需要休息的时候,他总是嘿嘿一笑说:"我不累,但就是饭量大,中午我可以多吃点吗?"说完后,原本黝黑的脸上还闪着些许难为情。

姜鸿泽只是普通的一名电工,家里有年幼的孩子需要陪伴,年迈的母亲刚刚出院更是需要照料,但这些困难他都默默扛下。

第五篇 故事讲述——抗洪篇

7月11日晚,32号站一字堤出现管涌,为避免溃坝,作业区在确认水退至坝面以下时,第一时间组织抢险小组。刚刚返到单位的姜鸿泽来不及洗把脸,只换了双干靴子,就又奔赴一线抢险,架设应急灯、标记管涌……一系列操作烂熟于心、行云流水,一点儿都看不出疲劳。三个半小时转瞬即逝,经过封堵后,管涌处水流越来越小,众人悬着的心也随之落地。

(采油作业三区　祁卓君)

板砖"英俊"哥

——记采油作业四区应急保障班班长赵新宇

"倒,倒,再来一点,好,停!"2022年7月6日晚上7点半,三区32号站路口的水里站了一位穿着黄色制服疏导车辆的同志——7点接到交通管理中心紧急电话后,赵新宇便火速出发赶往现场。

水位涨高需要大批砂石料加固堤坝,上料车一多,又造成了交通拥堵。赵新宇赶到现场一看,几百台车都在路上,拥堵非常严重,32站路口已经开始上水,情急之下他直接站在水里开始疏导交通,一分钟都没有闲下来,一直到凌晨3点40分,路面终于通畅了。这之后的连续多日,他都是白天做好分内工作,晚上去交通疏导执勤,每天回家都是后半夜。

赵新宇今年50周岁,是采油作业四区应急保障班班长,兼管作业区电焊班、司机班和注聚监督工作。因为浓眉大眼长相帅气,大家都叫他"英俊"哥。

根据厂里工作安排,赵新宇去到交通管理中心在曙四联路段防洪执勤点参加执勤工作。无论白天晚上,哪里有需要,他肯定第一个冲上。在防洪最紧张的时期,曙13支路因水势较大,需要重新叠坝加固,他连续执勤三天两夜,实在累了,就在车里歇歇脚,休息片刻又投入战斗,脚上磨的水泡消了长,长了消,变成了茧子。

早在该区成立应急队伍时,"英俊"哥都是每天六点半前就到达单位,打扫会议室进行消杀,组织安排当日车辆工作,然后开车运送抢险应急队员去现场,最早出车、最晚收车的人一定是他。

根据水位上涨情况,四区也需要紧急关井关站,赵新宇安排好作业区需要的各种车辆等工作后,又开着车拉着机关同志一起跑现场。哪里需要车辆,哪里需要人员,只要一句话,"英俊"哥绝对义不容辞。

曙二转拉油期间,除了在曙二转路段疏导交通,"英俊"哥又给自己增加了工作量,和机关同志一起对出入曙二转拉油罐车进行安全检查,重点检查车辆是否打好铅封,是否符合要求,每天都忙到晚上10点才回家。

"我是一块板砖,哪里需要哪里搬!"抗洪期间,"英俊"哥是这么说的,也是这么做的。

(采油作业四区　何冬蕾)

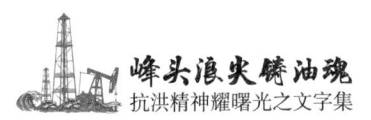

连轴转的"10086"

——记采油作业四区调度长邹峥禄

"小邹,醒醒!邹儿,快醒醒!"2022年8月11日的凌晨3点半,在曙13支大坝上,采油作业四区生产副主任正摇晃着邹峥禄的肩膀试图叫醒他。听见了声音的邹峥禄迷迷糊糊地睁开眼睛,发现自己竟躺在堤坝上,脑袋下面不到20厘米处就是涨起来的河水。

今年35岁的邹峥禄是该区的生产调度长,由于前期该区属非涉水区域,汛情严重后,他每日白天组织协调作业区各项生产应急工作,晚上再赶去坝上支援抗洪巡坝工作,夜以继日地连轴转,工作量满负荷,精神高度紧张,工作电话始终不间断,就连超长续航的蓝牙耳机他也只能用到下午就没有电了,大家开玩笑送了他个外号——"10086"。

抗洪这一个多月来,他没有时间甚至想不起来睡觉,实在累了,就在值班室打上两三个小时的盹儿,然后又继续下一项工作。看到他本人,才知道原来真的有废寝忘食这回事!

这天,邹峥禄忙完工作已是凌晨1点半,才睡下没一会儿,又接到紧急任务,凌晨三点钟赶到坝上巡坝。巡完坝,他便坐在坝上跟同事们研究当天工作中遇到的问题。据在场的员工曹红成说,当时他话说了一半,众人还等着那下半句,可是他却身子一歪,睡着了……为产量操心,为汛情着急,导致邹峥禄感冒,嗓子发炎,咳嗽不断,由于一直没有得到休息,到现在都没有好。

该区410采油站的3-7号站有3口位于坝外的油井,6月29日晚上8点10分,水位已经达到了前所未有的高度,井场地势又是周围最低的,眼看着水位还在上涨，再深人就进不去了。邹峥禄就带着副站长杨东穿着叉裤，一手打着手电，一手拿着探路杆，蹚着齐胸深的水去关停坝外的3口油井。一路上，只能通过周围熟悉的障碍物去分辨井场的位置，平时5分钟的路程竟然走了50分钟，待他们返回的时候路边的草都已经淹没了。邹峥禄露在外面的两只手，被蚊子叮了40多个硬硬的"红包"。

紧急关站时期，为了防止地罐上水后飘起来，邹峥禄带着员工给地罐加水6罐次。中途发现1处危险点源存在环保风险，他立即组织整改，这一干就是一下午加一个晚上，回到作业区已是后半夜2点半。

8月1日，作业区接到全区关井关站的紧急通知，为了保证管线不会在洪水中堵塞，邹峥禄带着三组水泥车和罐车用了两天一夜，将曙古潜山至曙二转油站全程14千米外输干线里的原油替换出来。接到曙一联关站通知后，在没有车和水却只有2个小时的紧急情况下，邹峥禄灵机一动，因地制宜，决定加大古潜山来水排量提高曙二转罐位，利用底水替换出曙二转至曙一联管线的原油，为后期能第一时间复产打下了基础。

一个多月了，家在兴隆台的邹峥禄都没有回过家，女儿放了一个多月暑假没见过爸爸。问他什么时候能回家，他睁着那双布满血丝、一看就是严重缺乏休息的大眼睛说："应该是快了！"

（采油作业四区　何冬蕾）

送餐大哥曹"坚持"

——记采油作业四区 407 采油站站长曹红成

"饭来了,饭来了,弟兄们快来吃饭吧!" 2022 年 8 月 4 日,在污水处理厂门前,有辆小摩托车拉着满满 8 兜子盒饭分发给当天参加应急工作的同事们。骑摩托车的人,是采油作业四区 407 采油站站长曹红成,"你们先吃着,我再去把水拉进来。"发完盒饭,他直接调头又出发了。

这天,身为应急小队队员的曹红成和同事们一起来到污水处理厂门前进行沙土装袋工作。大伙两人铲沙,一人持袋,三人一组,在烈日下干得热火朝天,根本顾不上旁边的翻斗车、铲车作业时带起的满天灰尘。实在累了,就地坐下缓口气再起来接着干。

这段时间,从作业一大队到污水处理厂门前的这段路,每天都布满了各种各样的施工车辆,队员们都是戴着安全帽、扛着铁锹、穿着救生衣,从作业一大队下车步行半个小时到污水处理厂门前开展应急工作。为了让大家节省点体力,避免中暑,曹红成就骑上他的小摩托,把大家伙的铁锹和救生衣载上驮到目的地。

中午 12 点,干了半天体力劳动的大伙已经饿得前胸贴后背了,可是送饭车却迟迟未到,原来由于路上排满了车,送饭车进不来。这可怎么办?曹红成就骑着摩托车去找送餐车,一趟趟地往返于大车旁边的小路,取送完盒饭再取送水。"多亏了曹大哥的小摩托,要不然大家吃饭都是个难题啊!"该区调度长邹峥禄这样说。

曹红成不仅负责送餐,还承担着很多防汛应急任务。8 月 3 日凌晨 4 点,曹红成跟邹峥禄去曙 13 支巡线。上午 10 点,他在工作群里向生产副主任韩伟汇报工作,韩伟心疼他,叫他赶紧回大队休息,可他却说:"没事,领导,已经有一部分人回去休息了,我还能坚持!"这之后,曹红成就有了个新的外号——曹"坚持"。

8月7日是曹红成印象深刻的一天,他跟队员们去往曙四联大坝下面水里清淤。在七分厂下了车,蹚着齐大腿根的水前行,水越来越深,人行走不了,就站到铲车铲子上继续前进,铲车轱辘快淹没的时候坐船,几番周转来到曙四联大坝。正干得起劲儿,突然下起了倾盆大雨,曹红成身上只有救生衣没穿雨衣,被雨浇了个透心凉。雨停了,太阳出来了还特别晒,回程时走到半道船坏了,他们就顶着太阳在船上等待救援,到家又是八点多钟,鞋子脱下来还能倒出雨水,捂了一天的脚都泡白磨破了。

夜里12点,曹红成放在枕边的手机响起来,他迅速爬起赶到曙十三支现场,指认从4-8号站到4-10号站再到污水处理厂沿途是否有管线,然后进行交底,避免挖沟机施工时挖断管线以及电缆。随后,他去到407采油站所辖的4-8号站和4-10号站巡检,等确保一切正常回到家中,天已经见亮了。

(采油作业四区　何冬蕾)

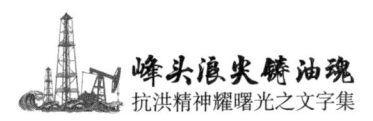

专业蹚水的小杨

——记采油作业四区 409 采油站副站长杨赜恺

"小杨,今晚洪水可能会到达咱们站,你来一趟吧,咱们得上去把 500 方大罐打点水!"2022 年 8 月 3 日晚上 7 点 30 分,刚吃完晚饭的杨赜恺正与两岁孩子玩耍,突然被一阵急促的电话铃打断。"好的,我马上过去!"他回过头跟妻子说了一声,转身下楼开车直奔单位。

今年 30 岁的杨赜恺是采油作业四区 409 采油站的副站长,身为"90 后"的年轻基层管理人员,负责协助站长抓生产和单井管理。防汛前期该区属非涉水区域,汛情严重后,他每天与站长组织各项生产工作及抗洪应急工作。

晚上 8 点 20 分,杨赜恺已经到达站上。站长在站内负责导通流程,他则带领一名员工以及作业区协调来的泵车与水罐车到井上连接管线。为了防止上水后地罐等设备飘起来,需要往站里 500 立方米储油罐打水。当时联合站全部关闭,没有水可以拉,时间紧、任务重,他灵机一动,决定利用上水渠抽水进水罐,然后再用另一台泵车从单井往站里打水。当他完成工作回到作业区已是晚上 11 点多了,身上的工服早已被汗水全部打湿,脸上和手上也不知道被叮了多少包。

8 月 5 日,作为应急小队队员的杨赜恺去执行应急抢险工作,当天的任务是巡坝,因六分场地区进不去车辆,他就跟大家穿上厚厚的救生衣从六分场坝口徒步十几千米走到曙四联坝口,巡完坝再返回,回来后大家都累得直接坐到了地上。吃完中午饭还没歇上十分钟,杨赜恺在得知自己站上的一口井的废弃地罐由于洪水的原因飘了起来,便顾不得疲累,主动请缨与站长去水淹区域。距离目的地还有大概两千米时,车辆再也开不进去了,他就与站长下车抬着小型抽水泵往里蹚。

路上，站长说："你走了一上午了，还能行吗？不行你就不要进去了。"杨赜恺笑了笑说道："放心吧，站长。我可是海军出身，专业的，水性肯定比你好！"到达井场时，水已经没到胸口了。两人将废弃地罐打了三分之二的水后，又蹚着水原路返回。

在全区紧急关站关井的这些天里，杨赜恺每天都早早地到达作业区完成各项应急任务，蹚水 5 次，处理安全环保隐患 3 处。

由于油地联合成功将曙四联坝口封堵住后，该区古潜山以及未涉水的井站陆续地开起来了，调度长邹峥禄找到了杨赜恺说："弟弟，我这边实在忙不开了，一面组织生产，一面还得负责协调抗洪的好多事，你们站现在水淹着还没复产，过来帮帮我吧！"杨赜恺想都不想就答应了。

（采油作业四区　何冬蕾）

预备党员抗洪一线显担当

——记采油作业五区综合班副班长韩光甫

2022年7月22日上午,韩光甫正坐着20号冲锋舟在潮水上认真巡查,黑黑瘦瘦的他顶着草帽,一双因疲劳红肿的眼睛认真检查井站的每一处关键点,不停地用笔在小本子上记录着巡查情况。这已经是他这一个小时内检查的第三个采油站了。"今天虽然不下雨了,但是不能有丝毫大意,每天必须巡查一圈才放心。"他边说边拧了拧被汗水和潮水浸湿的裤腿。

韩光甫,采油作业五区综合班副班长,大家伙儿也叫他韩子。由于一直奔波在抗洪现场,本就黝黑的皮肤晒得更加黑亮。今年6月10日,他刚刚成为一名光荣的预备党员。

进入汛期以来,他始终坚守在防汛第一线。7月初开始,为监测水位、确保坝体安全,每天清晨6点多就到达作业区,工具包、雨衣、雨靴和探木杆一直摆放在他的办公室,这些家伙事儿陪伴他10余次在堤坝中往返穿梭。每次巡检,他都不放过任何一个疑点,及时把险情隐患消除在萌芽状态,确保每一寸大堤处于安全稳固状态。由于长时间穿着雨靴,脚被捂出许多大大小小的水泡,他却笑着说:"没事儿,轻伤怎能轻易下火线!"

作业区生产区域点多、线长、面广,早在汛期来临之前,他就与各站长一同对井口、管线薄弱处提前进行隔油栏防护。为了巩固防护,作业区在潮水中摆开"战场"。由于时间紧、工作量大,他在每天高强度消耗体力的情况下一直坚守一线,下水捆绑隔油栏时,他被铁丝割出一道口子。"赶紧上来,要不伤口发炎了!"韩子却用力地摆摆手说:"不打紧,我抹点药就好了。现在防汛正在节骨眼上,我是一名预备党员,得经得起组织的考验!防汛一天不结束，我就一天不回家！"在与各站长紧密配合下，他与大伙儿完成了红旗渠、91 坝口、万金滩闸口等上下游多道隔油栏维护工作，为抗洪防汛期间的安全环保工作提供了保障。

哪里有险情，他的身影就出现在那里，穿在身上的衣服被汗水打湿了，又被烈日烘干，就这样反反复复不知多少回。他那湿透的衣服、灌满潮水的雨靴、疲倦的脸颊，真正印证了一句话：关键时刻，党员豁得出来冲得上去！韩光甫用实际行动彰显了一名预备党员的责任与担当。身边的同事们都对他竖起大拇指说："韩子，好样儿的！"

（采油作业五区　孙晨茜）

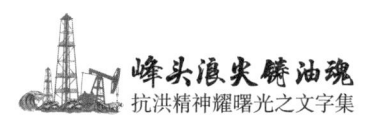

守住最后一道防线　保护曙采家园

——记采油作业六区抗洪抢险团队

受持续强降水和天文大潮顶托影响,流经辽河油区的绕阳河出现今夏以来第二轮大洪峰,最大流量是上轮洪峰的两倍多,为1951年以来最大洪水。辽河告急!曙采告急!险情就是命令!

2022年8月1日清晨,在接到厂里下达的加固曙13支大坝任务后,采油作业六区立即集结了127名员工赶赴一线,筑起守护曙光采油厂矿区的最后一道防线。

127人兵分两路,一路由书记臧旭峰带队在污水大队门口进行沙袋装填,另一路由主任门福信带队对曙13支400米左右的大坝薄弱点进行加高加固。"我们今天在这里守护的是保护曙光家园的最后一道防线,也是我们大家伙共同生活的家园,我们都是与洪水斗争的英雄,我们一定肩负责任,不辱使命,大家有没有信心?"门主任在大坝上为大家开动员会时问道。"有!有!有!"

由于当天坝上刮起了5级大风,坝内水位还在持续上涨,淤泥加固的大坝在水浪的冲击下,变得愈加单薄。门主任带领62名抢险队员当即决定对尚未进行加固的300米大坝铺设塑料布,以减缓水浪对大坝造成的冲击。大家一边将报废的抽油杆穿过塑料布用铁丝将其固定,一边在水浪冲击的薄弱地方继续堆积泥料。为了让塑料布下放到坝体底部,不让塑料布被风吹走,大家一个个躺倒在淤泥中压着塑料布,爬上爬下将塑料布下放到最底部,就这样一直干到下午两点钟。

"接到通知,由于水位仍继续上涨,要求曙采矿区人员撤离!"大家心情较为失落,难道我们守护的大坝守不住了吗?不能,有我们在一定要守住,一定能守住。抢险队员们不顾疲惫,仍在用肩膀将一袋袋沙袋运到大坝上继续加高,加固这最后的防线,加高着战胜洪水的决心与坚毅。

由于水位仍在持续上涨,晚上6点30分接到命令,对曙13支另一段200米薄弱大坝继续加高加固。门主任带领10名队员奔赴现场。10个人200米的距离均匀铺开,不间断巡坝,发现薄弱点随时加固,就这样一直持续到夜里10点。

"主任,我这边发生塌方,坝体厚度不足20厘米,危险!"门主任到达现场后发现由于水位的不断上涨和水浪的持续冲击,发生垮塌的地方坝体宽度不足20厘米,距离坝顶位置不足15厘米。由于全线都在组织施工,外面料车无法进入,当即组织4台挖掘机对垮塌部位进行加固。就这样,4台挖掘机两辆一组对这段不到2米的垮塌部分进行加固。没有料车能够进来,他们就地挖取稻田泥土进行加固。由于坝体均为泥土,水浸泡后湿滑,挖掘机挖出的泥料到达后继续向迎水面垮塌,他们将路边的树挖出后深深扎入迎水面,起到支撑作用后,继续加固;继续下滑就再放一棵树,再加固……

4个小时时间,大家终于将这2米左右的垮塌路段固定住了,坝体宽度加到了1米,高度也加高到了距离水面70厘米左右。挖掘机师傅后来说,他都认为守不住了准备要撤了,可看着大家伙都在,没有一个说要撤退的,他也要坚持,不能当逃兵。

夜里2点钟,油田公司副总经理于天忠和生产运营部主任周洪义巡坝看到大家伙还在紧张忙碌地巡坝加固时,眼含泪花说:"这条坝就是我们曙光的底线,就是我们曙光的面子,能不能守得住就看我们大家有没有信心,能不能拼出去。""请领导放心,有我们在,就是拼尽最后一份力气也要把大坝守住。"在场的六区人喊出了心中共同的信念。

他们就是在这里守护着曙光的底线,用坚韧和必胜的信心在守护着曙光家园,守护着几万职工家属生活的美丽曙光。10余台挖掘机轰鸣,10余名抢

险队员默默坚守指挥……

　　清晨第一缕曙光的来临也意味着迎来了胜利的曙光，曙 13 支最危险的地段守住了，也守住了曙光采油厂矿区的最后一道防线，采油作业六区的所有干部员工用实际行动诠释了责任与担当。

（采油作业六区　杨彧荣）

第五篇　故事讲述——抗洪篇

被晒伤的"红鼻头"

——记采油作业六区主任门福信

高温下，烈日每天在"炙烤"着大地，在防洪防汛一线坚守已有半个多月的采油作业六区主任门福信，本来十分白净的肌肤已被晒成"棕色"，鼻子上由于暴晒脱了一层皮，已经红肿了起来。这两天，为了防止感染，他只好在鼻子上涂了一些药膏，这下子被晒伤的鼻头就更加显眼了。

洪水来临之前的2022年7月初，绕阳河水位逐渐上升，为防止作业区42号台防洪大坝受河水上涨影响发生渗漏、漫坝等，他每天带领40多名党员干部巡堤守坝。作为全区的"主心骨"，他每天和大家一起搬运水泥，还在各路上协调指挥过往拉料车和防汛队伍，由于每日都在大坝、井站和公路上来回奔波，人晒黑了，皮肤晒伤了，他都无暇顾及。他深知保住大坝，就是守住了六区员工的幸福线。

7月12日，绕阳河上游泄洪量增大，再加上天文大潮，致使绕阳河东侧河套内六区井站所处的地域受淹。这时，他又带领作业区的抗洪防汛应急队员们来到水淹区域，连续7天铺设隔油栏，捆绑设施设备，对重点区域做好标记，为水位下降后的复产做好万全准备。同时，为了防止奋战在抗洪前线的同事像他一样被晒伤，他又专门为70多名同事购买了草帽，为上站员工准备充电宝，每天都不忘为一线员工提供绿豆汤、矿泉水等防暑降温用品。

他被晒伤的红鼻头在慢慢恢复中。大家都心疼地劝他说："主任，你休息两天，每天现场我们上去就行。"门福信却说："我作为单位安全生产的第一责任者，这时候，我必须紧盯在现场。"

8月1日，在曙光矿区居民都撤离的当天，他为保住职工家属的家园，带

领该区 10 名员工，彻夜巡坝，加固曙 13 支大坝的薄弱点，鞋子掉进了泥里，他就赤着脚站在泥里，身先士卒，与洪水奋勇斗争，用自己的行动激励着该区的所有员工，经过两天两宿不懈的努力，险情解除，终于守护住了矿区的最后一道防线。

随着水位下降，接下来将是更加繁重的复产工作，门福信又将带领六区全体干部员工投入到新的"战斗"。

（采油作业六区　臧旭峰　杨彧荣）

防洪大堤上的青年先锋

——记采油作业六区调度长韩吴越

夜晚8点30分,采油作业六区生产组办公室的灯还亮着,调度长韩吴越依然在电脑前忙碌着,整理着该区的抗洪复产需求统计表。

自6月末入汛以来,韩吴越为了确保作业区安全度汛,始终战斗在防汛第一线,白天在现场巡坝,晚上回来统计资料,30多天都不曾回过家。

汛情最严重的时候,正是他最忙碌的时候。2022年7月10日,他在坝上巡检时,发现该区的杜84-31-47井上坝路口至63号台、72号线跨河大坝线杆处和167平台闸板围堵处出现漫坝,他立即上报作业区和厂调度室。接到加固的指令后,指挥翻斗车上料,带领员工对这三处进行了加固。过程中,他又当组织者又当"实干家",搬运水泥的人手不够,他就是装卸工;翻斗车来卸料,他又是组织协调者。为防止险情扩大,当晚他一直在现场干到半夜两点半,直到三处加固完毕,薄弱点均高于坝外水面,他才拖着疲惫的身体回到作业区休息。

"遇到险情,他总是以最快速度抵达,却总是最后一个撤离。"这是同事们评价韩吴越的话。7月11日,油田公司其他单位前来支援,他配合支援队伍安装51台潜水泵,组织排水。在接到全部人员撤离的命令后,他一直坚守到最后一刻,关闭完19号台排涝泵之后才返回。就这样从6月末直到现在,他依然每天最早一个到作业区,带领清洁环保小队到重点防护区域打隔油栏,当确保所有上站人员撤离后,最后一个返回作业区。

白天忙抗洪,晚上忙复产。每天从抗洪一线回来,韩吴越就雷打不动地坐在电脑前,统计各站的复产需求,与各采油站站长核实数据,梳理各站的

复产计划,在脑中对复产之后的步骤进行推演,争取每个环节都没有遗漏,一忙就到后半夜。

  这30多天的坚守让他的脸庞日渐消瘦,领导让他抽空回家休息一下,他总说:"没事儿,我才30岁,还年轻,让岁数大的同事先回去休息。身为调度长,让每天上站的员工安全返回是我的职责,这会儿让我休息我也不踏实。请领导放心,我能坚持住。"没有豪言壮语,没有铮铮誓言,几句朴实的语言,深深地打动了在场的所有员工,激发了该区防汛救灾人员的斗志。

(采油作业六区　杨彧荣)

洪峰浪尖党旗红

——记采油作业六区 606 采油站站长董其军

2022年7月9日，绕阳河遭遇巨大洪峰，采油作业六区受灾严重。606采油站站长董其军是一名年富力强、勇于担当的共产党员，抗洪过程中，他以高度的政治责任感和使命感，处处以身作则，带领着全站员工用血肉之躯筑起了抗击洪水的铜墙铁壁。

2022年6月下旬以来，绕阳河水位逐渐上涨，多年的基层工作经验告诉董其军，要提前做好准备工作。为了保障全站员工及生产设备的安全，董其军召集几名党员干部周密部署，启动防洪应急处置预案，对泵房、计量间、炉区、井场等重点区域进行全面检查，认真开展巡逻、值守工作，及时消除安全隐患。一场抗洪抢险攻坚战迅速打响！

7月9日下午1点30分，接到作业区通知，由于上游水库泄洪，全站员工需要以最快速度撤离。董其军临危不乱，沉着指挥。按照防洪预案部署，606采油站迅速关闭全部运行设备，十分钟内当班人员全部安全撤离。

7月11日，洪水水位上涨，董其军果断命令轮休员工全部上岗。根据以往的防汛经验，他时刻关注汛情和防洪堤坝水位情况，强化值班，要求各班值守员工加强对危险地带的安全巡查。全站值班人员24小时坚守岗位，保证上传下达的渠道畅通，保证整个防汛救灾工作正常运行。

8月底，洪水逐渐回落，在成功战胜灾情的同时，董其军又投入到繁重的灾情统计和核查工作中。他指导全站员工做好灾后重建、生产自救，安排专人负责解决复产人员的基本生活保障。同时，增派力量加强危险地段巡查，要求党员干部复产期间24小时在岗，分片分组对所有被雨水冲泡过的房

屋、管线进行排查,对生产区域进行污泥清理、设备维修、恢复供电。连续六十多天,董其军一直都驻守在抗洪复产第一线,基本没合过眼,困了就倚在路边躺躺,饿了便找点干粮充饥,在洪峰浪尖中树起了一面迎风飘扬的红色旗帜。

(采油作业六区　马春艳)

同心同力战洪水　众志成城保大堤

——记采油作业七区抗洪抢险团队

在 2022 年这场防汛大考中，采油作业七区广大党员干部冲锋在前，扛起"硬核"担当，与兄弟单位守望相助、众志成城，联手构筑坚固的安全堤坝，谱写着党群干群齐心绷紧弦、上下合力战洪魔的铿锵篇章。

打响抗洪保卫战

2022 年 8 月 2 日，受连日暴雨及上游泄洪等因素影响，绕阳河水位持续上涨，新一轮洪峰来袭，洪水迅猛，汛情告急！该区接到采油厂防汛指挥部安排，立即组织 10 余名精干力量组成防汛抢险突击队，于 6 时到达曙 13 支现场。

汛情就是命令，抗洪就是责任。现场由该区生产副主任顾艳秋带队，靠前指挥，充当"指挥员"和"战斗员"，始终坚守在抗洪抢险的第一线。

为确保曙光采油厂矿区和人民群众生命财产安全，采油厂依托曙 13 支道路进行叠坝，作为守护矿区的最后一道防线。此时洪水还未达到这里，但是突击队员们心里都明白，能不能守住家园就靠脚下的防护坝，现在就是关键，必须要抢时间，与洪水赛跑！接到命令后，队员们肩扛塑料布、沙袋，经过雨水的冲刷，身边能用的只有稀泥，他们就用手刨、用肩扛，以最快速度展开叠坝工作，叠一层土铺一层塑料布，9 时已初见规模，用掉了 3 卷塑料布。上午 11 时起，随着钩机铲车进场，现场开始了打褶工作。队员们把塑料布摊开，钩机将土铺好，队员们用手再把塑料布翻过来铺上，钩机再上料，如此反复直到完成该区责任段。他们又助力兄弟单位责任段 200 多米。此时此刻，已经开始出现洪水，并缓慢上涨。"大家伙儿再辛苦下，快点，要赶在水位没

上来前把坝面固好，现在分组进行巡坝任务！"队员们在过程中帮助其他作业区盖塑料布、盖土、装袋，直到8日7时，这条守护堤初步拦住了洪水的脚步。

抗洪就是责任

8月3日7时，水位上涨，该区所有男员工火速行动起来，坚守在防汛第一线。

作业区主任王林严格落实上级防汛要求，带领100多名员工装沙袋、扛沙袋，采用沙袋垒加的方式，加宽坝面、加高坝体。在厂领导的指导下，把塑料布摊开，利用抽油杆作为下坠缠边，用铁丝固定好后，投放在叠坝迎水面，达到阻止洪水水侵坝体的目的。随后，他们又立即装沙袋、扛沙袋，均匀铺压在塑料布上。8时，太阳升起，晴空万里，队员们不惧烈日，铲土、垒高、砌坡……所有人都奋不顾身地战斗在现场。仅休息片刻补充水分，党员干部张伟又带领大家装沙备袋，队员们都被晒成了"非洲黑"，有些人皮肤脱皮发烂起痂。感冒、嗓子哑是常态，大家都坚持轻伤不下火线，全体队员们都表现出一种特别能吃苦、特别能战斗的精神。

3日下午，一处堤坝有渗漏情况，该区立即组织人员利用沙土袋加固防堤，最后在钩机的帮助下顺利完成了堵漏任务。

摆在突击队员们面前的现实是，虽然暂时拦住了洪水，但是水位仍在上涨，存在坝体薄、易透水、低段易漫水的隐患。

19时，该区党总支书记顾贺鹏带领新一批抗洪队员和防汛物资到达现场，给在场人员分发头灯等设备，继续进行加固加宽施工。23时，水位达到最高，堤坝有一处快要漫水，情况十分危急！在厂领导的指令下，除留守人员外，其余人均需安全返回作业区。王林主任带领7人的留守防汛队伍，分两组轮流进入现场，指挥钩机进行加高加固施工，并且带领队员加密巡坝频次，及时发现、排除隐患风险，累了就轮流在车里靠会，小憩片刻便又奔赴现场。

张伟在整段民堤施工现场上连续奋战一晚上没合眼。如火般的"突击红"凝聚着责任的力量,在防汛一线闪耀出动人的光芒。随着4日又一轮防汛队员接替,次日7时,7位战士安全返回作业区,在这最危急的一夜,他们守护住了矿区的安全堤。

众志成城终胜利

8月4日,除继续进行钩机固坝施工外,在厂领导的安排下,顾贺鹏带领队员提前预置好安全绳,将新拉来的防汛桩一一部署到位。随着水位与堤坝进入相持阶段,该区防汛抢险人员日夜坚守在大堤,奋战在防汛一线,以实际行动为夺取防汛抗洪的胜利贡献力量。

党员胡涛说:"抗洪救灾,人人有责。面对守坝这样重要的使命,我身为党员干部,更要发挥先锋带头作用,打赢抗洪保卫战。"在这场与洪水的较量中,"抗洪保家,早日复产"成为全体职工共同的目标,全区广大干部群众心往一处想,劲往一处使,或在前线冲锋陷阵,或在后方守望互助。暴雨中、烈日下,河水边、圩堤上,到处活跃着他们的身影……

(采油作业七区　白　阳)

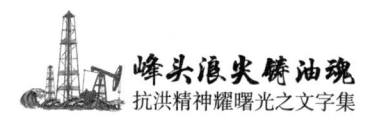

撤 离

——采油作业七区第三党支部书记兼 701 采油站站长顾百峰

2022 年 7 月 9 日，刚刚在站上值守完三天三夜的我乘坐班车到作业区，驱车回家。此时是 9 点 30 分，刚坐到沙发上，手机铃声响了。"顾，你们站赶快安排人员，关井关站，作业区已经调来四台水泥车组，四台氮气车组，立即组织人员替管线，然后把井站全部关掉，下午 4 点前人员必须全部撤离！"

接到作业区顾主任打来的电话，我意识到防洪形势的严峻，于是一边通知站上值守的副站长李宁，安排人员带车组到各单井进行替管线工作，一边与作业区领导沟通，请求自己开私家车上站进行关井关站的组织工作。

得到允许后，我立即驾车出发，从兴隆台赶到 SAGD1 号站，1 个小时的路程，我心急如焚，终于在中午 11 点赶到了站上。停车后，二话没说，立刻更换了工服参与到关井关站的"会站"当中。首先，我详细了解情况，目前替管线的状况，都有谁，带哪台车，到哪一口井。然后，我看见站前有其他的水泥车，于是立即上前沟通。"师傅，是我们站的水泥车吗，我需要您这组车绕道去对面的杜 84- 馆 H59-1 和 60 井替管线。""师傅，你这组车跟着去，到馆 H60 井替管线，我马上从桥上过去，倒流程，连管线！"随后，我马不停蹄地奔忙着，早已满头大汗，却丝毫没有觉得累！

5 分钟后，我带着大班索铁民来到这两口井，"老索，你去馆平 60，我在 59-1 井替，咱们谁早完事，就去馆平 K58-1 替管线。"时间不知不觉过去了 4 个小时，旁边同事说："先吃饭吧，还没吃饭呢，其他人都吃完了。不吃饭干活，别饿坏了！""来不急了，我先不吃，忙完再说吧！"于是，我没顾上吃一口饭,也没顾上喝一口水,就又来到油井现场,组织替管线工作。

在我的带领下,SAGD 站人员通过共同努力,在下午 3 点完成了"与时间的赛跑"。"快点把电脑都拆下来,带回作业区,万一水大,我们会损失惨重,能带回去点儿,我们就少损失点儿。"又是一个小时的忙碌,我们抢出 7 台电脑与其他能搬走的物资。紧接着,我又组织几名主力队员,关闭外输闸门,停止替管线,拆管线立即撤离。此时的我才觉腹中饥饿难耐。当日 SAGD 值守人员 7 人全部撤离现场。

一场"时速"考验锻炼了队伍,也提振了士气。当出现紧急情况时,我总会第一时间出现在现场,不遗余力地完成任务。

(采油作业七区　顾百峰)

抗洪抢险 青年冲在前

——记采油作业七区青年采油站站长廉福威

廉福威，今年32岁，是采油作业七区青年采油站站长。作为青年的领头人，他一直以来秉承着认真负责、以站为家的工作作风，不怕苦不怕累的铁人精神，立志要将青年采油站打造成为油田公司的标杆采油站，为企业输送高技能人才的摇篮。然而，今年7月的一场洪水将所有的工作开展都拉回到了原点。

2022年7月8日的晚上11点，忙碌一天的站长廉福威主动驻站，坐在值班室的电脑旁盯着手机，正在焦急地等待着一个非常重要的电话。此时此刻，作业区正在开抗洪抢险应急会议。他在等待会议结束后的一个指令。

11点26分，手机突然响起。他迅速抄起手机接通电话，"嗯，我明白，领导放心，我马上通知全站员工，保证完成任务。"廉福威答道，这是一道关井关站、抢救站内物资的指令，挂掉电话发好通知的廉福威眉头紧锁，脑袋里思考着明天的工作安排，时间在不知不觉间来到了凌晨的零点30分，难以入睡的廉福威拨通了劳模顾百峰的电话，与老站长商讨着抗洪抢险计划，生怕出现半点纰漏。廉福威事无巨细地请教着每一道流程和每一个环节。凌晨2点45分，结束通话的廉福威靠在椅子上做了短暂休息。

凌晨4点30分，宁静的小站里响彻着"叮叮当当"的工具敲打声。听见响声的夜班员工李霞赶忙出门查看，远远地看着一个忙碌的背影正在拆卸外输泵电机螺丝，走上前去才发现是站长廉福威，工服上衣紧紧地贴在背上，脊骨的轮廓清晰可见，露出安全帽的头发老老实实地趴在额头上，成了汗水逃逸的快速通道。走近的李霞说："小廉，别干了，歇歇吧，等白班来了再干吧。"固执的廉福威回答说："不行,姐,这时候我多争一秒,可能就可以多抢回一万元。"随后,那"叮叮当当"的敲打声再次回荡在小站里。

忙碌中时间总是过得很快,白班的班车到了,充满干劲的青年站员工下了班车快步冲进值班室坐好,等待站长安排任务。十分钟的抗洪抢险动员会结束后,廉福威又身先士卒带领大家紧锣密鼓展开了关闭井站流程、管线替油、抢救物质、整理回收资料等工作。一切在忙而有序地进行着,经过一整天奋战,廉福威带领全站员工兑现了他在电话里立下的"军令状"。看着拉满物资的卡车消失在飞扬的尘土中,他拿出对讲机说道,"领导,青年站关井关站任务完成,物资已全部装车撤回,人员清点完毕,等待登车统一撤离。"随后一屁股重重地坐在地上,长出一口气。此时,手机上微信步数定格在了38598步。

8月1日晚6点10分,接到电话通知到作业区集合的廉福威,迅速穿起还没有干透的工服,急匆匆地向作业区出发。领导通知前线,汛情不容乐观,有向厂区蔓延的风险,全厂出动,连夜组织叠坝阻止洪水扩散。叠坝要求高1米、宽2米,由人工先将塑料布铺到路上,再由挖掘机将土叠起来,最后用塑料布将土坝完全盖好。可是一开始大家就遇到了困难,由于塑料布过长两层塑料布之间形成真空,很难将塑料布完全展开。正当大家一筹莫展的时候,常年搞技术发明和技术创新的廉福威站了出来,他精准地找到了问题所在,研究出了解决办法。那就是,将100米长的塑料布全部铺开,两端分别由两人将塑料分开向中间灌入空气,这样塑料布就像被施了魔法一样乖乖地分离开,然后再在中间位置用木棍扎两个小孔将空气排净,就这样大家很快就完成了任务。

经过一夜奋战,一条1米高2米宽2千米长的防洪坝就这样被铸成了。第二天早上,大家拖着疲惫的身躯撤离,走到污水处理厂时发现一处200米长的堤坝塑料布没有被盖好,经过查看后发现是塑料布的边缘被泥土压的死

死的,拉扯不动。如果洪水真的来了,这样的堤坝怎么能行呢?廉福威又冲到了刚叠好的土坝上,没有工具就用手抠,带领大家将大块儿的土全部搬开,再将200米长的塑料布全部盖好了,这才满意而归。

8月3日早上,稍做休整的廉福威又随大部队来到坝上,对大坝进行加固。经过了一整天的苦战,在傍晚对大坝巡检过程中,细心的他发现有几处地方还是有些薄弱,于是向领导汇报情况,这时接到厂里通知要求大部分人员撤离,坝上只允许留5人。"领导,我年轻,让我留下吧!"廉福威说道。于是,他又留了下来,指挥着挖掘机对大坝加固。一向招蚊子的他已经不知道被咬了多少包,他也顾不得蚊虫叮咬带来的痛痒,当最后一米堤坝加固完成的同时,太阳也从东方慢慢地升起。此时,廉福威转身看向了曙光的方向,也是家的方向,早已满是疲倦的他脸上露出了笑容。

(采油作业七区　高　原　洪　宇)

第五篇　故事讲述——抗洪篇

抗洪抢险"他"力量演绎铁骨担当

——记热注作业一区第三支部员工孙光辉

2022年7月初，热注作业一区3号站老员工孙光辉每天最关心的事就是大坝水位情况如何，看着工作群定时传来巡坝消息，夜里即便已经睡下，心里也总觉得不踏实。今年是他经历的第27个汛期，往年在防洪防汛措施严控下都安然度过，可今年暴雨和泄洪密集登场，汛期持续发展，防汛压力加大，他一刻都不敢放松。7月16日清晨5时，第三党支部成立了应急抢险突击队，孙光辉第一个报了名，开启24小时昼夜值班待命状态，随时做好准备与"战友"奋战在抗洪一线。

抗洪抢险见初心，迎难而上担使命。第三党支部的分担区域是曙四联的400米堤坝，也是孙光辉肩扛责任的地方。"救生衣穿好，个人物品带好，手机保持开机，不要进入未知水域巡检，天黑以后应急抢险值守队员不能离开大坝，不要涉水，确保人身安全……"在党支部书记千叮咛万嘱咐下，他每日积极参与巡堤、找险情、筑坝护堤任务中。7月31日，由于曙四联大坝处水位持续上涨，随着"机关的、第一、二、三支部，一起上……"的一声号角，孙光辉顾不上远途带来的疲惫，立刻投入到紧张的抢险状态。此次应急抢险采取分段作业、分组轮换的方法挖土装袋、筑坝抗洪。一起抢险的队员说，53岁的孙光辉就像一颗钉子一样"钉"在了堤坝上，连续两天驻守在大坝上抢险，装沙袋。午后气温直破31度，地表温度达40度，他与队员们顶着暴晒搬运装满沙土的袋子，用铁锹铺砖垫石，3个多小时下来，仅他自己就搬运了20多袋沙子，汗水浸透了他的衣裤。他无惧"烤"验，手臂被晒伤了，嗓子喊哑了，脚也磨破了，他没有放在心上，一整天没有顾得上停下来休息。

抢险，就是在和时间赛跑，早一点消除险情，大坝就多一分安全。

8月中旬水位缓慢下降。"今天的水位比昨天降了5厘米，每降1厘米都是希望啊。"心系站区的孙光辉主动承担了175块的巡检任务，由于生产区域被洪水分割成一个个不同的水域圈闭，要是在内陆深水区他就和队员们划船巡检，水浅的地方就穿叉裤、救生衣，拿着探路棍徒步巡检，时刻关注水情变化，确保及时发现异常情况。期间他更是主动加密巡检频次，守护生产一线，保护油田安全。由于长时间浑身湿透，孙光辉一度感冒发烧、嗓子嘶哑，但无论大伙怎么劝说，他就是不肯回家休息。"洪水不退，我决不能退。"

抗洪抢险现场随处可见一个个匆忙的身影，一张张坚毅的脸庞。像孙光辉这样的员工，曙光采油厂已是数不胜数，在洪水面前，他们闻"汛"而动，得令而战，同心协力、众志成城，共同守护着曙光采油厂美丽的家园。

（热注作业一区　杨　菁）

抗洪抢险一线有我

——记热注作业一区 104 注汽站站长马凡林

2022 年 7 月 6 日傍晚时分,大雨来势很猛,雨水噼噼啪啪敲击在热注作业一区 104 注汽站室外设备和值班室玻璃上。站长马凡林眉头紧锁地望着窗外,"运行设备可别受影响。"紧接着,他与夜班员工披上雨衣,带上强光手电,走在满是积水的巡检路上,确保生产的安稳运行。

经过一夜的洗礼,河套内的 4 台注汽锅炉生产一切正常。次日清晨,马凡林心里还是不踏实,"降雨这么频繁,得提前做好架高的准备,到时候水位还是上涨可就来不及了……"随即他就现场组织人员对 17 号站和 50 号站的脱水箱、卸油箱、高架罐等闲置设备进行拆卸架高、封口及加固工作。预防大于治理,心细的他又对污油箱和垃圾桶进行了架高,确保安全环保万无一失。

由于降雨量大以及上游泄洪等原因堤坝告急,7 月 10 日上午 10 点 30 分,马凡林接到作业区紧急通知:河套内三台锅炉马上停炉注汽。接到指令后,大家都在与时间赛跑,马凡林组织员工立刻到达绕阳河套内的 23 号站、17 号站和 50 号站,分别对 23 号站、53 号站、17 号站、2 号站和 50 号站的电机拆卸并架高。下午 3 时他更是在接到人员紧急撤离通知后,一边安顿好站内人员撤离工作,又争分夺秒地和员工快速拆卸设备。汗水淌进眼睛里,顺着脸颊流下来,他们就匆匆用袖子抹一把脸。就在这撤离前的两个小时紧要关头,马凡林把站内锅炉的程序器 PLC、无纸记录仪等可拆卸的电器仪表设备安全地拉回作业区进行存放,一直悬着的心才放下来。

连降大雨,汛情再次严峻! 8 月 1 日,在河套外曙四联合站附近坚持生

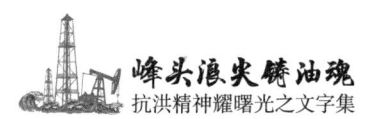

产的 19 号锅炉、24 号锅炉、61 号锅炉接到停炉撤离的通知。有过前期的紧急撤离经验，马凡林在关键时刻以不变应万变，带领党员群众集中精力投入到对这三台锅炉的机泵设备、电器仪表设备的拆卸、抢救物资的行动中。快一些，再快一些，此时他满身满脸都被汗水浸湿了。后来他回忆说："累也得挺着，绝对不能停，在'洪魔'口中能多抢出一台设备，就能将损失降到最低呀！"当天高强度抢险将这三台锅炉的机泵设备、锅炉操作盘、电器仪表等设备及生活电器冰箱、消毒柜等电器都有序存放到安全地点，大大减少了直接经济损失。

在从生产区域撤离后，抗洪抢险工作依然十分紧张，马凡林毫不犹豫地投入到作业区各项抗洪工作中来。三伏天闷热难耐，他已经坚守在抢险一线数日，同事担心他体力透支，想替换他，让他好好休息，但是被马凡林一口拒绝了，他坚定地表示自己一直都要坚守在抗洪抢险第一线。在这样高温伴随着不时的雷雨天气，他的红工服从未干过，被雨水淋湿后体温蒸干了，又被汗水浸透，搬运沙袋、加固堤坝，更是泥土溅满身，几天都没有洗澡。因为一直都没有回家，他也只能在深夜给担心惦记他的妻子打个电话，报个平安。

马凡林就是这样一个人，面对突如其来的洪涝灾害，他身体力行，始终战斗在防汛抗洪第一线，如中流砥柱，屹立滔滔激流中，完成自己应尽的职责和使命。

（热注作业一区　黄　娟）

身边的"微感动"

——记热注作业一区110注汽站站长王伟杰

"这水上得太快了,大家辛苦一下把各站列车房里的物品、资料及电脑带回,同时将员工柜子里的衣物挪到高处,尽最大的可能挽回损失。"7月10日接到热注作业一区撤离指令前,110注汽站站长王伟杰组织员工将列车房内的重要物资妥善处理,做好随时撤离的准备。另一头,他与站内员工配合对停用电机进行拆除,油泵房内电机进行架高,最大限度地保障站内生产设施安全。因为设备重,地面又有积水,操作起来很不方便,他侧着身子,与大伙肩并肩、手挨手,几个回合下来,个个大汗淋漓,足足用了40多分钟,才把3台设备全部架高。王伟杰的竭尽全力、亲力亲为,怎么能不令人感动呢?

哪里有洪水,哪里就有他忙碌的身影。8月初在抗洪抢险的日子里,王伟杰一直没有休息过。这期间他带着四名员工穿着叉裤,划着橡皮艇负责清淤工作,天气闷热得要命,一丝风也没有,今年这样闷热的天气他已经连续工作了5个小时,全身上下都被汗水浸湿了,大家都劝他别干了,赶紧休息去,"咱现在得赶进度了,要不等水都下去了还咋清理了?再耽误事儿可就影响复产工作了。"边说边清理着卫生,就这样他又奋战了一个小时,突然他体力不支倒在了橡皮艇里,"不好,伟杰中暑了。赶紧划到阴凉的地方让他凉快凉快。"一名员工将急救药打开给他喝了下去,渐渐有了意识后的他,马上跟大家说:"不要管我,你们赶紧接着干,我休息一下儿就没事儿了。"王伟杰因过度劳累不得不休息,怎么能不令人感动呢?

8月19日水位下降后,王伟杰立即组织员工对26号站和32号站进行清淤和设备调查工作,随后再前往各站区进行消杀,做到送电和设备维护同步

进行,确保 26 号站做好充分的复产准备。这几天,王伟杰的眼睛显得越来越大,人也越来越苗条,为了筹备复产工作,他每天最多睡不到 5 个小时。王伟杰的日夜兼程,一心为复产,怎么能不令人感动呢?

在抗洪复产的现场,这些感动无处不在,每个人都是抗洪英雄,这些感动,也必将激励着曙光大军夺取抗洪复产的全面胜利!

(热注作业一区　陈　陈)

第五篇　故事讲述——抗洪篇

曙光家园的守护者

——记热注作业一区115注汽站副站长葛庆会

历史罕见的特大洪水肆虐，曙光人已经退无可退，热注作业一区党组织产生的凝聚力，让越来越多的人汇集到党旗下，此时此刻干群团结一心，成为抗洪抢险的中坚，而那响起的声声号角，就是曙光儿女守卫家园的战歌。

"我志愿加入防汛抢险先锋队，接受党的管理，服从党的安排，冲锋一线……"热注作业一区115注汽站副站长葛庆会在抗洪一线庄严承诺！40多个抗洪抢险的日子里，葛庆会在确保队员和设备安全的前提下，精心组织，科学抢险，确保各项工作安全和有序进行。

时间追溯到7月11日，当时站区水位不断升高，为了保证站内两座1000立方米的油罐安全，在作业区的统一部署下，葛庆会不等不靠，带领8名抢险队员于上午10时乘坐冲锋舟火速前往抗洪抢险一线，对油罐区域再次，确保安全清洁。3个小时里，他们头顶烈日半蹲在深水中，把一片片隔油栏精心地连接在一起，最后顺利地将两个油罐环绕在其中。关键时刻有关键担当，抢险考验未曾结束。12日凌晨4时，葛庆会的电话另一头传来紧急通知：要继续为站区1000立方米油罐进行加水作业，防止漂罐风险。他一刻也不敢耽误，在一个小时内将抢险队员集结完毕，并在作业区领导的带领下进入站区对两座油罐进行注水作业。从早晨6时到傍晚18时，经过12个小时的连续奋战，他们分别向其加注500吨水，确保两座油罐在洪潮中稳若泰山。不仅如此，还对卸油箱、自保箱口进行封闭捆扎，因为他知道，在安全环保上容不得半点疏忽。

讲解抗洪复产准备工作，解读员工停送电操作方案，辨识复产安全风险，

梳理安全环保注意事项12条，协助党支部组织员工培训60课时……从全体员工撤离站区开始，为了增强员工的安全防范意识和应急处理能力，葛庆会是没少下功夫，更是组织站上员工围绕安全生产"四大"活动开展工作，做到全员安全抢险队伍稳定。

8月份洪水再次来袭，葛庆会服从采油厂统一指挥和调度，1日至11日带头参加污水处理厂堤坝建设，现场你一锹、我一铲，4个小时的时间15吨的水泥很快被分装进袋，没有一个人停下来喘口气、歇歇脚，因为身后就是家园。8月12日起，他又开始参与曙四联大坝巡堤清洁工作，在顺畅的沟通下圆满完成护坝清洁任务。8月下旬，他更是带头进入站区查看水情，掌握第一手资料，为复产工作做好准备。

抢险不停，脚步不歇，他逆行的身影始终向前。晒得红彤彤的脸庞，反复摩擦起皮了的双手，湿透的工服都是他抗洪抢险的印记。如今抗洪复产曙光初现，在团结勇敢的曙光人面前，没有战胜不了的困难，一定会再续曙光大厂的辉煌！

（热注作业一区　王向明）

第五篇 故事讲述——抗洪篇

坚守抗洪一线的"80后指挥官"

——记热注作业一区调度长朱亮

"泥巴裹满裤腿,汗水湿透衣背,熬得红肿的眼,晒得破皮的脸,脚上磨出的血泡……"四十几个昼夜坚守,他成了一面旗帜,彰显了当代"80后"人的风采。当洪水来袭,他的足迹踏遍河水,当险情出现,他的身影突击向前。不是义务,是赤子之心,义无反顾;不是受命,是奋勇当先,无私无畏;他用坚毅、善良和果敢的行动,告诉了我们谁是"最可爱的人"。他就是热注作业一区调度长朱亮。

防大汛、救险情,他是最有战斗力的突击队员

险情就是命令,责任就是使命。7月中旬以来,由于持续强降雨、上游泄洪、支流汇入、潮水顶托的影响,曙光矿区迎来了历史罕见的洪涝灾害,绕阳河杜84区域首次被辽河洪潮包抄后路,导致全面水淹,形势严峻,一线水情牵动着所有人的心。从7月3日开始,作为调度长的朱亮第一时间成立抗洪抢险领导小组,启动防洪抗洪应急预案,全面部署抗洪抢险工作。

"所有人跟我走!"7月7日,接到命令后,身为该区调度长朱亮第一时间调集全部抢险力量,包括领导班子成员在内的机关所有干部共18人紧急赶赴现场。

"急!急!急!杜48块水位可能要继续上涨,且速度在加快,电工张德龙跟我去各站断电,拆卸仪表、架高机泵、资料及生活用品。"朱亮迅速组织班站干部员工行动起来。

7月7日下午,该区51号站水位上涨,最深处达50厘米,卸油箱、盐箱、脱水箱灌水不足,调度长朱亮立即组织第一党支部干部划橡皮艇进入补

水,箱体下沉复位,并将设备实施拆卸搬走。

"快!架高电机、电缆、罐水箱、拆完仪表,所有员工迅速撤离。"7月20日,朱亮和各站员工不停地喊话,此时水位已经1.4米。

话音刚落,只见年过50的刘启春一步一挪慢慢地走着,朱亮看见后不顾自己的身体状况,深知只要自己身体沾上水,风湿立马就犯。他想都没想就把身穿的叉裤脱下给了刘启春老大哥穿上,而他挽着红色工服裤腿毅然蹚入1.4米深的水中。连日来他吃着止痛药、忍着全身肿痛身体的煎熬,一干就是一整天。

洪水考验着党员的觉悟,同样考验着党员的意志和品质。面对着肆虐洪峰,是惊慌失措、临阵退缩,还是临危不惧、镇定自若?朱亮用40天的全力以赴、累计行走路程600余千米证明了他是后者。

明责任、重效率,他是确保防汛保产稳定的排头兵

"我是指挥员,更是一名战斗员。"在他示范带动下,该区7个党支部、所有党员干部员工积极投身防汛抗洪工作一线,纷纷放弃双休日,一直坚守值班,筑成一个又一个攻坚克难、防汛保产的战斗堡垒……

"这操作盘里的电器元件算彻底是完了。"7月14日,值班室窗户前,看着下着冒烟的大雨,凝视着院内还在继续上涨的水位,朱亮心急如焚地说。他组织机关干部对坝外19号、61号、24号站各类罐体灌水,闲置设备架高拆除。最高时水位淹没2米多高锅炉操作盘。在朱亮和突击队员的大力协助下,始终和不断急速上涨的洪水"争速度抢设备",把能运走的贵重仪表器件首先运到抗洪前线指挥部,来不及运走的和大型电机设备架到已经不能再加高为止。

7月16日,由于SAGD油罐倾斜,朱亮立即组织干部员工进行油罐补水,当时水深4米,他带领党员干部利用两天的时间乘船将油罐进行扶正。同时,他借助无人机对热注站区情况进行航拍,第一时间掌握了湖区水文特征、汛情特点、受波及面、影响范围等情况。利用采集的宝贵资料,一方面对安全形势进行研判、对抢险工作进行部署、对现场处置措施进行完善，布置各站隔油栏，组织巡坝；另一方面协调皮划艇、发电机、帐篷、照明器材等抢险应急物资，迅速奔赴现场开展抢险工作。

抢险现场实行24小时值班制度，他带领党员干部纷纷请战投入到抗洪抢险第一线，克服了暴晒、生活条件艰苦、手机信号盲区等诸多困难，组织该区干部员工完成了上级安排的国堤巡坝、曙13支堤坝的建设和巡检工作。

朱亮在现场成了"拼命三郎"。在填装沙袋过程中，他克服烈日炙烤、紫外线辐射、体力透支等困难，一锹接着一锹铲，一袋接着一袋装，一袋接着一袋扎。累了就坐在沙袋上休息几分钟，喝上几口水润润嗓子，胳膊酸了就活动几下，又继续干。几天下来，脸晒破了皮、脚上磨出了血泡……

"一个党员就是一面旗帜"。一个月的连续作战，他始终坚守抗洪抢险一线，时刻冲锋在先。为密切关注水位及抢险现场情况，他彻夜倒班巡坝。

在抗洪抢险工作中，朱亮心系群众，把抗洪抢险工作当成第一要务，以身作则，身先士卒，积极战斗在抗洪抢险救灾工作的第一线，把洪灾损失降低到最低限度。

党员不仅仅是一种身份，一种荣誉，更意味一种责任，一份追求，朱亮始终继承和发扬老一辈石油人的优良传统，在本职岗位上践行自己作为一名"80后"党员的庄严承诺，以实际行动为石油奉献，为曙光增辉。

（热注作业一区　李　莹）

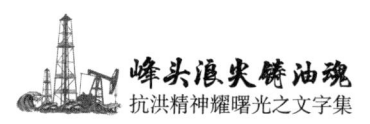

不畏潮汛护好小"家"

——记热注作业二区 201 注汽站生产副站长张东风

那是个不寻常的夜晚。

7月30日夜晚,因接到临时通知,上游将再次泄洪,处于潮汛地区的站区再次受到洪水的威胁。热注作业二区201注汽站生产副站长张东风接到任务,第一时间坐值班车来到站区驻守巡查,以"人员到位、组织到位、措施及时"为原则,再次吹响了抗洪战役的集结号。

在16+20号炉,张东风走在雨后泥泞的巡检小路上,用心查看每一处设备设施的处置是否安全妥当。"站区进水能多深,咱们摸不准,所以一定要尽最大努力做好防护措施,把损失降到最小。"他充分考虑到上游泄洪所导致的水淹问题,带领夜班员工对站区各供电线路及电器敏感元件进行位置确定,并做好记录,同时精确统计各机泵仪表距地面的垂直距离,按照统计数字,逐一排序,认真划分出站区地势低洼、重要部位的防汛重点区域,并再次带员工熟悉防汛应急方案。

"把绳子递给我,好,使劲往上拽!""好,把四角固定住。"张东风同应急抢险突击队人员一起,超前完成重点隐患部位的加固工作,密切观察汛情,及时预报生产组织情况,全力做好生活物资储备和生产物资拉运工作,保证发生险情时合理应对,处理有方,全力确保安全度汛。

"调度,这里是16+20号炉,我们正在架高站区电机,确保在潮水到来前设备、物资安全,人员安全撤离……"张东风一边看着站区内的水位警戒线,一边拿电话给调度汇报着抢险救援情况。大家对卸油泵及水处理等各处电机进行拆卸及架高处理,并对卸油箱口在已包扎的基础上用塑料布进行再次加固包扎处理，杜绝污染事件的发生。

第二天，无情的潮水侵袭了站区，面对注汽站所属 5 个站区的水淹情况，张东风吃不下饭，睡不着觉，一直关注着水情。为了保证安全环保，他同抗洪防汛小组成员坐船往复在潮水中巡视，直至确定安全环保风险点源全部完好在控。

面对汛情，他充分发挥共产党员的先锋作用，参与到护坝寻堤的抢险大军中。铺塑料袋，装沙袋，一晚一晚地巡视堤坝，这一项项工作，他与时间较量，机智、缜密、尽责完成，面对艰难困境，临危不惧，以共产党员的奉献精神和责任意识，大局当前，带领注汽站员工奋勇抗击潮水，步步为营，争取抗潮征程上的一个个胜利。

连日来张东风没睡过一个安稳觉，没穿上一件干爽的衣服，没吃过一顿丰盛的家宴，可是他以脚踏实地、兢兢业业、勤勤恳恳的工作和坚守站区、搏击潮水的付出，换来了站区小"家"的平安。

（热注作业二区　刘杜娟）

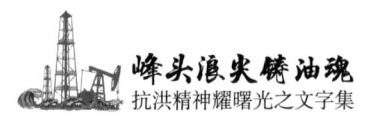

党员就要带好头

——记热注作业二区 34+38 号站员工贾继金

"我一定要去,我是党员我要带好头!"热注作业二区 34+38 号站白班员工贾继金斩钉截铁地说道。

"党员干部关键时刻要拿得出,冲得上,用实际行动身先士卒。"进入汛期以来,该区成立了党员突击队,多名党员干部主动出战,他们牢记使命,始终冲锋在抗洪的最前线。

7 月以来,盘锦市内受多次强降雨及上游泄洪影响,绕阳河水位持续上涨,防洪防汛形势异常严峻。面对罕见的洪水,在接到抢险通知后,贾继金主动请缨,加固设备、加高堤坝、扛沙袋、巡堤……这样的脏活、累活,每次他都冲在前头。

今年已经 59 岁的贾继金,明年就要退休了,大家怕他年纪大,身体吃不消,可他却说:"这时候,党员就要带好头,要当顶梁柱!"

7 月 15 日凌晨,注汽站接到通知,水淹站油箱注水,进行加固。得到消息后,贾继金立刻拨通了注汽站站长吴连河的电话:"连河,加固油箱算我一个,我家住曙光,我马上到作业区集合。"

凌晨五点多,天刚微微亮,调度长迟宇带领突击队员迅速集合,穿好救生衣,带好工具后直接奔赴现场。作业区处于洪涝区域的锅炉全部是使用天然气作为燃料,油箱内都是空的,随着水位和水流的增大,油箱就会漂浮起来,随时可能会被水冲走,不仅会造成设备损失,还会导致污染,因此一刻都不能耽误。

"祥子,把八号线递给我,你看着油箱注水,我来捆绑固定,一会儿油箱加固好，垃圾桶也要捆绑在一起，这样就不能被水冲走了……"贾继金对身边的 34+38 号站站长郑庆祥说。这时他的心里只有一个目标，尽自己最大的努力，把损失降到最小。"贾哥，别着急，先让师傅把机动船再靠近一点儿，注意安全……"大家配合得十分默契。

面前是洪水，身后是堤坝，7 月 31 日水情告急，贾继金又带头冲到大坝前，扛起水泥袋和抢险队员们并肩作战。"贾哥，一会儿换班你回去休息吧，这些天你太累了。""不累，这点儿活不算什么，加高堤坝是头等大事，现在正是需要人的时候，我不能回去！"他又一次谢过了吴连河的好意。

潮水灌进了胶鞋里，脚被水浸泡的已经变得有些浮肿了，但他仍然手不停脚不停，装沙袋、扛沙袋、码沙袋……身上的工服湿了干、干了又湿，后背已经析出了一片片白色的盐渍，脚下的胶鞋上沾满了泥，鞋里如灌了铅一样，脚步越来越沉重。但无论是脚下的泥泞，还是烈日的暴晒，都不能阻挡他抗洪抢险的决心和信心。

哪里有任务，党员就出现在哪里。贾继金用实际行动谱写了共产党人的责任与担当。在热注作业二区像贾继金这样的党员举不胜举，他们让党旗在抗洪一线高高飘扬。

（热注作业二区　富晓丹）

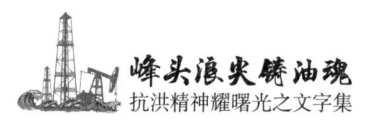

请放心　等我回来

——记热注作业二区 203+204 注汽站生产副站长王培刚

"明天突击队员：大冯、小坚、小曹……收到请大家回复！"热注作业二区注汽站干部安排着工作。

"收到。谁有事吱声，我上！"没有接到任务的王培刚主动请缨坚守防洪前线，这已经是他连续坚守岗位的第六天了。

王培刚，46岁，共产党员，工作中始终以党员的标准严格要求自己，处处起到先锋模范作用，用自己的实际行动彰显党员的风采。

受持续降雨和上游泄洪的影响，曙光采油厂面临极大的防洪防汛困难。洪水无情人有情，面对突如其来的考验，全体曙光员工积极应对，奋勇向前，用自己坚强的意志铸就了钢铁长城。

"培刚，喝口水，歇一歇吧！你看你衣服都湿透了。"

"没关系，我还行，吃得消，这场战役我们必须打赢。"正在装沙袋的王培刚，接过员工小王递过的水瓶咕咚咕咚地喝起来。

正值三伏，30多摄氏度的高温持续了好几天，酷暑难耐，空气潮湿，让人有种窒息的感觉，总想待在空调房里，一刻都不想出来。可是王培刚每天坚守在防洪前线，装沙袋、垒大坝、巡大坝，一刻都不停息，无法想象王培刚这些天是怎么度过的。

茫茫苇海的夏季，除了酷暑难耐，还有蚊虫叮咬。伴随着青蛙的鸣叫，耳边随时会有蚊子飞舞的声音，可这些都丝毫不影响王培刚对防汛工作的坚守，他的同行人拍到一张照片，让看到的人都忍不住流下了眼泪：汗水浸湿的衣衫上趴着20多只蚊子。这种钢铁的意志和为工作负责的责任感，着实让人钦佩。

　　王培刚在抗洪前线连续坚守的第七天,有人劝他回家好好休息一下,可他却斩钉截铁地说:"我还行,只有待在前线,我心里才踏实,回家我也睡不着觉。"到了第八天,王培刚感觉两眼昏花,身上奇痒无比,这才答应回家。妻子看到他泪流不止,"就出去几天,怎么变成这样啦?"黝黑的脸庞带有脱皮的印记,整个人瘦了一圈,满身都起了小红疙瘩。

　　妻子二话没说,带着他直奔医院,医院大夫说:疙瘩是因为潮湿和劳累所致,建议住院治疗并静养一段时间。可是王培刚却说:"静养就不必了,给我开点药就行,我还有重要的工作要去做呢。"妻子一把拉住王培刚:"咱不去了,身体要紧呀!"可这丝毫未动摇王培刚返回岗位的决心。他拉着妻子说:"现在是防汛的特殊时期,我是党员干部,在这关键的时刻,党员干部就是要起到先锋模范作用,24小时准备着,不能休息,没有推脱的理由,你就让我去吧,我只有去了心里才踏实。"说服了妻子,王培刚又返回了防洪防汛前线。

　　"亲爱的,请原谅我,你放心,我很好,没有过不去的困难,采油厂面对抗洪的关键时刻必须有我,等着曙光的好消息,等着我胜利归来"。王培刚用微信给妻子发了一张坚守岗位的照片并附带黝黑的微笑。

(热注作业二区　臧亚娟)

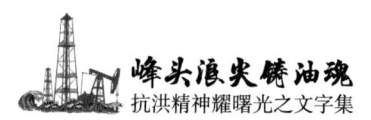

党员的责任

——记热注作业二区 205 注汽站生产副站长马志

"所有员工 24 小时待命，保证电话畅通，随时准备抗洪救灾工作。"

"应急突击队第一梯队，队长马志准备就绪。"

7 月下旬以来，辽宁连续普降暴雨，受上游泄洪、内涝积水、潮水倒灌三方面因素影响，曙光采油厂遭受成立以来最严重的一次洪涝灾害，热注作业二区的所有注汽锅炉都浸泡在了洪水之中。

汛期来临之际，205 注汽站生产副站长马志第一时间冲到最前线，带领一支应急突击队冲锋在前，用实际行动避免设备受损范围扩大。在汛期来临之前，他组织员工提前对水罐、油箱等重点部位进行了加固，将电机、配电箱架高，把电脑、贵重电器仪表等重要物资用值班车带回作业区，严格按防洪防汛应急处置方案进行应急处置，准备周全，做好全体人员随时撤离的准备。

8 月 1 日清晨，调度发出紧急指令："迅速组织坝外注汽锅炉停炉，并做好随时撤离准备。"接到通知后，马志立即前往该注气站坝外所管辖的 1+14 号、68 号、H31 号炉。时间紧任务重，应急突击队的成员们迅速进行分工，协同当班员工进行停炉、断电等工作。停炉后，细心的马志又对各站的水气阀门关闭状态逐一进行确认，以免洪水到来造成环境污染，最后一个站忙完时已经是中午 11 点了，大伙安全坐上了撤离的班车。

当天夜间按照厂防汛工作要求，作业区组织人员前往曙 13 支填装沙土袋，对堤坝进行加固，马志主动申请加入作业区的突击小队。装袋、搬运、疏通，马志一锹一锹将泥沙铲出装袋，铲不动了就去撑袋子。近 30 摄氏度的高温下大伙挥汗如雨，汗水和泥水混浸入掌心的细小划痕上丝丝的疼。但马志顾不上这些，不愿休息的他继续人拉肩扛与时间赛跑、与汛情赛跑。经过一夜的奋战，圆满完成了防汛堤坝的修筑。手臂擦伤了，他不放在心上，只是拧干衣服上的汗水，继续投入到工作中去。

后续的日子里，马志坚持 24 小时在作业区防汛值班，轮到巡坝时，他总是提前准备好手电、蚊不叮等物品。夜间的曙 13 支堤坝上蚊虫极多，巡坝一个来回需要两个多小时，同行的同事说，水位没怎么涨，不用这么认真地巡坝，被蚊虫叮的满身是包的他笑嘻嘻回答："还是亲自看一眼才放心，万一哪个小缝隙漏水，后果不堪设想。"

作为一名普通的注汽站干部，在特大灾害面前，不惧危险，忠于职守，忘我工作，展示了优秀共产党员的风采。如今，洪水已经逐渐退去，回忆起前段时间抗洪的经历，他感触最深的两个字就是：责任！

（热注作业二区　杨颜滋）

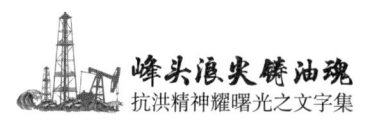

心中有信念　肩上有担当

——记热注作业二区 215+216 注汽站站长刘真铭

进入7月，热注作业二区全体人员迅速行动，坚守防汛抢险一线，按照上级安排部署，积极参与抗洪护堤任务。215+216注汽站站长刘真铭率先垂范，身先士卒。当洪水来袭，站区内随处可见他忙碌的身影。

闻"汛"而行

7月9日，接到上级抗洪抢险指令后，刚下夜班还未到家的刘真铭立即返回了作业区，与队部成员确定抢险工作方案后，拖着疲惫的身体带领注汽站全体人员奔赴站区。刚到H45号炉，发现因刚停炉需要拆卸的设备设施太多，人手不够，刘真铭立即带领注汽站人员投入拆卸工作中，由于头天晚上在队部值班再加早上还未吃早饭，刘真铭在拆卸电机的时候感觉头昏沉沉的，差一点摔倒，同志们让他休息一下，他却说："我没事，给我一块糖含一下就没事了。大家加把劲，要以最快的速度抢拆出这些设备，这都是咱们的家当，弄坏一个我都心疼啊。"通过大家一个半小时的努力，H45号炉低点电机全部架高，气表水表全部拆除，站内重点物资全部装袋架高。他和王磊挨个查看各电机拆卸情况、各阀门关闭情况后才放心的去下一个班组。就这样对6个班组一一排查一直忙到天黑。

向"汛"而动

7月30日，再次接到厂防汛任务，215+216注汽站干部员工在刘真铭的带领下迅速投入新的战斗。顶烈日战酷暑，踏高温耐蚊虫，他如一面旗帜展现着共产党员的傲骨和雄风。手破了，他说"没事"，包扎一下接着干；中暑有些晕，他说"没事"，涂一下风油精再干；蚊子多，他说"没事"，把衣服包裹到头部只露两个眼睛,"没事"成了他的口头语。铲土、装袋、搬运,只要有需要的地方就有他的身影。对于装沙袋,刘真铭逐步摸出个窍门,一次必须装到袋子半截处再高一些,不能装太满,也不能装太散,这样容易踩牢,他戏谈"装沙袋是个考验手力的活,我现在是个老手了。"在刘真铭的带领下,同志们的配合下,一袋袋的沙土被运至大坝上。215+216注汽站在高温天气下连续奋战12小时,装填粘土1000余袋,为抢险任务做出了积极贡献。

(热注作业二区　高德鉴)

一名电工的抗洪情怀

——记热注作业二区 209 注汽站电工宋洪斌

"快！大家分工协作，架高电缆、电机，大罐加满水，拆完仪表迅速撤离。"7月9日，正在检查电缆的电工宋洪斌接到注汽站站长姚洪伟撤离电话后，立即对35+36号站员工部署防汛工作。

热注作业二区209注汽站所辖5个班组均位于212块，受强降雨天气、上游泄洪以及天文潮多重影响，水位急速上涨，班站全部内涝，一条条水位信息、一条条抗洪指令拉响了抗洪抢险的紧急警报，在汛期严峻的紧要关头，宋洪斌第一时间奔赴各班站现场，对各站电力电路完好状况进行重点检查，及时整改隐患，确保人员安全；对用电设备接地情况、电阻绝缘以及电缆情况进行检查，确保设备安全。与留守员工架高电机、拆卸仪表，严阵以待，全力战洪潮。

"抗洪抢险派我第一个去！"站长姚洪伟的话音刚落，电工宋洪斌就立即举手申请加入抗洪抢险突击队伍。连续3天马不停蹄的检查整改让他的双眼布满血丝，但在听到作业区要成立抗洪抢险突击队时，他还是第一个举起了手。

自8月1日开始，该区应急突击队员名单里每天都能看见宋洪斌这个名字，不论白天还是夜晚他始终奋战在抗洪抢险最前沿，用责任和担当守卫着自己的"家园"。

8月6日，洪水即将蔓延到厂区，作为作业区抗洪抢险突击队中的一员，当接到通知需要上前线加固堤坝时，他第一个坐车前往，到达一线后便很快融入到抗洪队伍中。挖土装袋、身背土袋、筑堤筑坝，泥巴裹满裤腿，汗水

第五篇 故事讲述——抗洪篇

湿透衣背，熬得红肿的眼，磨出血痕的肩，抢险队员一个个挥汗如雨。夜里还下着淅沥沥的小雨，干了一天的活回到单位还需要一个人值夜班。

经过数天的持续作战，领导担心他体力透支，准备重新换一名突击队员参加抗洪抢险，但是被他一口拒绝了，他坚信自己可以，他坚定地表示自己要一直坚守在抗洪抢险第一线。

汛后的生产恢复向来是注汽单位的一大挑战，特别是汛期被水泡过的电缆，极容易因浸泡时间过长造成绝缘胶皮老化致使电器设备漏电。他深知汛后复产工作量大，任务艰巨，要想保障锅炉设备不受电器故障的影响，就得上心再上心，必须保质保量地完成站区检修保养各配电线路工作，为作业区后续启炉注汽提供有效保障。

在灾害面前，宋洪斌临危不惧，勇往直前，忠于职守。当洪水来袭，他的足迹踏遍堤坝；当险情出现，他的身影突击向前，他用坚毅、善良和果敢的行动，告诉了我们谁是"最可爱的人"。

（热注作业二区　张伟艳）

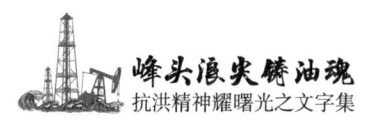

上坝抢险，我去！

——记热注作业二区第四党支部

"下次上坝抢险我还要参加。""还有我。""我也要去！"在热注作业二区第四党支部的会议室里，时刻待命的男员工们争先恐后地说道，唯恐自己被落下，大家相互约定下次继续并肩抗洪抢险。

面对罕见大洪水，该区全体干部员工与洪水较量，与风雨搏斗，汛情就是命令，抗洪抢险就是责任。在汛情面前，全体干部员工团结一致、众志成城，舍小家顾大家，以饱满的热情、必胜的信心投入到抗洪抢险工作中，与洪水展开了一场"持久战"。

"兄弟们快点，要赶在下雨之前把大坝加高、加固……"这天，曙光地区乌云笼罩，又一轮强降雨即将来袭，水情不断恶化，堤坝的固防工作正在持续进行……

递沙袋、扛沙袋、叠沙袋，他们卷起裤腿，蹚过泥泞，竭尽全力加高堤坝、阻挡洪水，他们分工明确、动作娴熟、麻利，将一个个沙袋接力传递，俨然形成了一道抗洪"流水线"。

已经连续干了近三个小时了，大家都停下来，短暂地休息一会儿，可是大坝上还有个小伙子在闷头装着沙袋，注汽站长吴连河问他："累了吧，休息一会儿吧。"可他却说："吴哥，我不累，我年轻，有劲儿，能多干点就多干点吧，洪水不等人啊！"这就是该区40+43号炉的夜班员工王奇，他是一名"90后"的年轻员工，在年轻人当中干活"有样儿"，平常工作中也是啥活都抢着干。

天气变化多端，时而暴晒，时而高温，时而雨淋，大家一锹一锹地挖土，又一锹一锹地装进袋里，沉重的沙袋人拉肩扛，对每个人来说都是考验，不管是白天还是黑夜，他们一刻都没有停下来。手上磨出了大水泡，汗水湿透了衣背，灰土和水泥与脸上的汗水混在一起把他们变成了"泥人"，他们用手一抹继续搬运沙袋，与洪水赛跑。

每次上坝抢险都是挖土、装沙袋、扛沙袋、加高堤坝，这对年轻人来说都算不上轻松，更别说像谭芝华这样临近退休的老员工。每天上坝抢险他都是第一个报名，吴连河怕他身体吃不消，让他休息休息再去上坝，可他却说："看到单位受了这么大的损失，在家待着我心里着急呀，曙光是我的家，我要尽自己的一份力量保卫家园。"

有几天气温已经达到了 32 摄氏度，谭芝华跟大家一起扛着沙袋加高堤坝，全身都湿透了，可能是体力透支，他感觉头晕，身体有点儿站不稳，他却一声不吭，慢慢坐下来，喝了两瓶水，缓过劲儿来，又扛起沙袋向大坝走去，在他的心中只有一个信念，那就是"守住大坝"！

与洪灾战斗，为产量赛跑。面对这场没有硝烟的抗洪复产攻坚战，该区全体干部员工各司其职，迎难而上，描绘了一幅众志成城、保卫家园的感人画卷！

（热注作业二区　富晓丹）

我是党员我先上

——记热注作业二区213+314注汽站站长王维

8月2日晚,热注作业二区抗洪应急抢险队集结完毕,随时待命。作业区领导和机关干部深入一线指挥,随时处置突发应急事件。3日,作业区通知所有抢险骨干在作业区集结,上午10点整接到指令,由于一处堤坝有决堤的可能,除抢险队员外所有人员第一时间撤离现场。一场与时间"赛跑"的抗洪抢险攻坚战就此拉开了序幕。

"我是党员,我先上。"213+314注汽站站长王维第一个报名参与抗洪抢险。抢险队员们根据部署奔赴抗洪第一线,作业区领导带队组织突击队员肩扛水泥袋、抬土垒堤坝。他们不怕脏不怕累,在烈日下抢时间,一心只为抗洪多装一袋石料,多出一份力。抢险队员与时间"赛跑",很快为曙光采油厂筑起了一道抵御洪水的"移动长城"。作为抢险队员的王维早已满脸汗水。

王维患有严重的腰间盘综合征,但他咬牙坚持挥锹铲土,扛运沙袋。在指挥点每天驻扎有近二十名干部职工,他们轮流坚守,炎炎烈日,热浪蒸腾,任汗水浸透衣衫。王维用毛巾不时擦一把额头上的汗珠,之后继续站在堤坝旁填土加固。

巡堤以来,他日夜坚守在大堤上,与队员们一起每天往返十几次,对负责的堤坝一遍遍仔细巡查,不放过一丝疑点。防汛对他来说已经不是第一次,身上被蚊虫叮咬的都是脓包,白天一身汗,夜晚一脚泥,可他从无怨言。

防汛期间,有两天天气好转,水位暂时稳定,这时正赶上家里有急事打电话要他回去一趟,但他对指挥部的人说:"防汛如打仗,上级没有通知撤退,我决不能擅自离开自己的战斗岗位,否则就是失职。"就这样他在一线奋斗了五天五夜，直到危险解除才回家休息。

在这次抢险行动中，从作业区领导到每一个普通队员始终坚守在抢险工作的最前线，顶着不时袭来的大雨，连续作战。自从接到汛情通知后，王维第一时间报名赶赴前线，组织指挥人员按照任务调整编组，明确分工，协调物资保障，人手不够时，他又马上加入到传运沙袋的行列。抢险队员冒酷暑，挖沙、垒堤、巡坝，累了就躺在沙土上，饿了就吃一口面包，渴了就喝一口水，从不懈怠，他们招之即来，来之能战，为了防汛抗洪不惜牺牲个人利益，人人争当抗洪先锋。正是由于有王维这样的党员干部在困难任务面前表现出不怕苦，不怕累，勇于身先士卒的顽强作风，极大地鼓舞并带动了广大员工的干劲。

（热注作业二区　迟克新）

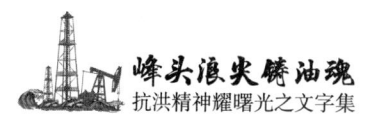

用责任坚守　守护美丽家园
—— 记热注作业二区 203+204 注汽站技术副站长董万奎

"董哥，歇一会，吃点东西吧！"

"没关系，不累，我们现在是与时间赛跑，咱们继续抓紧吧。"

伏天的夜晚，闷热无比，让人透不过气，伴随着蚊虫叮咬和知了的叫声，董万奎和同事们紧锣密鼓地进行防汛工作，尽管汗水已经浸透衣衫，蚊虫已在四面攻击，可丝毫不影响他钢铁般的意志。

入夏以来，受暴雨极端天气和上游泄洪的影响，给注汽生产带来了极大的影响。洪水汹汹，牵动人心，防洪防汛工作刻不容缓。董万奎同志用多年的工作经验和无私奉献的责任感坚守在防汛现场，他不畏艰难，任劳任怨，以实际行动彰显一名基层干部的担当，他与大自然赛跑，与风雨斗争，用自己的身体守护着油区的安全。

7月8日，站区接到上游泄洪通知，需要做好物资管理并有序撤离。董万奎立即赶到现场，用自己多年积累的技术经验带领大家拆电机、架高物资、做好油口封堵等工作。在拆电机过程中，由于着急，他不慎划破裤子，刮伤大腿，可他丝毫没有发现，直到物资安置结束后才意识到自己的腿受伤了，即便是这样董万奎也继续安排人员和物资有效撤离，直到工作全部完成才处理伤口。

水位持续上涨，防洪巡检工作与时间赛跑，他二话没说，装沙袋、扛沙袋、垒大坝、巡大坝，一刻也不停歇。连续的坚守，加之高温闷热的天气让他着实吃不消，身体起了很多红疙瘩，痛痒难耐。同事看到他不停地在抓挠全身，这才知道他得了严重的湿疹，大家都劝他去医院看看，可他却只是给儿子发了张病情的照片，让儿子去医院给他开药，并送到抗洪前线，他又继续投入到工作中。

连日来的暴雨让注汽生产按下了暂停键，员工的培训和复产工作是首要任务。董万奎深思熟虑，每天潜心钻研复产前的准备工作，大到设备检修，小到准备抹布和消毒药水，事无巨细。为了做好防洪复产工作，董万奎把家安在了单位，吃住都在单位，24小时备汛。一边是责任，一边是家里生病的妻子，他还是毅然选择坚守自己的工作岗位，一心参与到防洪防汛工作中，他说，只有坚守，心里才踏实。

董万奎，一名普通的石油工人，真挚地为采油厂的防汛工作保驾护航。风雨中显担当，汛情面前不言败。像董万奎这样的员工，数不胜数，通过曙光采油厂广大员工的努力拼搏，必将迎来绚烂的朝霞。

（热注作业二区　臧亚娟）

重坚持不言退 筑牢抗洪生命线

——记热注作业二区 205 注汽站站长王福彬

2022 年的汛期，连续降雨对电力设备设施造成了巨大损伤，防洪防汛突发应急能力再次面临挑战。热注作业二区高度重视，第一时间启动防洪防汛应急抢险预案，205 注汽站站长王福彬全面动员、尽锐出战，与时间赛跑、和险情博弈，全力打响防洪防汛保产攻坚战。严格执行汛期应急值班值守制度，坐守前线值班，电话 24 小时开机，随时做好处置险情准备。

在抢险任务中，王福彬带领全注汽站内的班组长们迅速行动起来，用土装入沙袋，肩扛运送到大堤上筑起一道道防线。沙包扛到直不起腰，他依然不放弃，脚在雨水中泡得已经起泡，他依然向前走。回到作业区后，他全身都被汗水和泥水浸透了。即使在作业区他也不闲着，汛情稍有变化他便迅速组织召开防控调整工作会议，传达部署防洪防汛应对工作，号召青年突击队配合肩负起巡坝工作。

哪里有困难，哪里就有红色动能，在抗洪抢险的十多天里，王福彬按照作业区指挥部调遣，充分发扬"一不怕苦、二不怕险"的连续作战精神，接连数日留在前线坚守阵地，践行"平时看得出来、用时拉得出来、急时挺得出来"的训练要求，展示了忠诚为党、服务于群众的党员带头人形象。

"我们是受灾企业，但我们更是党员、是战斗员。企业和群众需要我们，我们随叫随到！"经过了数日高强度救灾抢险，大家都担心王福彬体力透支，劝他轮休歇一歇，但是他一口拒绝了，坚定地表示自己一直都要坚守在抗洪抢险第一线。

连日阴雨，他的工服从未干过，一双雨鞋沾满泥水，反反复复被雨淋湿，被汗水浸透，被泥土飞溅。他一直没有回家，只能在深夜给父母妻女打个电话，在知道父母身体无恙后，他才放心，继续奔波在险情发生的每个地方，依旧无所畏惧地奋战在第一线。青春的热血，坚定的信念，这，就是一个普通的党员对企业的崇高信念。

（热注作业二区　杨颜滋）

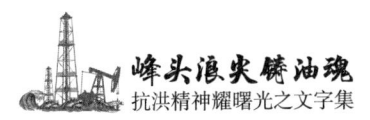

老李和小付的"父子情"

——记集输大队曙四联李玉民 付殿博

"臭小子,怎么还没干完呢!""不告诉你在家歇着嘛,咋又上来了?"9月9日一大早,曙四联卸油台泵房里一对"父子"吵了起来。

这对当事人正是该岗的李玉民和付殿博,曾经的师徒二人,现如今情同父子,这份胜似亲情的感情更是在今年的洪涝灾害中持续升温。

今年7月,曙四联受到洪水严重威胁。面对严峻形势,刚接任岗长没多久的付殿博,空有满腔热血但缺少经验。当时的李玉民已经完成退休前的签字工作,正准备享受最后一次健康疗养,得知站内抗洪压力大,他放心不下工作数十年的联合站,还有亲手培养的徒弟,硬是放弃了疗养机会,返回站上加入抗洪复产。

看着因为自己放弃疗养的师傅,付殿博生气又心疼:"都告诉你放心去疗养,怎么就不听劝呢,待了这么多年还没待够啊!""还不是怕你啥也整不明白,给我这些年努力的老底儿给霍霍了!"老李一如往常不甘示弱,看似难以和睦相处的两人总是用最"狠"的话表达着对对方的关爱。

这种口是心非的对话早已成为老李和小付之间的日常。随着站内积水水位回落,复产工作全面开启。曙四联是曙采厂受灾最严重、复产最困难的联合站,"父子俩"所在的卸油台是全站地势最低的岗位,工艺流程多、分布广,就算是平常巡检,一天下来也要走上上万步,更何况是在时间紧、任务重的复产阶段,每天的工作量可想而知。为了抢进度、早复产,小付第一批进站筹备复产,每天蹚在齐腰的水中摸排岗位受损情况,一连5天下来,三十出头的小伙子显得十分疲惫。得知徒弟一直没休息,平时严厉的师傅终于按捺不住拨通了电话,让小付在家休息,自己顶岗上站。担心徒弟不听劝,第二天一大早,李玉民抢先到达岗位。

看似倔强、脾气暴躁的老李其实是个重感情的人。在曙四联受淹关停期间,他总是一个人悄悄骑着自行车向联合站方向骑去,直到被水挡住了去路,才失望地返回。抗洪复产期间,他更是三番五次主动请缨保卫"家园",考虑到还有两个月退休,站上想让忙碌大半辈子的老李在家休养生息,始终没同意他的上站诉求。老李不甘心,瞒着队干部,悄悄回到自己心心念念的联合站。担心承包商工作进度慢,他一边监工一边跟着大家一起干活儿,一天下来,身上的工服湿了干、干了湿。听说别的岗位人手不够,忙完本岗位的工作,他又主动跑去支援。

对联合站如此,李玉民更是把付殿博当作自己的孩子一样看待。为了帮助徒弟快速成长,今年2月,还剩半年多退休的他主动向站队提出辞去岗长职务的申请,并提出全力辅佐新任岗长付殿博。在今年油田公司技能竞赛选拔期间,付殿博被选为集输大队替补参赛的合适人选,看到徒弟犹豫不决,老李一改平时严厉的态度,鼓励他积极参赛历练自己,还主动帮忙分担岗位工作,在精神和行动上给予最大的支持。

严是爱,宽是害。师傅的"严厉"付殿博始终看在眼里,记在心上。岗位上他是老李的徒弟,积极努力,把师傅传授的专业知识和业务本领运用到日常工作中,抗洪期间,他一直坚守岗位,多次参与厂里抢险工作;生活中他是老李的"儿子",师傅有高血压,小付雷打不动地每天提醒吃药、测量血压。

正午,烈日当头,凉爽的秋风无法赶走这最后的炎热,忙碌一上午的老李和小付肩并肩向站外取餐点走去,一路上,"父子俩"还在为什么事而"争吵",倔强的背影中透露着对联合站复产的坚定……

(党委宣传部 刘 力 杨 川)

"铁脚板"踏出平安堤

——记污水处理大队第三党支部书记何根

"岁数大的,身体不好的同志们先撤离,都别跟我争,我是支部书记,听我的!我留下来!"这是8月3日绕阳河水位线逼近警戒线时,污水处理大队第三党支部书记何根自任职以来对他们岗的员工下达的唯一一道强硬的命令。

在抗洪抢险中,何根身为党员抗洪突击队的一员,为布防抗洪有关工作尽心竭力。8月1日17时,何根顾不上吃饭紧随抗洪抢险组赶往西水厂,该区域有晾晒平台和收油池。如果有洪水来袭,这个区域有没有危险?答案是肯定的,而且会导致大面积的污染,所以必须在晾晒平台上垒出一道防线。他与队友立即行动起来,投入到抗洪救灾的战役中。防洪沙袋一袋就是几十斤,何根穿着笨重的靴子,将沙袋扛在肩上,压得他直不起腰,每走一步,脚就陷进泥水里,陷得最深的时候,泥水直接淹到膝盖。灌进靴里的泥沙因为他拔脚的动作加剧了皮肤摩擦,脚在雨靴中逐渐磨出了泡,每走一步都是钻心的疼。但他依然不放弃,继续向前走,因为他知道,这点痛和洪水将收油池淹没导致的后果比算不了什么。7个多小时的连续奋战,终于完成了该区域的封堵和围挡工作。回到大队休息室后,他整个人都瘫软了下来,脱下靴子,众人目光一下子聚集在何根的脚上,那是一双被洪水浸泡得煞白、满是褶皱的大脚,可他却像个没事人似的直接和衣而睡……

8月3日傍晚,刚刚结束巡坝工作的何根还没来得及喝口水,就接到上级通知:洪水可能漫至华油工业园区域,需要连夜在污水厂区内建立起第四道防洪坝。一时间大队全体备战,何根立刻出动,与兄弟单位支援队伍汇合筑坝。劈草、扛沙包,他好几个手指的指甲因沙袋挤压而折断,即便是手被磨出血泡也来不及感受疼痛，他只是满心焦急地协调着铲车、钩机等特种车辆在各岗之间的调动，又有条不紊地安排车辆的取土事宜。皇天不负有心人，连续 11 个小时的紧张战斗，他与其他 10 余名同志终于搭建完成这第四道总长 1000 余米、宽 1.5 米、高 2.5 米的堤坝！

连日来，他的工服从未干过，要么被雨淋湿，要么被汗水浸透，也一直都没有回家，只能在深夜给父母、妻儿打个电话。数日高强度的救灾抢险工作，让大队领导担心他因驻站时间较长而体力透支，准备安排人顶替他，却被他一口拒绝，他坚定地表示自己是支部书记，一定要坚守在抗洪抢险的第一线。

沧海横流，方显英雄本色，危难之际，更展党员风采。五天五夜，在历史的长河中只有短短 120 个小时，但对于日夜奋战在抗洪一线的他们又是那么漫长。何根庄严地兑现了承诺，他与队员们并肩携手，与洪水赛跑，与险情搏斗，打赢了这一场洪水拦截阻击战！

（污水处理大队　孟令君　于　浩）

青春有担当　抗洪做先锋

——记污水处理大队安全组组长赵明

"污油池水位持续升高,直逼警戒线,捞油车、罐车跟我回污油池,马上控制液位!"7月26日,污水处理大队一线污油池旁一个年轻的身影正在有条不紊地协调罐车抽水降低池位,他就是污水处理大队的青年干部——安全组组长赵明。

宁可十防九空,不可失防万一。自7月1日开始,赵明每天与机动采油大队积极沟通增加捞油车次,配合池内水质检测,适时回提污水,维持水质达标稳定。一个月来,他先后协调罐车抽水降低池位4次,从700立方米的污油池里共计外转污油水约900立方米,使得池内含油量大幅降低,环保风险得到了有效控制。

8月2日洪峰已经抵达曙13支南侧,距离污水厂不足500米。危急关头,他带着1台挖掘机和10余辆小金刚斗车将土方源源不断地运送至站内库房前。为了第一时间建起防护线,刚完成拉运工作的他一刻也不敢耽搁地投入到筑堤工作中。现场他与近200名同事彻夜未眠,完成晾晒平台3处入口围堰加高、入库口封堵以及污油池周边筑坝等工作。三三两两的手电光在四处"扫射",风声、蚊虫嗡嗡声不绝于耳,连续8小时的高强度工作早已让他挥汗如雨。不觉间,疲惫的感觉已经爬上他的躯干,但是身为安全环保负责人,劲头哪能松懈。"马上落实几件事:一是危废库内还有部分药剂,必须立刻转移;二是马上组织人员转移废液,三是立刻将在线监测设备转移至站内高处!"赵明扯着早已沙哑的嗓子干脆利落部署工作,他的不慌不乱、严以待阵使大队避免了因大水漫灌造成损失。

第五篇　故事讲述——抗洪篇

选择了坚持，苦难终将过去。8月4日21时现场突发险情，他再次冲到一线。彼时，通往污水厂的道路早已被各类应急工程车辆施工占据，再加上交通管制，前往现场的车辆早已无法通行，但小小的困难怎能阻碍他赶往现场的决心？四个轮的行不通，那就用两条腿！他穿着及膝的靴子深一脚浅一脚地匆忙赶往，在原本不到15分钟的上站路上愣是走了足足1小时有余。抵达现场后，为解决站上土方量严重不足的难题，他凭借对周边环境的了解，立即选定了4个取土地点，并带领挖掘机前往勘查。一整晚，他不断往返于各个取土点调整各点取土深度和土方用量，"好消息"也在不断传来：30辆斗车的土方拉运得到了保障！有了土，就好似"巧妇"有了"能炊之米"，1.3千米的筑坝任务也在天亮前完成，筑成曙光采油厂的最后一道防线！

（污水处理大队　孟令君）

志在付出写忠诚

——记污水处理大队综合维修岗维修班班长冯仕忠

总有一个人,在撤离险境时选择留在最后,在危急关头中冲在最前。自7月以来的连续强降雨,使得全厂防汛形势异常严峻。为了确保安全度汛,污水处理大队综合维修岗维修班班长冯仕忠带领维修班、电工班等岗位员工再次将全站的每一处设备、电器进行了检查和维修。自7月8日以来,他连续20多日坚守岗位,确保汛期设备安稳运行。

8月1日当天车来人往,机声隆隆,上午,污水处理站接到上级指令——全员撤离!此时的他深感责任重大,险情就是命令,现在是紧要关头,一刻也不能松懈。"我是班长,必须带头抢险,我不向前冲叫谁冲?"他当即安排班组老弱同志先撤离,而自己则继续坚守在污水处理站参与筑坝任务,这一宿他坚持和抗洪抢险人员一齐在污水处理站的外围建起一条长长的防护线,仿佛大家的同心共力,又为污水处理站筑起了一座无形的新墙,让洪水畏惧,这一夜安然无恙。看着队员发红的眼睛和疲倦的笑容,冯仕忠动情地说:兄弟,好样的!

污水处理大队再次接到命令——增援前线。冯仕忠是第一个报名,一早就到大队集合,穿上救生衣,坐上铲车、救生船奔赴现场,脏活、累活他从来不拈轻怕重,一身泥巴一身汗,也不叫苦不叫累,在这里依旧能看见他忙碌的身影,也正是无数个冯仕忠的无私付出才换来了曙光采油厂的平安,才让我们有战胜洪魔的决心和勇气。

(污水处理大队 段春蕾)

"汛"猛出击　勇担使命保安全

——记污水处理大队污泥岗岗长王建新

抗洪防汛以来，挑灯夜战已是常态。8月1日汛情形势依旧严峻，15时污水处理大队接到上级指令后再次吹响防汛"集结号"，危急时刻，污泥岗岗长王建新"汛"猛出击，立即带领本该下班的人员行动起来，对4个污水池和2个污泥池加急清空，力保现场无一滴油污染，无一滴泥外溢。

这又是一次与时间赛跑、与汛情斗法的战役。为了抢时间，王建新统筹安排回水和装车拉运两项工作同时进行，现场他下发的每一道指令，都决定着抢险的效率。17时大家在做好静沉准备后开始清空污水罐，为了能在最短时间完成罐前回水工作，4台螺旋泵在安全允许的情况下排量由平日里每天的80立方米上调至130立方米。期间，他与大伙通力配合，认真检查设备运行情况，在机泵运转的嗡嗡声中时针指向凌晨3点，985立方米的罐前回水顺利完成，4个污水池全部清空；同步推进的还有污泥装车拉运工作，当晚20时，在厂调的及时安排下，28台15吨罐车火速入场，为确保罐车作业行驶道路畅通，王建新现场指挥所有车辆统一从二期门卫进，一期出。由于装车流程复杂需要多人配合，王建新在车间里不停穿梭指挥操作，副岗长许松斌，员工任立新，潘生伟一起切换流程、倒阀门。30多个阀门，总开关近1000圈，工作量之大可想而知，车间里闷热潮湿，所有人的工服都湿透了，大伙双手打着战，但还是憋着气咬着牙倒着阀门，终于在凌晨1点30分，在所有人的通力合作下，2个污泥池在最短时间清空完毕。这时，王建新又一次下达了指令——大伙现在赶紧休息！

宁可防大来小，不可疏而不备。次日清晨7时，污泥车间外亟须筑起一

道防护墙——布设 2 道隔油栏。王建新带着岗上员工接续奋战,与采油厂前来支援的 30 人一齐行动,装、扛、背、拽配合默契。从早 7 时直到晚 21 时,大约动用土方约 330 立方米,动用编织袋约 7000 余条,铲车 1 辆,翻斗车 10 多辆,成功地在污泥岗车间外筑起了长约 200 米,高约 1.1 米的"防洪墙"。这些数字记录着他们在现场的两天一夜,记录着他们为守护矿区安全所付出的艰辛努力。作为污水人,在最关键的时候,他们没有缺席;作为曙采员工,在最需要的时候,他们没有退缩,此刻的王建新不顾自己熬得红肿的眼睛又下令岗上所有人都撤回家休息,他自己却留下坚守污泥岗。

抗洪是一次特殊的历练,更是一种精神的洗礼。自始至终岗长王建新都冲锋在前,充分发挥一名党员的先锋作用,彰显一名基层干部的担当。他认为所有的一切都是值得的,不禁让人想起了《为了谁》这首歌,正是泥巴裹满裤腿,汗水湿透衣背的真实情景,是这些无私奉献的人守护着家园的平安,致敬每一位为抗洪做出过贡献的人们!

(污水处理大队 刘 英)

抗洪抢险战线上的"排头兵"

——记污水处理大队调度长张乾三

洪魔当前又如何，一面党旗一道堤。自有先锋来领路，干群齐心跟党走！就在抗洪抢险一线，有一名成长在绿军营里的青年党员，他脱下了曾经的"军装绿"，换上如今的"红工衣"，抢险现场，他沉稳而笃定，处处留下了他迎水而战的身影。他说："退伍不褪色，再苦再累我也要在抗洪一线！"这个青年党员就是污水处理大队的调度长——张乾三。

背后是洪水，肩头是责任。7月13日，张乾三突然接到"支援土地管理科"的通知，希望他能协助土地管理科对采油作业一区11号站国堤区域进行清洁工作。若有所召，使命必达！现场他既要负责整体的车辆调度，还要负责其他工作进度。为了抢时间，他每天早上不到7点就来到施工现场，协调近百名外来施工人员的清洁工作，以及翻斗车、大小挖掘机、冲锋舟的调配，尽最大努力将工作量往前抢，做到了分工有序，分组接力。在高强度工作下，他还不忘保持警惕与责任，与同事们对进出现场车辆驾驶员进行安全注意事项告知，极大地保证了施工现场车辆安全行驶。

经过他4天紧张、有序的不懈努力，11号站附近的国堤区域清洁工作全面完成。7月17日，他被调剂去了工作更为繁忙的区域。这里平日里是一条公路，如今被洪水吞噬，好似变成了"码头"。他给自己设了一个目标，在10天时间内坚决拿下这个"码头"。他每天合理有序推进清洁工作，将三十余外来施工人员分配到不同船只，并在当天下午收集全厂环保工作量，更新工作进度，为科室安排部署下一步工作提供决策支撑。

就这样时间指向7月31日，水势异常凶猛，不断朝污水处理大队前线逼

近,心急如焚的他立即申请返回大队协调部署抗洪抢险工作。他连夜通知党员骨干到大队开会,天还没亮就组织大队干部员工迅速开展工作。挖沙、装袋、封堵配电间、架高电机、门口垒坝,经过几个小时的高强度奋战,他全身湿透、泥泞不堪。每当有人劝他休息片刻,他都笑着摆摆手说:"没事,不累。"又转身去干活了。当晚,为了提前将大队污泥车间内调剖液外拉,他及时上报厂调 34 台污水罐车做足准备,并配合土地管理科在单位门口垫坝将近 600 米,大小挖掘机、翻斗车、铲车、罐车共计约百台,在他合理调度分配车辆的同时,既要跟全体施工人员交涉地下管线位置还要积极负责叠坝进度,他知道当晚注定又是一个不眠夜。次日下午站内人员全部撤离,仅留 4 名守卫人员,昼夜奋战的他却毫不犹豫地选择留下"我是调度长,我必须承担起这份责任!"

抗洪抢险期间,张乾三不分昼夜、不分周末、节假日全力以赴冲在一线。现今洪水日益退落,他却没有放松,身体和大脑一直紧绷着一根弦开始复产工作,再次回到土地管理科协助修路相关工作,为全厂复产尽自己最大的努力。

(污水处理大队 赵国利 孟令君)

第五篇　故事讲述——抗洪篇

抗洪抢险大堤上的最美"逆行者"

——记污水处理大队第四党支部书记兼生化岗岗长李军

不期而遇的特殊时刻，常会让人铭记终生。8月1日，污水处理大队接到上级紧急通知：绕阳河今晚将迎来最大洪峰，全部职工迅速撤离！关键时刻，就是党员干部"逆行"的时刻。其中有着二十多年党龄的退伍老兵岗长李军依旧保持着军人的作风，班车撤离之时，他却冲进抢险现场，在两车交会的刹那间，他坚定的眼神焦急着目视前方，没有一丝动摇和畏惧。

洪水滔滔催人急，汗水倾洒湿工衣。8月1日当天，水位还在一点点上涨，装满土石的编织袋筑起的堤坝同时也在一层层加高、加宽。垒坝护堤的现场，翻斗车、挖掘机等轰鸣着穿梭往来，他们与烈日抗衡、蚊虫共舞，条件十分艰苦。由于高温酷热，大伙也劝说李军休息一会，但他却说："我是受党教育多年的老党员，在如此严峻形势下怎么能先休息，险情不排除，我一刻也不能歇。"抢险一线，他推锹铲土，填沙装袋，封口码垛样样冲锋在前，干起活来一个顶俩，大家都佩服得竖起大拇指。到了晚上，为了抢时间，赶进度，大家便打着手电继续埋头垒坝。经过一夜的连续奋战，一道大坝赫然挺立，李军这才放心地进行短暂的休息。第二天一早他又马不停蹄地去前线巡坝，每到一处他都仔细观察水位标记，并拍照记录，准确无误的把信息发到工作群里。自抢险以来，李军就从未缺过一次岗，从7月31日到8月4日李军连续72小时坚守在抗洪前线未曾回家，挥锹装土、扛袋、垒坝，他战斗在前线，一刻没有停歇。

再见到李军时，这个160多斤的汉子瘦了一大圈，黝黑黝黑的脸晒得一块块掉了皮，正是当兵人内心坚定的意志支撑他继续奋斗着，带领岗上员工

有条不紊地为复工复产做足准备,部队的优良作风和曙光品质在这位逆行者身上体现得淋漓尽致。他说,有一分热,就发一分光,每个"平凡之光"汇聚起来,就没有过不去的坎儿!

风雨来袭,浇不灭心中烈火,烈日当头,照不尽曙光人抗洪的决心。在"逆行"那一刻,李军及所有抢险人员就是大家心目中的英雄,最美逆行者。

(污水处理大队　迟鑫灵)

抗洪后方的"信息员"

——记地质研究所稠油室主任齐庆鹏

半夜23时，曙采抗洪指挥中心，灯光映射出一个身影，他紧锁眉头，聚精会神地盯着电脑，不时地比对一下手边的资料数据，这个人就是地质研究所稠油室主任齐庆鹏。

自7月7日曙采受洪潮影响关井以来，齐庆鹏一直在抗洪指挥中心，与油田公司对接众多开发数据。随着抗洪形势越来越严峻，人员紧缺，他作为曙采的联系人，被抽调到特油前线抗洪指挥部帮忙，除了每天保持曙采生产数据的准确性，还要参与油田公司会议，每天整理完会议纪要，已经是凌晨了，在特油前线的20天里，他只回了两次家。

8月1日，随着曙四联围堤决口，抗洪进入了新的阶段，生产数据的统计工作量剧增，各级领导高度重视。为了更好地完成工作，成立了"曙采特油联系组"，齐庆鹏任组长，作为与油田公司直接对接的数据源头，为了保障从开发到工程、从基层到机关各类数据的统一性、准确性，他每天要在数十张生产数据表格中反反复复核对，至少接打50个电话沟通了解情况。

一天晚上，当小组成员刚刚完成一天的工作准备休息时，油田公司发来紧急消息，需要配合填6张表格，表格上的数据非常广泛，包括采油、热注、集输等。小组成员因抗洪期间工作量较多，压力大，大家一时间不知道怎么办，都没了主意。齐庆鹏先稳住了大家的心情，召集相关负责人开了个短会，在必须保持数据准确性这一原则下，以最快的速度沟通交流，最终，在各路配合下完成了数据填报工作，按时"交差"，此时，天已经微微亮了。

随着抗洪工作进入新的阶段，除了每天为各个部门提供准确数据以外，

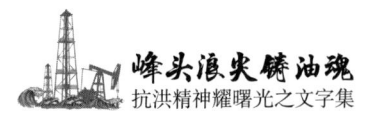

需要将信息及时上报,必须有人每天全面收集信息。齐庆鹏因工作高效,处理数据快速、准确,这个重担再次落到了他的身上。齐庆鹏化压力为动力,积极投身到各项工作中去。

油田公司每天下午5时召开例会,为了让厂领导在会前拿到最新的信息,他上午处理生产数据、下午收集各路信息,从垒坝到修堤、从巡线到排涝、从车辆到船只,信息归纳快、准、稳,他的脑里就像定了一个"闹钟"一样,随时上紧发条。

(地质研究所 王远航)

化学驱注入现场化学药剂撤离记

——记工艺研究所团队

7月受连续强降雨影响,绕阳河发生1951年有实测资料以来最大洪水,8月1日防洪大坝曙四联合站段告急,所有施工现场接到采油厂安排全部撤离。位于采油四区的化学驱注入现场随时有被洪水淹没的可能,11个注入现场23吨的化学药剂成了极大的隐患,一旦洪水漫过药剂造成污染的后果无法想象。

工艺研究所作为化学驱主要负责单位闻"汛"而动,紧急投入到抢险救灾战斗中,全力保护化学驱现场药剂安全。灾情发生后,工艺所第一时间启动应急预案,迅速完成人员编组,兵分三路,争分夺秒,一路奔赴化学驱一线现场组织药剂收集集中,一路人员整理库房保证药剂顺利入库,一路组织车辆拉运。

险情就是命令,时间就是胜利。现场一路灵活组织,偏僻小站点使用小型皮卡车辆拉运,道路畅通邻近注入点使用大型卡车集中拉运,尽力缩短药剂撤离时间。同时对每个站点做实做细隐患排查,设备该架高的架高、该转移的转移、该加水的加水,保证洪水过境无污染发生。

15时,第一台拉送药剂皮卡车进入工艺研究所院内,直至17时30分,3台皮卡车、两台卡车将900多袋近23吨化学驱用药剂全部拉回工艺研究所。工艺研究所克服困难,自发组织35人卸货,大家鼓足干劲在所长、书记带领下扛袋入库。炎炎夏日,一袋重25千克的药剂对于二线的科研人员来说也是一个不小的挑战,一开始,大家体力充沛,顶着太阳也不觉得累;很快汗水出现在每一位同志的脸上,随着体能的下降,步伐也变得沉重,大家从每人一袋的搬运方式改成了众人传递的方式,戴眼镜的同志额头的汗水打湿了眼

镜,砸在了干燥的地上,有的同志脸色苍白依然在坚持,实在坚持不住的休息一会就再冲上来,没有一人喊苦叫累,更没有一人临阵退缩,大家的热情就像这夏日温度一样高涨。

搬完后看着库房里的药剂,心头的大石头总算是落了地,同志们也有了笑声,互相开着玩笑。脸色有白有红,眼神却是相同的坚定,在洪水面前,工艺科研战线人员奋勇当前,坚持不懈地做好自己的工作,也相信采油厂一定会浴火重生。

(工艺研究所 郭永强)

油泥调剖游击战的排头兵

——记工艺研究所油泥调剖项目负责人赵永鸿

从 7 月 10 日到 8 月 5 日，短短 25 天内油泥调剖项目 5 个注入现场辗转了采油五区、采油二区、采油四区 3 个作业区，共计搬家 17 次，期间累计回注油泥 5700 多吨，基本保障了采油厂正常运行，在酷热忙碌的现场，总能看到工艺研究所油泥调剖项目负责人赵永鸿的身影。

7 月 7 日，受连续多日强降雨影响，绕阳河、辽河上游各大水库相继达到警戒水位，油泥调剖项目组按照采油厂统一部署，转移至采油二区继续作业。油泥调剖实行特殊情况下的升级管理，赵永鸿冲上了项目选井、现场搬家运转的第一线，在严格按照分工的基础上，和其他部门形成有序配合。7 月 11 日，油泥调剖项目阵地陆续转移至采油二区开始作业，截至 7 月 15 日，项目组已正常运作 4 套设备。在这个"蒸热"的七月，白日骄阳似火，夜晚蚊虫漫天。这样的恶劣条件下，赵永鸿每天都要到项目现场关键点指挥，健康的麦色皮肤变成了黝黑色，而这只是这场游击战的开始。

8 月 1 日，防洪大坝曙四联合站段告急，所有施工现场接到采油厂安排全部撤离，紧急任务的铃声响起，赵永鸿立刻冲出家门，赶赴施工现场前线。因为他知道汛情不等人，稍有耽搁就可能贻误"战机"。早一分钟到达就能多一份撤离的把握，在赶赴前线的路上，赵永鸿便沟通相关单位开展现场撤退计划。他坚持将设备安置点设到更远的兴隆台区，避免了设备的二次搬运。8 月 2 日，所有设备全部转移至安全区域。

他刚舒了一口气，又迎来新任务。污水处理厂邻近大坝地势低洼，洪水将至，厂内污泥池还有 300 多立方米的污泥急需处理，否则一旦洪水漫过后

果不堪设想。顾不上吃饭,赵永鸿再次冲到了抗洪一线,一方面组织罐车拉运污水池污泥,一方面在四区组织2个注入现场,一夜奋战到3日凌晨,污水处理厂污泥池内污泥全部完成转移。同日,油泥调剖阵地转移至采油四区进行注入作业,连续奋战50多小时后,300多吨污泥注入完成。

油泥调剖现场且战且退,充分发挥"游击战"策略,圆满完成了采油厂下达任务,工作千头万绪,赵永鸿都梳理得条理清晰。现场多、战线长、环境苦,时刻考验着他的意志和体力。累到熬不住,就找地儿躺下睡会儿,渴了就喝着"常温"的矿泉水,工服上的白色盐渍,晒爆了皮的黑皮肤,这些都没让他退缩,默默坚守在油泥调剖现场前沿阵地。

大灾面前,55岁的老同志亮出了上一辈石油人不屈不挠的胆量和气魄,他坚信,只要坚持不懈、迎难而上,就一定能打赢这场抗洪复产攻坚战。

(工艺研究所 郭永强)

第五篇　故事讲述——抗洪篇

带领"突击队"冲锋在抗洪一线
——记生产保障大队抽油机安装队党支部书记田战叶

自曙光油区受洪水侵扰、潮水倒灌以来，生产保障大队抽油机安装队党支部书记田战叶带领着共产党员突击队迅速转移工作重点，活跃在各个吊运抛石笼、堵管涌、安装排涝泵、放置管排的抢险任务中。该队支部在组织抗洪任务的同时，发挥纽带作用，突出责任意识，根据党员自身能力、班组素质，因人而异、因班而异，制定不同的标准，提出不同的要求，设定不同的目标。面对大堤陡峭、场地泥泞等艰难困境，党员临危不惧，将"急、难、险、重"关键时刻的模范作用、攻坚作用展现了出来。

"杜洋，你年轻，准备登高作业，系好安全带。""项所，你拿着扳手，小李拿撬棍，配合抬一下设备，快点穿螺丝。""宝强，负责指挥吊车伸臂杆。"7月16日15时，田战叶带领15名突击队员迅速赶到采油厂应急中心车间库房，吊运排涝泵上坝安装。他作为突击队负责人，面对潮水侵袭、施工区域狭小的困难，临危不惧，井井有条为每个人安排任务。他带领着突击队员们与困难较量，与时间赛跑，在抗洪抢险战役中投入洪荒之力。

临近18时，所有设备全部到达现场，经过厂领导反复确定，最终指定了2台排涝泵的安装位置。天逐渐暗淡下来，队员们在嘈杂的井场上卸车、组对，紧张有序地忙活着。晚餐送来了，水送来了，没有人放下手中的活儿去吃饭喝水，反而加快了进度。为防止夜间施工时间段出现险情，田战叶协调来探照灯照亮场地。强光灯下蚊虫飞舞，只扑脸颊，大家全然不顾蚊虫的叮咬，浸湿的衣服。

"注意脚下泥水别滑倒，泵座要放稳，吊点绑扎好，人员及时避让，搬运

水泥架高排水管……"唠唠叨叨的他时刻关注着每名员工的安全,就怕谁一个不留神掉到水里。直到23时20分,2台排涝泵、发电机组全部组装完毕,凌晨24时,终于启泵成功。

在抗洪防汛的关键时刻,抽油机安装队共产党员突击队一面做好抽油机日常安装工作,一面完成了12次共计154个吊运抛石笼,9台排涝泵临时防汛紧急任务。这些任务一干就是10余个小时。再晚回家,第二天,他们依旧赶往抽油机安装现场有序施工。

洪水来势汹汹,唯有迎难而上。突击队员们正以拼搏精神冲锋在前,全力"保一线、保上产",深刻诠释了"哪里有困难,党旗就插在哪里,党员就冲到哪里。"

(生产保障大队　李春雪)

不怕"啃硬骨头"的"90后"电焊能手

——记生产保障大队安装队青年队长黄殿瑜

"报告领导,我们加紧预制了20个抛石笼,随时可以吊运上坝堵漏……"

"文博,你马上带上3个人,带上吊卡、吊具,去油管厂吊运500根油管,吊装过程注意安全。"

"董哥,请你那边给我派2名电工支援一下,需要焊机接电和安装夜间照明,我这边需要连夜会战……"

自进入抗洪期间以来,生产保障大队青年队长黄殿瑜就开始了每天不停地忙碌,"90后"的他没有选择"躺平",而是选择流着汗坚守在最苦最累的电焊岗位上,从焊制加固坝体的抛石笼,到焊制固定隔油栏的固定船锚,再到切割运送油管,以及各种临时性应急任务,每一项施工他都冲锋在前。用他的话说:"我既然干这个,就一定要起带头作用,就得负责,这些压力我还是能挺住的,尽量不让老师傅们上大坝。"

7月7日至9日,大潮即将来袭,大坝前线急需加固坝体用的抛石笼,面对时间紧、任务重的困境,黄殿瑜在经过短暂的规划后迅速开始组织:协调材料运送、组织施工布局和任务分配、后勤保障、安全监护。由于抛石笼需求量大,厂里协调了来自恒泰利、金宇、原机修厂近90名工人、20组电气焊力量全面展开突击会战,为确保会战有序进行,现场均由黄殿瑜一人负责调度指挥。瘦弱的身体里,却藏着巨大的能量,在最高气温34摄氏度的天气里,他不知疲倦地穿梭在300平方米的场地协调指挥,他总能在别人一头雾水,不知从何下手时,做好进度安排。吊装、焊接、运管工序繁多,在他的协调下,现场却没有一丝混乱,各环节井然有序。由于正值高温天气,他担

心有人脱水、中暑，时不时提醒大家轮流休息，人员不足的时候他随时顶上去，别人休息时，他依然在忙碌。

作为电气焊应急保障的负责人，在随后的抗洪日子里，为了能第一时间赶往现场，他连续住在单位一个多月，随叫随到，早上4时出发吊装抛石笼、5时组织人员切割抽油杆、20时组织焊接筛网、23时运送卸油台板桥……流水一样的突发性任务，铁打的他，每天电话不断、走路不断，脚底磨起了水泡，他贴上创可贴继续走；左肩膀有些疼，他咬牙坚持，直到有一天实在不受控制抬不起来了，在领导的要求下他才去做了检查，发现连日来的辛苦工作他的骨膜、肌腱损伤，有积液。但即使这样，他依旧坚守在岗位上，张罗着各项抗洪防汛工作。"面对几十年不遇的特大洪水，我们作为全厂唯一的电气焊专业维修保障队伍，厂里只要有需要，我就会带着全队兄弟们全力以赴，保证完成任务，做出我们的最大贡献。"

一个多月的抗洪，他黑了不知道几个色号，也瘦了不知道几个维度，但是一沓厚厚的成绩单印证了他的努力：焊制抛石笼191个、焊制固定锚500个、焊制监控支架14个、切割油管330段、切割抽油杆450段、临时性突发任务13项……

（生产保障大队　李春雪）

第五篇　故事讲述——抗洪篇

抢回 200 万元损失

——记生产保障大队油管管理中心调度长张文斌

"孩子都高烧 39.3 了,你还不请假回来。""老婆,这段时间辛苦你了,正值抗洪抢险阶段,我现在马上要去二区抢收油管……"7 月 30 日,生产保障大队油管管理中心调度长张文斌接到妻子打来的电话,两岁大的孩子高烧 39.3 摄氏度,连续 3 天未退,他都没有时间回家照顾,妻子焦虑中透露出埋怨。张文斌一边安抚妻子情绪,一边担心着前线管材的转运,随时做好为抗洪一线服务的准备。

洪水来袭,8 月 1 日下午接到撤离通知的他,又出现在二区油管厂的院里,组织人员将管材架高防止被淹,为院内管垛围上隔油栏,抢收活动管线配件,避免了近 200 万元的直接经济损失。

"只要有需要,我就第一时间把前线需要的管材及时送到位,用管材筑牢大坝的根基,做好一线员工坚强后盾!"采油作业三区 16 号站北侧民堤由于绕阳河泄洪加上潮水上涨出现漫堤情况,河水冲开了一个豁口,急需报废油管配合封堵。接到通知,他立即组织应急保障工作,交代好吊装现场工作后,立即到小队带卡车拉运报废油管到漫堤现场,不到 40 分钟将报废油管送至现场。

"油管管理中心立即往溢油中心附近大坝送 5 车报废油管用于加固大坝。"接到上级通知,张文斌立即组织人员及车辆开始装管,下午 4 点装完 2 车后送往溢油中心。由于现场施工人员、车辆较多,需要排队,吊卡排了 3 个小时还没有进入溢油中心,他里里外外跑了十余趟才把车带进现场,卸完车后又带车回去装,送完 5 车后已经凌晨 3 点了,回到单位紧绷的神经微微松劲

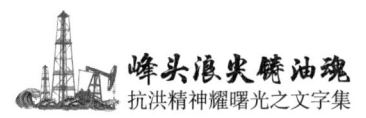

他才感觉两腿已经不自觉地发抖,两脚传来丝丝痛感,原来是脚上已经磨出血。

为了做好复产前的准备工作,张文斌提前开始谋划,由于前线的四个油管生产区域全都在水里,针对实际情况,他先是在曙光原钻采场院里找到一块场地,清理并搭建管垛作为管材临时周转点,又联系作业科新进和维修待修管材,保障作业管杆的使用,最后又带着吊卡涉水将二区架高的管材拉出来,以备作业队伍使用。

(生产保障大队　李春雪)

第五篇　故事讲述——抗洪篇

为保障抗洪复产交通畅通倾尽全力
——记安全环保技术监督站车管中心干部员工

七月以来，受多轮强降雨影响，来势汹汹的洪水突破了绕阳河有水文记录以来的最高纪录，大灾当前，整个曙光油区上千人夜以继日鏖战洪水。保障人员、物资源源不断安全运达一线是取得抗洪复产全面胜利的关键一环，急难时刻，安全环保技术监督站交通管理中心以"汛情就是命令"的战斗精神，在采油厂统一部署下，迅速调动全厂20名车管干部，24小时分路段点位执勤，全力确保交通"大动脉"畅通。

中心负责人杨亮刚接手交管工作，就迎来严峻考验。他每天第一时间关注气象信息，在强降雨来临前及时组织车管干部研究应对，迅速启动交通管理工作方案。伴随洪水来袭，他没有休息一天，连续坚守在工作岗位。洪涝灾害初期，他根据各点位上报的路况信息进行分析部署，要求"在第一时间把交管员投放到第一线去"。同时，带领中心车管干事冯建山及时向全体交管员传达上级要求、工作重点，督促执勤人员切实提高自身防护能力和快速反应能力，全天畅通信息报告渠道，及时准确上报路况、事故、通行秩序等信息。

7月8日以来，交管中心冯建山的电话就不断响起，"一区23站井场上水、曙四联路段出现混乱拥堵，需要紧急开辟防汛应急通道……"部分昼夜保供抢险施工车辆信息不断传来。汛情就是命令，杨亮、冯建山每天带领交管员第一时间分赴各执勤路段，对防汛路段采取交通管制，设置警戒线和路锥，迅速开展道路抢险抢通工作，以最快速度清除障碍，恢复车辆通行。冯建山更是冲锋在前，哪里车流量大、哪里紧急，他就奔向哪里，所有交管员

们冒雨蹚着泥水来回清理疏通，在危险路段设立警示牌。在关键路段安排人员24小时值守，在12日天黑前就顺利完成了1000余台次保供工程料车的工作，抢险保通初战告捷。

7月28日，特大暴雨又一次来袭，上游洪峰过境，夜间绕阳河水位暴涨，8月1日曙13支开始建造保卫曙光家园的防洪堤，交管员们设立警示标牌、警戒线、疏导工程车辆、勘察淤泥打滑现场、设立反光路锥，从清晨6点一直到天黑，十几个小时下来，雨水、泥水、汗水混杂在一起，早已看不清大家的脸庞，只能看见闪着红蓝警示肩灯的"白帽子"，很多人脚掌上满是磨出的血泡，但没有一人喊苦喊累。8月5日曙13支全线畅通，抢险保通取得了阶段性成果。

镜头一：心系抗洪人员，时刻保障员工健康通道

8月7日8时35分，冯建山在1号点执勤疏导交通时，听到前线有名员工因抢险任务错过了服药时间，精神萎靡不振，急需送药。当时因为工程车流量大，前方路段拥堵，部分私家车辆无法前行，冯建山见状，便立即协调防汛值班车将求助的亲属运送到安全路段，并及时联系前方多个执勤点，协调路线，迅速引导救援车走快速应急通道将患病人员撤出。因为处理迅速及时，为员工的及时救治赢得了宝贵的时间，获得了医护人员和患者家属的感谢和赞扬。

镜头二：无惧烈日炙烤，挥汗如雨守护防汛通道

8月上旬，盘锦市气温超过32摄氏度，气象部门发布高温预警，提醒人们注意防暑，建议尽量减少户外活动。此时，正在执行防汛执勤任务的交管员，除了坚守，还是坚守……

对汛期执行防洪堤坝路段及大闸、小闸交通管制勤务的交管员来说，其责任之大更是可想而知。高温袭来，强烈的阳光炙烤着大地，正午时分，地表温度已高达45摄氏度以上，只见杨亮、冯建山依然站在热浪滚滚的路面上一丝不苟地指挥着交通，面容坚毅、手势果断，汗水沿着工装滴落。高温考验着交管员,很多人皮肤晒掉了一层皮,还有的脚上走出了水泡,但没有一个人退缩,交管员付延军一天执勤下来居然喝了十几瓶矿泉水,连自己都不敢相信。汛情转缓,曙13支防洪墙安全了,而执勤的交管员们也早已一个个变成了"黑人"。

镜头三:盒饭送上路面,汛期道路一刻不能阻塞

"我是附近种稻田地的,我想回地里看看。"

"您好师傅,这是防汛通道,禁止驶入。"

"我问一下,我想从这里去东郭,还让不让走啊?"

"对不起,里面大型车辆正在抢险,请您绕行。"

"领导让我来看现场的。"

"车多路窄,会车困难请耐心等待或者下车步行前往。"

……

这是交管员们执勤时说的最多的话,有时每天得重复上千遍,一个个声音都嘶哑了。中心领导和交管员总共只有20人,洪水围城,采油厂防汛指挥部安排24小时执勤点就多达四五处。重任在肩,大家只能放弃休息连轴转,曙13支防汛最紧张的那段时间,中心每天有半数人员得24小时连着上岗,实在累得不行也只能在路边树荫下或值班车里短暂打个盹。每天将盒饭送到各个执勤点,暴雨中、烈日下、尘土里,大家只能端着快餐盒子在路边草草吃点应付一顿。

在抗洪保畅期间,该厂交管人员展现出了可贵的"曙光精神"。中心党员干部率先垂范,夜以继日,倒班连续作战。有的同志患有糖尿病等慢性疾病,仍坚守在抗洪保畅一线,没有一个人因此请假离岗;有的同志多次被雨水淋透衣服依然长时间站立执勤,身体出现不适症状,还有旧伤复发的,但大家没有一个叫苦,没有一人请假。中心老车管干部朱伟、张国福、王宝华都已快到退休年龄,考虑到高强度的工作,杨亮提出让他们少排几个班,但都被

"毫不客气"地回绝了。交管员付忠雷孩子幼儿园放假，为了安心参加防汛工作，他主动将孩子送到几十千米外的父母家，整整一个多月吃住在曙光，就连家里窗户漏雨，也没顾得上请假回去维修一下。为了员工的平安出行，为了抗洪工作的顺利进行，交管员们默默坚守在自己的岗位上，确保了全厂未发生一起因抗洪抢险引发的交通安全事故和严重交通堵塞问题。

2022年汛期，交管中心干部员工顶着狂风暴雨，无惧烈日"烤"验。交通协管员们在关键时刻更用自己的实际行动诠释了"责任"和"担当"，也赢得了上级部门的支持和公安机关的赞赏。

（安全环保技术监督站　冯建山　刘　新）

与时间赛跑

——记技术开发作业区化验室队长张焱鼎

"报告,化验室11名员工已集合完毕,可以立即去注聚各站点拉运药剂,请指示!"

"出发!"

8月1日下午2点,我接到作业区调度令,让立即组织化验室当班员工赶往注聚队,协助注聚队回收药剂,以防药剂被淹。我一刻也没敢耽误,火速组织了11名员工飞奔各站点。下午4点,和化验室员工们共拉回药剂420袋,共计10余吨,然后,我们又马不停蹄地卸车,一直卸到了晚上6点,这时电话又响了起来……

"收到,保证完成任务,这就赶往厂机关!"

原来,是作业区通知晚上6点半到厂机关集合,准备参加抗洪任务,二话没说,我抹了下脸上的汗水,直奔厂机关……

撮土、装沙袋、扛物资……我咬着牙坚持,就这样一宿的忙碌与战斗,让我在返程的车上睡着了。

8月3日一早,我早早来到作业区,在得到曙采矿区撤离的通知后,第一时间迅速组织5名男员工将化验室一楼所有化验设备拆除,搬至二楼。

"同志们,再坚持坚持,设备坚决不能让水泡了!"

在场的员工最终在2小时内,把所有的设备均搬至二楼操作台架高。

8月7日,我又接到化验室负责厂里外输原油去冷一联、海一联、欢一联、高一联四个站点的检斤化验工作。由于时间紧迫,绝大部分人员未接触过联合站检斤化验等工作,我一面到各个联合站协调沟通解决人员工作及吃

饭等问题,一面组织协调班车安排员工倒班上站。每天早上5点汇总前一天各个站点的数据汇报到厂里,7点前到作业区门口送班,直到8点确认4个站点的员工都顺利坐上班车,再回到化验室组织采二、采四的油样化验工作。

截至8月20日,化验室累计出勤联合站化验检斤员工146人次,参与化验近500个油样,检斤近200车次,顺利地完成了厂里下达的任务。

(技术开发作业区　张焱鼎)

"白胖子"变形计

——记技术开发作业区注聚队队长刘凯

2022年洪水如猛兽一般席卷了曙光采油厂生产区,面对严峻复杂的汛情,技术开发作业区党员干部员工闻"汛"而动,冲锋在前,第一时间投身防汛救灾第一线,用石油力量筑起一道冲不垮的"红色堤坝"。

在防汛救灾现场,党员干部全员上岗,战高温,斗酷暑,迎风雨,到处都能看到他们忙碌的身影,在防汛救灾攻坚战中,发挥了技术开发作业区的力量。

作为注聚队队长,白天为了员工安全撤退,我当起了"逆行者"投入到抗洪救灾一线,筑洪堤,查隐患,排险情,与洪灾对抗,顶着炎炎烈日装沙袋、卸水泥,巩固洪水防线,努力把经济损失降到最低。

到了晚上更是打起十二分精神巡坝,监控险情,确保无隐患发生。在抗洪一线,我连续奋战了两天两夜,饿了,在路边蹲着吃上一口面包;困了,随便找个土地打个盹儿,稍稍休息一会儿就又重返抗洪救灾一线,身上的衣服一直被汗水浸湿着,顾不上晒伤的皮肤和因装卸沙袋造成的伤口,不敢有一丝懈怠,不愿多浪费一分钟,始终坚持奋战在抢险一线。在坚守防汛救灾第四天时,同事开玩笑地说:"大凯从白胖子变成黑胖子了!"

"关键时刻站得出来,危难时刻豁得出去,这是我们向党组织最有力的宣誓。"坚守一线,虽然使我从一个白胖子变成了黑胖子,但能和大家一起守护防线,守护矿区,我很荣幸。

(技术开发作业区 刘 凯)

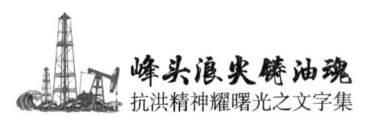

抗洪一线的"标配"人员

——记金宇建安钻修分公司安全生产负责人霍文志

"抗洪抢险应急名单赶紧把我排上,今晚我在单位值守!"金宇建安钻修分公司安全生产负责人霍文志一脸严肃地说。8月1日下午,刚从茨采工作回来的霍文志顾不上休息,立即投入到杜84块国堤保卫战中。

作为钻修分公司抗洪抢险应急组长,霍文志带领抗洪防汛人员沉着有序开展抢险工作,布置防汛点、安排物资、联系应急车辆、发放抢险工具,各项工作有条不紊地进行着。多年的队伍管理经验帮霍文志练就了良好的应急处置能力,他一边打电话协调抢险工作,一边与同事一起搬运沙袋,经过8个小时的连续作战,终于成功解除险情,完成了抗洪抢险任务。

在抗击洪潮中,他始终奋战在一线,24小时待命,参加了10余次抢险,工服、安全帽、雨靴、救生衣,"抗洪四件套"就像"焊"在了身上。

从茨采回来那天起,霍文志仅给妻子打电话报个平安,便"驻"在了抗洪前线。堤坝上,他和"战友们"一干便是一天,白天烈日的炙烤、傍晚蚊虫的围攻丝毫阻挡不了他们抗击洪潮的步伐,泥泞的地面上,霍文志一袋接着一袋的装填、搬运,汗水不断地从脸颊往下流,身上的工服湿了干、干了湿。每次抢险结束,他才发现累得直不起腰,手脚早已磨出水泡,身上也被蚊虫蜇得满是红包,可他全然不顾疲惫,依旧全身心投入到下一场战斗中。

无论白天还是晚上,哪里有需要哪里就有他的身影,霍文志的出现早已成为"标配"。他常说一个人的力量有限,但有限的力量汇聚到一起就可以释放出无限的光芒。

洪水退去，霍文志的脚步却未曾停歇，看着满目疮痍的油区，他选择继续奋战在一线，为采油厂复产上产贡献自己的力量。

（金宇公司　张　瑜）

小个子　大担当

——记金宇清洗公司经理黄红兵

2022年7月18日14时，采油作业三区16号站循环路坝口又聚集了一群人。

队伍中一个个头不高、目光锐利、黝黑精壮的汉子格外显眼，他就是金宇清洗公司经理黄红兵。此时的他正望着站周边日渐上涨的水位和饱受威胁的大坝，陷入沉思。

作为金宇集团的应急排头兵，清洗抢险队是黄红兵亲手打造的队伍，虽然接手时间不足两年，但在2021年绕阳河大洪潮抢险中经受住了考验，获得采油厂的一致认可。当2022年第一次洪峰袭来，清洗抢险队第一时间奔赴前线，与采油厂、作业区保持着24小时联动。卸水泥、装土袋、叠堤坝、堵管涌，哪里需要哪里就有清洗抢险队的身影，正如黄红兵常挂在嘴边的那句话：金宇清洗就代表着冲得上、站得住、干得好。

作为进入内涝区域的唯一通道，采油作业三区16号站循环路已被洪水浸泡多日，地基松软，重型吊车及设备根本无法正常通行。泵机吊装车是复产过程中必不可少的重型车辆，晚一天就位就意味着延迟一天复产。当务之急就是把路修好，让车辆尽早到达指定区域。

"红兵，给你三天时间，能把路修通吗？"紧锁眉头的厂领导直接点将。

"保证完成任务。"尽管清楚地知道此次任务重、困难多、工作量大，但黄红兵没有半点犹豫退缩，斩钉截铁地回答道。

军令如山，收到任务的黄红兵不敢有丝毫耽搁，立刻排兵布阵，将堤坝加宽现场的机具及砂石料供应、编制项目人员分工方案，分别交由项目部主任和综合部主任负责。为了按时完成任务,黄红兵对施工计划的要求明确而坚定:时间精确到小时,只能提前,绝不延后!

承接过多次急难险重任务的金宇清洗队伍迅速行动起来,短短两个小时,临时指挥部就在采油作业三区16号站附近安营扎寨,现场指挥、车辆引导、砂石倒运、记录员全部集合就位,第一车砂石料也顺利运抵现场。

本就经常失眠的黄红兵,这一夜睡得更不踏实。7月19日5时,现场传来消息,由于砂石含水过大,实际进度比计划慢了20米,黄红兵立即协调施工现场,想方设法把进度追了上来。

四天两夜,施工72小时,累计动用砂石一万多立方米,一条崭新的循环路修复成功,数十部泵机顺利架设在堤坝上。看到等待"上岗"的设备终于运转起来,疲惫不堪的黄红兵露出了欣慰的笑容。

(金宇公司　王　烽)

伫立在堤坝的"先锋者"

——记金宇运输公司经理李墨

"回去休息一下吧李总,再这样熬下去你身体扛不住啊!""没事,我还挺得住。"这位顶着黑眼圈"连轴转"的人,是金宇运输公司经理李墨。抗洪抢险以来,他一直坚守一线,皮肤晒脱了皮,灰蓝色工作服也因汗渍长时间浸泡而泛白。

从7月7日起,李墨便开启了与洪水的漫漫长跑。组织应急抢险队伍、巡坝固堤、协调防汛物资、安排防汛车辆设备、做好后勤保障、与外单位沟通……每天忙个不停,把防汛工作安排得井井有条。

其实这已经不是李墨第一次参加抗洪抢险,去年十月,30年不遇的特大洪潮袭击曙光采油厂,当时刚到金宇运输公司任职的李墨积极参与抢险,出色的工作表现得到领导同事的一致认可,被授予"抗洪抢险先进个人二等功"。荣誉的取得既是肯定也是激励,在今年历史罕见的洪涝灾害面前,李墨依旧冲锋在前,将一名共产党员的先锋模范作用发挥在抗洪一线。

由于水位不断上涨,车辆无法进入受灾现场,为了能及时排查险情,他带领公司其他班子成员每天徒步5千米到达抢险现场。三天两夜的连续奋战,疲惫不堪的李墨双手不自觉地发抖,同事纷纷劝他回去休息,可他依然固执地坚守岗位。

有一次,大坝发生溃口,情况危急,如不立即封堵,油井、设备都将被淹,后果不堪设想……时间紧任务重,李墨立即安排长臂挖掘机向溃口处投放石块,由于水流湍急,石块很快被大水冲走。眼看着溃口被水流越冲越大,李墨急中生智,紧急调用多台长臂挖掘机和铁笼,将石块投入到铁笼里,再用长臂挖掘机固定铁笼。第二方案的科学性很快得到验证，经过 4 个小时的不懈奋战，溃口成功封堵，李墨终于松了口气。

　　肩上有责任，苦干勇担当。在大坝上日夜值守的李墨始终惦记着另一边的排水现场。自去年参与抗洪抢险后，为帮助曙采厂解决实际问题，李墨主动思考、多方考察，组织技术骨干研发抽水设备。功夫不负有心人，集"排量大、安装方便、安全性能高"三大优点于一身的"多级轴流排水泵"研发成功，并在今年抗洪抢险中投入使用。于是，在保障单位所属受灾地区水位平稳后，他便徒步十多千米查看排水泵的排水情况。据了解，新研发的排水泵 1 小时排水 6000 立方米，为此次抗洪抢险立下汗马功劳。

　　在抗洪期间，金宇运输公司平均每天出动铲车、钩机、翻斗、板车等各类特种车辆上百台，作为运输公司的负责人，调度指挥这些车辆成为李墨每天必不可少的工作。"这是我的任务，更是我的责任！"面对庞大繁琐的工作量，李墨的目光中始终带着坚定。

（金宇公司　张馨元）

逆流而上照亮堤坝守住"家"

——记金宇技术服务分公司经理赵可

8月6日8时30分,金宇技术服务分公司经理赵可,从曙13支坝头快步跑下来,已经连续奋战三个昼夜的他,来不及换件衣服,带着泥泞和疲惫,匆匆乘车赶往沈阳某医院,那里,他患病的父亲今天要做手术。

曙13支西侧大坝即污水处理厂西南段,是由金宇公司负责的堤段,也是守住曙光地区的最后一道防线。8月4日,汛情告急,为加固堤坝,上级决定在该段大坝后面水中"立桩",再将装满沙土的沙袋填进去。由于连日下雨,堤坝不牢、宽度不够,抓钩机不能发挥作用,根本无法直接使用机械化设备进行填埋,需要人工"打桩"之后,再将沙袋一袋袋填入进去。面对艰巨的任务,赵可主动请缨,带领20多人组成抢险冲锋队,下水立桩、扛沙护坝!他们两人一组,将木桩抬进水里,用双手扶稳固定底端,一人用铁锤将木桩"钉"进去。根据地势的不同,打斜、打正,有人下水,有人抬桩,有人抡锤。

16时左右打完桩,赵可和大家一起,将一袋袋的砂石手拎肩扛,源源不断地填入水中。夜幕降临,大家挑灯夜战,100多根木桩,根根坚挺地矗立在洪水之中,仿佛是一名名"战士"守护着堤坝,守护着曙光家园。

23时,堤坝加固完毕,夜幕中蚊虫扑面而来,赵可和大家在大坝上席地而坐,汗水掺杂着雨水,衣裤都湿透了。白天烈日当头,赵可的脸颊早已晒伤脱皮,最大的一块皮,足有一元硬币大⋯⋯

8月5日4时,赵可和值班党员已经开始了当天的第二次巡坝。由于泥泞的堤坝铺着塑料布,湿滑不平,白天在坝上走路就很艰难,加上时而下雨,凌晨巡坝更是难上加难,他们打着手电筒,边走边检查是否有渗漏的地方。

"我们每小时一次，轮流巡坝，时刻紧盯水位情况，一旦出现险情，就能及时上报，及时处理。"赵可说。

8月8日一早，从沈阳匆匆赶回来的赵可，又立即回到坝上，再一次投入到了紧张的抗洪抢险中。父亲很支持他的工作，在病床上还在给他打气，给曙光加油。赵可说，要尽最大努力，守护住每一个"小家"，守护曙光这个"大家"。

（金宇公司　路　阳）

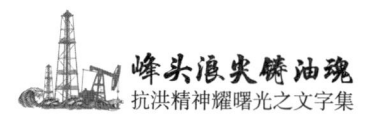

关键时刻冲得上　危急关头打得赢
——记金宇抗洪抢险突击队

7月31日，绕阳河发生1951年以来最大洪峰，曙13支大坝告急，严重威胁着曙光矿区人民的生命财产安全。面对严峻汛情，金宇公司快速响应，除安排基层单位执行应急抢险任务外，迅速组织近300人的"金宇抗洪抢险突击队"，哪里有需要就往哪里去，哪里有险情就往哪里冲，用实际行动谱写金宇曙采"一家人、一家亲"的感人赞歌。

砥砺鏖战，个个似"灰人"

国堤溃口，曙13支大坝成为保护曙光的最后一道屏障。8月5日7时，按照采油厂安排，金宇公司"抗洪抢险突击队"紧急驰援。

200余人兵分两路，一组人员在污水厂南侧装沙袋，一组人员在曙13支大坝打桩、叠坝。当日16时30分，该公司收到紧急加固加高堤坝的任务，200余人迅速在曙13支大坝集结。

由于坝面仅能单车通行，卸水泥只得靠人力。午后的阳光毒辣难耐，大家已经奋战了将近一天，但干起活来丝毫不含糊。卸水泥、搬水泥、码水泥，动作麻利，一个个水泥袋被飞快地码在堤坝上。为了避免泥水飞溅到眼睛里，只得眯着眼，但手里的动作依然不减。搬不动了，换肩膀扛，肩膀扛疼了，换另一个肩膀。蓝色的工服早已变成灰色，汗水混合着水泥灰紧紧"粘"在皮肤上，完全像个"灰人"。

细小的水泥灰吸到嗓子里、鼻子里，使得喉咙干涩、嗓音嘶哑，但大家浑然不觉，1吨、2吨、3吨……堤坝上整整齐齐码放的水泥以肉眼可见的速度快速增高。经过两个多小时鏖战，60吨水泥筑成了坚固的"城墙"，阻挡着洪水的侵袭。

叠坝任务完成，由于车辆无法通行，200余人的大队伍只得踏着月光，借着微弱的应急灯光，小心谨慎地步行折返。21时30分，饥肠辘辘的队伍终于回到公司大院，"等候"多时的盒饭早已凉透，快速吃完晚饭，大家相互叮嘱着踏上回家的路。

拼尽全力，坝上"舞长龙"

8月7日5时，天空下着淅淅沥沥的小雨，金宇公司主要领导率先抵达曙13支大坝抗洪现场，深一脚浅一脚走在泥泞的坝上，顶雨查看现场情况，按照厂领导安排，部署抢险工作。

7时，金宇抗洪抢险突击队到达现场，公司领导班子身先士卒，安全生产副总经理张凯充分发挥"总调度"作用，带领干群顶风冒雨装填了3000余个沙袋。

铺设防渗布时，由于坝面太窄，车辆无法在上面通行。二三百斤一捆的防渗布，需要几人合力才能抬起来，在湿滑的堤坝上抬着走几乎寸步难行。公司领导急中生智，采取将防渗布展开从队尾接力传递到队首的方式进行铺设。这时，天公不作美，又下起了雨，给"传递"增加了难度。大家丝毫不受雨水影响，个个聚精会神听着坝下指挥人员的口令，265人动作一致，忙而不乱，蓝色防渗布犹如蜿蜒长龙在坝上舞动。

12时52分，大家席地而坐，刚打开盒饭，又一场骤雨倾泻而下，突击队员无处躲、无处藏，被浇成了落汤鸡，顶着雨匆匆吃完饭，随即继续投入到战斗中。

铺完防渗布、毛毡，他们又将10吨水泥、3000余个沙袋以接力的方式向前传递，均匀铺设在坝面上。吸过水的水泥、沙袋变得更加沉重，本就艰难的抢险工作更具挑战，队员们拼尽全力，脸上、脖子上青筋暴起。

17时30分，历经12个小时，金宇抗洪抢险突击队超额完成本次护堤固

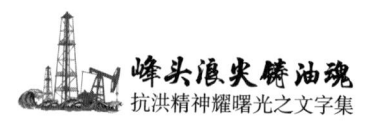

坝任务，得到厂领导高度肯定。

备战洪峰，义无反顾挑重担

8月8日，按照采油厂统一安排，为积极应对下一个洪峰挑战，金宇公司再一次发出动员令，集中全体力量备战洪峰，半天时间内抢装20000个沙袋。险情就是命令，抗洪突击队转战曙采小车队院内，公司机关男女全员助阵，组成"沙袋制作大军"抢装沙袋。

自11时25分收到上级通知，金宇公司克服人员连日劳累、集结难，物资紧缺、调配难，车辆供不应求等实际困难，一个半小时的时间，200余人、15辆翻斗车、2台铲车、20000余条麻袋……全部落实到位。

200余人分工明确，分成装沙袋小组，男同志撑沙袋、装沙袋、码沙袋，公司机关女同志捆扎沙袋。4人一组展开流水作业，铲沙、装袋、封口、搬运，一气呵成、有条不紊。

8月的太阳照在身上火辣辣的，13时正是一天中最热的时候，大家汗流浃背，汗水流到眼睛里，随手抹一把，挤挤眼睛，继续奋战。一车车沙土源源不断地运来，随即被制作成一个个沙袋，码放在一边，堆成一座座小山。

16时，20000袋沙袋全部填装完毕，与沙袋一起及时运送到堤坝上的还有20000条麻袋、8顶帐篷、1台发电机等防洪物资。

日夜坚守，保卫最后防线

"现在水位咋样？""放心吧！领导，警戒线以下1米……"8月9日20时，驻守曙13支大坝人员刚刚巡坝回来，来不及休息，便立即向金宇公司领导班子汇报。

自接到值守堤坝任务后，金宇抗洪突击队紧急抽调100人轮流值守，并通过肩扛手提的方式步行1.5千米将防洪物资运送到坝上。

9日夜里，天气突变，降温明显，除了巡坝，大家轮流挤在临时搭建的帐篷里取暖。尽管气温降低，但蚊虫依然活跃，队员们的皮肤被咬得到处是包，加上坝上不时有车辆经过，掀起的灰尘呛得人直咳嗽，突击队员 24 小时没合眼，很多人都冻感冒了，可没有一个人退缩，硬是坚持到交接班的那一刻。

除了时刻关注水位变化，每次巡坝队员们都仔细检查是否出现渗水或是管涌，越是犄角旮旯的地方看得越仔细，一次来回巡逻好几趟才放心。有时走着走着，竟越过了属地巡检边界。

8 月 14 日 7 时许，正在巡坝的霍文志突然发现由外部单位负责的坝段出现了旋涡，管涌现象严重，来不及多想，立即汇报给金宇公司领导和厂调。管涌得到及时处理，所幸没有造成影响。

就是这么一群人，虽然没有惊天动地的大事，却有着执着的付出和坚守；虽然没有潸然泪下的故事，却始终坚守着为采油厂提供优质服务的初心和使命。他们就是这样一群可亲可爱的金宇人！

（金宇公司　王俊东　马志敏）

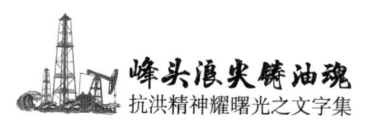

"大管家"们抗洪记

——记财务资产科干部员工

提起财务资产科,多数人第一反应是:整天坐在办公室手拿计算器盯着电脑屏幕,事无巨细地一笔一笔核算生产经营支出的"大管家"。但在今年这场历史罕见的洪涝灾害面前,财务资产科全体员工顾全大局、听从安排,不言困难、不知疲倦,用实际行动为抗洪复产贡献力量。

查阅凭证

从8月1日开始,按照厂抗洪抢险工作要求,财务资产科8名男同志轮流倒班,先后参与了曙13支紧急筑坝、夜晚巡坝值守、白天填土装袋等工作,随着大坝合龙,众人都不约而同地松了口气。但新的任务又摆在了他们面前……

按照水利部调研绕阳河防洪及妨碍河道行洪突出问题整治情况会议要求,辽河油田要协助提供绕阳河道管理范围内的所有涉及油井、管网管线详细信息以及当时的行政审批手续,留给曙光采油厂仅有短短8天时间,在这8天时间里,既要兼顾前线抗洪复产,又要准确高效查找出所有审批手续,难度可想而知。

8月6日24时　地点:财务资产科

"李哥,这个被淹区域管线和占河占滩支出,从1975年开始一直到2022年,47年的时间跨越,目前看也只能从摘要入手,这个难度太大了。"

"难度肯定是有的,不过这个工作不仅是咱们一个科室在干,生产运行科、采油管理科、土地公路管理中心、质量安全环保科、基建管理科都在干,咱们多和他们沟通,先明确施工项目,是单条管线、某项工程,还是一口井、某个平台，也可能是某一批井、某个项目。随着时间推进，我们查找的方向也能越来越清晰了。"

其实，跨越47年的凭证查阅，难度不是一般的大。受信息系统更新迭代影响，现有账务系统查询也只能追溯到2006年，而在这之前的就要靠人工从科目明细账入手，一页一页查询，工作量可想而知。

8月7日，明确涉及的8家单位。

8月8日，明确查询涉及的科目及摘要。

8月14日7时　地点：曙采档案室

经过近7天的奋战，财务资产科全员出动，与各科室紧密配合，根据业务科室提供的相关信息，一遍又一遍地查询财务凭证，一条一条的信息被填上，终于要见到曙光了。

"算上这次，咱们基本上一天一趟档案室。"

"这次咱们一定要全部查到。"

"一定可以的，这次咱们从单位和摘要两个维度去查。"

"1996年到2006年就先从三栏账开始查，然后再找凭证号。"

"现在分个工，大刘个子高，和绍先去一楼，将已经能够确认的凭证号，一个搬一个拍，拍的时候注意要将凭证的附件全部拍下来，尤其是井号和协议说明，接下来地质兄弟们对井号也方便些。"

"潘儿，你和于筀去三楼。从1996年三栏账开始翻，注意看摘要关键字，涉及的，要写清凭证号，然后发给一楼的老高和韩科长。"

"档案存放点过道狭窄，一些凭证因为防止水淹已经架高，大家进出和查找时注意安全。"

这一查又是一天，直到晚上19时才将所有凭证图片按照年份月份打包整理好，发给了地质所向进副所长，地质兄弟们又开始了紧张的整理……

抗洪复产资金保障

8月8日22时　地点：财务资产科205档案室

"卉姐，差不多得了。明早还得跑现场呢，让我们睡会儿吧。"

"就是就是，卉姐。这样我觉得就行了。"

"请大家再等一会儿，咱们一起再看一下功图系统恢复，这个地质所也有，是不是按照老井和新井来区分的，要是的话，我标注上，方便机关各处室审核。不要让局里认为是重复项，压减资金就不好了。"

其实，今年52岁的张卉7月中旬就开始抗洪复产资金计划的统计和上报工作了。随着洪灾波及的范围越来越大，她放弃节假日、公休日，按天与各单位、各部门进行沟通统计，反复核实工作量，每天打电话的时间长达4小时以上，沙哑的声音让所有人都为之动容。截至8月25日，共计汇总审核各单位、各科室抗洪复产投入5000余项，制作各类工作表70余张，赴财务资产部进行沟通协调7次，涉及金额共计6.6亿元。

保险理赔

8月21日8时　地点：曙五联门口

"于哥，咱俩已经连续七天上前线了。安全方面不能松懈。涉水涉电的地方一定要注意。不仅咱俩，今天财务资产部资产科和昆仑保险来看设备受损情况的都是新人，也得叮嘱好，多留点儿心。"

"嗯，放心吧，绍先。咱俩先核对一遍今天需要查勘登记的设备明细，等等他们。"

直到下午5时，他们才回到机关楼。来不及更换衣服休息，又投入到明天现场查勘的联系工作中……

从7月中旬开始，王绍先和于筝就开始着手梳理曙采水淹区域受损情况，克服重重困难，共计梳理出受损资产30766项。同时紧盯受淹区域水位情况，提前拍摄受保财产影像资料，最大程度保留第一现场的证据资料；积极协调昆仑保险经纪公司辽宁分公司开展现场踏勘,在水位逐渐退去的情况下,本着复产一个踏勘一个的原则,于8月15日开始联合昆仑保险、业务科室和基层单位对受淹财产进行逐一查勘核损及登记工作,争取保险赔偿早日下达。

尾声

从7月8日到8月25日,从防潮堤到曙13支再到曙采档案室再到曙四联、曙五联,从白天大坝插旗、装填沙袋、查勘现场再到晚上垒坝、巡坝,从垒坝时的几捆塑料布到认仔细查阅47年近3600本凭证……财务资产科全体员工坚守岗位严阵以待,听从指挥不畏艰险,默默无闻地支持着前线的抗洪抢险工作,用实际行动诠释石油精神和辽河精神,展现了财务资产系统识大体、顾大局、不畏难、敢斗争、重执行、勇担当的良好风貌。

随着抗洪复产工作深入推进,财务资产科将全身心投入到"凝心聚力再奋战、安全日增一万吨"劳动竞赛中去,在资金支持、保险赔偿、设备报废等工作中与时间赛跑!

(财务资产科 潘一方)

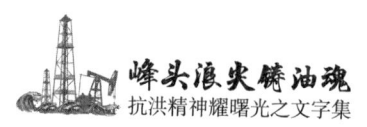

抗洪后方的"协调官"

——记党委组织部（人事科）干部员工

面对建厂以来前所未有的洪灾，党委组织部（人事科）每位党员干部严阵以待，充分发挥善于沟通协调、高效处理文字数据的岗位特长优势，出色地完成了工作任务。

7月9日现场泄洪，为防止人员遗留现场造成伤亡，党委组织部（人事科）从当日17时开始，开展人员动向统计确认工作。郑聪源、赵鹏、王宜芮分工协作，逐一对全厂5233名员工动向进行核实确认，他们在近5个小时内争分夺秒，通话记录超过上百条，返回家中已将近23点。

为了人员安全，必须每天组织基层单位填报现场人员、车辆数据，为了减轻基层负担，让填报工作简单便捷，7月11日，赵鹏、郑聪源前往抗洪防汛现场，实地了解堤坝巡查、河套区域作业、指挥车辆施工等实际用工情况，重新设计填报统计节点，动态掌握现场人员进出情况。王宜芮主动请缨担负起了每天的统计工作，连续多日在抗洪前线坚守至深夜，现场登记临时数据，回到单位加班加点统计整理，怀孕8个月的妻子也无暇多顾。

8月3日，需要通知曙光地区全员撤离。郑聪源沉着高效，制表、通知、统计、汇总一气呵成，准时准点完成对曙光地区一千八百余户的登记，确保撤离人员妥善安置。

确保抗洪复产保障到位，人事科制发了抗洪复产后勤保障方案，与党群科室、振兴公司配合，为一线人员及时提供安全健康的餐饮、干净舒适的住宿。

为了运行顺畅，人事科将保障工作细化为车辆协调、物资调配、防污染施工、船只、筑路和通信、人员及队伍需求、生产信息收集与上报、抢险人员生活保障 7 个方面，明确每一项工作负责人。组织部积极调动党员干部力量，将机关骨干、技能专家队伍组织起来，做到预备队成员招之即来、来之能战、战之必胜。

（党委组织部（人事科） 孙冰清　王宜芮　郑聪源）

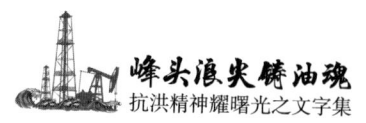

"5595"档案转移记

——党委组织部（人事科）全力组织档案转移

8月3日上午，人事科档案室接到撤离通知后，迅速行动，在档案管理人员和基层单位人事员、新入厂大学生的共同努力下，仅用3个小时就将5595本档案全部转移至高处，筑牢了"档案安全"堤坝。

档案室共有5595本档案，分布在档案柜除最上层和最下层的中间4层中。档案柜每层高度约30厘米，再加上档案室台面高度，下层档案距地面高度约1.4米。大家按照应急预案要求，首先把倒数第二层约1300本档案按顺序全部抬高至最上层，最下层档案距地面达到1.7米。但是鉴于今年汛情的严峻形势，为了让档案更安全，大家又决定把倒数第三层约1300本档案按顺序抬至空的档案柜最上层。为了加快时间，大家分工合作、从拿档案到接档案、传档案、再到摆档案，采用"人力传送带"的方法传递档案，以最快的速度把档案抬至高处。全部转移后，所有档案都在档案柜的最上面三层，这样就保证了最下层档案距地面有2米安全高度。

在保证了档案安全后，大家又迅速把档案室内电脑、打印机、扫描仪等设备抬至桌子上，将重要文件整理好放入资料柜最上层并锁好柜门。

11时30分，经过3个小时的紧张有序转移，档案室内全部物资都抬至高处，确保了汛期档案资料安全。

（党委组织部（人事科） 胡迪蛟）

竭尽全力为复产

——记采油作业一区109采油站站长胡青山

"109采油站22口井已具备开井条件，站内可以合闸投运机泵！"9月7日上午，采油作业一区109采油站站长胡青山向主管领导汇报。

8月23日，采油作业一区启动复产，胡青山带领109号站员工全力支援该区第一座复产站——102采油站。因为生活生产设施都处于瘫痪状态，好多物资只能靠人力搬运，胡青山积极组织本站人员帮忙拆卸电机，安装新电机，上皮带，第一天就忙到晚上7点半才回家。

此后的一周时间里，他竭尽所能帮助102采油站组织油井投产，带热油车洗井，为油井解卡，白班连夜班拉油，配合电气焊整改管线……每个复产现场都有他忙碌的身影。看着102采油站产液量从200立方米上升至600立方米，生产也趋于正常，胡青山又主动前往104采油站协助复产工作。

104采油站是个超稠油大站，复产工作量更大，班站人手不足，人员协调困难。胡青山主动联系站长刘震："有问题告诉我，我帮你落实，有活一起干！"

9月2日，当接到坝里采油站水退可以上站的通知后，他又马不停蹄地赶往自己的109采油站。由于坝里水淹严重，班站恢复起来更是困难重重。此时，全区各站都在忙复产，没人能来支援，胡青山只能组织员工连班作业。大家难免有些怨言："之前我们都在全力帮别人，这回咱们需要帮助了，倒是一个人都来不了。"身为站长的他积极开导大家："现在是困难时期，都很辛苦，都不容易，没关系，咱们自己也能行。"看到站长带头干，白天黑夜都不曾休息，大家也就不再抱怨，心更齐了，战斗力也上来了。连续5

天,109采油站员工都是迎着朝霞来、伴着落日归,经过全站努力,9月7日,该站如期复产。

(采油作业一区　高　鑫　胡青山)

第五篇　故事讲述——复产篇

中秋鏖战

——记采油作业一区 102 采油站站长马士军

9月10日下午5点多，在曙1-106-207井场上，采油作业一区102采油站员工正在用热油车解卡，"大家再加把劲，这口井很快就能解开了！"伴随着热洗车马达的轰鸣声，站长马士军一边操作，一边给同事们鼓劲打气，恼人的蚊虫在他们的胳膊上、脸上，留下一个又一个小肿包。

洪水退后，在全站员工的共同奋战下，102采油站逐步恢复了生产。但由于联合站掺油、掺水没有恢复到位，部分稠油井相继出现井卡问题。看着这一口口刚被"扶"起来的油井又不断"倒下"，马士军急得满嘴起泡。

"不能再这样下去了，必须想想办法！"马士军和站上员工一起开动脑筋、想办法。在作业区的协调帮助下，他们从采油作业三区1号站铺设临时流程，利用掺水降粘生产，以解燃眉之急。在马士军的带领下，大家一口井一口井落实实际含水，对含水大于70%以上的22口油井，采取部分恢复热流体循环加热、加大地面循环水量的方式降粘；对于含水较低的油井通过热流体循环加热、地下掺水的方式降粘。以上措施的实施，极大减少了油井软卡、硬卡的频次，油井生产平稳程度大大提高。

对余下的4口硬卡井，马士军也没有放弃，下决心要啃下这些"硬骨头"。曙1-106-207井就是其中一口，这口井是去年的新井，油品粘度较大。"热油车现在已经打完两罐热水了，抽油机还是拔不动光杆。""把水温再烧高点！"风卷着长长的火苗，从烟筒上喷出股股青烟。"咱们再活动50下，肯定能开！"马士军与在场人员一起松刹车、启抽、停抽、拉刹车，重复着活动解卡的动作。

时间一分一秒地过去，连西边最后一抹红晕也在大家黝黑的脸上消散了。功夫不负有心人，一个小时后，油井光杆终于可以拔起来了，油井回压也从原来的0.5兆帕升至0.8兆帕，井口回油温度也逐渐下降。

"好兆头，开始返稠油了。加大排量，把稠油替出来！"他立即安排热油车。果不其然，油井从开始软卡2米，慢慢变成卡1米多、50厘米……直至油井全程不卡了。"又解开一口井！"大家兴奋的脸庞在皎洁的月光下闪闪发光。

"今天是中秋节，我兜里还揣着两块月饼呢，大家先垫垫！"马士军说着掏出月饼分给大家。"咱们还有最后一口井需要解卡。抓紧干完，回家过节去！"众人说着笑着，一行人又奔向了下一个井场。

（采油作业一区　高　鑫　马士军）

从"小迷糊"到"大本事"

——记采油作业一区水电管理负责人尹雁南

"尹雁南通过这次抗洪复产工作,从原来的'小迷糊'成长为一个很有本事的年轻干部了。"9月10日早会上,采油作业一区党总支书记王全仓这样评价尹雁南。

今年盛夏,历史罕见洪水来袭。这时的尹雁南刚刚调至水电管理岗位,正处在熟悉业务的阶段。汛情当前,摆在他眼前的是庞杂的电网和众多的电气设施,复杂严峻的形势要求他必须尽快熟悉岗位,掌握业务知识。他并没有被眼前的困难所吓倒,洪峰过境时,他与同事们一起穿叉裤、坐小船,奔波往返于如陷孤岛的油井,逐一排查被浸泡的设备设施。船只无法抵达油井近处,齐腰深的水下隐藏着一个个未知的危险。一次,当尹雁南从一处电箱返回时,脚下突然踩空,身体失衡的他一头栽倒在水里,他顾不上检查自己有没有受伤,第一反应就是查看刚刚写满设备设施信息的笔记本是否弄湿……

如同许许多多骨干一样,尹雁南的忙碌一直从抗洪延续到复产。两个月的时间,他没有了回家的念头,取而代之的是值班室那个小桌,最在意的是口袋里被水浸泡过的皱巴巴的笔记本。他在水电管理岗位实现了从新兵到老兵的转变,通过夜以继日地奋战,截至9月10日,全区修复受损电力设备525件,确保了全区413口井成功复产,开井率80%,日产水平达到灾前的70%。

最先出发,最快抵达,尹雁南为油井奉上最好的年华。抗洪复产的这段时间,记不清欠妻子几个告别,欠父母几次团圆。洪水汹涌,他是浪尖上的逆行者,洪水过后,身上的红装是复产一线中最美的战衣。

(采油作业一区　高　鑫　尹雁南)

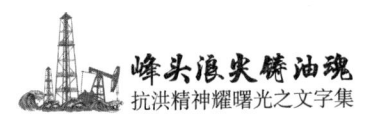

稀油小站复产忙

——采油作业二区 201 采油站抗洪复产记

洪水来时,不等不靠,严防死守;洪水退去,主动作为,全力复产。这就是采二担当。

在 2022 年这场历史罕见洪水中,采油作业二区 201 采油站没能再次幸免,经历了半月有余的洪水冲刷和浸泡,小站已是满目狼藉。

停产时期,201 采油站站长肖军和副站长刘迪带领骨干护坝抢险,有时工作超过 24 小时,他们忍受太阳的毒晒,衣服被汗水不知浸透了多少回。

"赵田香,你快到旁边休息一下吧!"这已经是肖军第五次劝他。"没事,我还能行,还能再抬几袋!"57 岁的赵田香,强忍着腰伤疼痛,麻利地扛起一个个沙袋,一点儿不逊色于年轻人。夜晚,抢险坝上微弱的灯光照着红工服上下挥舞的手臂,格外抢眼,石油精神、辽河精神在这一刻表现得淋漓尽致。

汛情稳定后,刘迪第一时间组织站内抽水。被洪水浸泡过的房间气味刺鼻,口罩都抵挡不住。"消杀是第一步,必须认真仔细!每个角落都要进行地毯式消毒!"站上破败不堪,木质桌椅长毛、发霉、腐烂,一碰就散架了。眼前的景象让每名员工都心疼不已。平均年龄 55 岁的队伍,面对这么大的复产工作量,真是拼了!

被水泡过的木板,每一个都像吸饱了水,又胀又沉。肖军和李勇军,两人吃力地抬着支离破碎的木板,来回几趟下来满脸淌汗。地面和墙面覆盖了一层厚厚的绿色泥苔,螃蟹的尸体已经变成了标本,李福杰和才智配合冲刷采暖泵房,先冲水使泥变软,再用硬刷一遍一遍刷洗,随着地面变亮,腰和胳膊也在发出酸痛的信号。经过了两天的努力，初战告捷，报废物品清理在一处，等待回收，地面的淤泥也基本清理完毕。

"电缆、设备检测无误，准备送电！"8月16日14时，该站曙2-06-04、曙2-06-05、曙2-07-02、曙2-05-03井4口井送电成功，关停近半个月的井站恢复运转，这是该站复产的"第一枪"，背后凝聚的是201采油站所有员工的辛勤汗水。

（采油作业二区　孙　月）

"一点都不能差,差一点都不行"

——记采油作业二区 206 采油站副站长周英和

"温度正常!压力正常!低冲次开井启抽正常!"

"掺水压力正常!启泵运转正常!干压正常!"

历时 16 天的关站停井,采油作业二区 206 采油站终于全面复产。看着 26 台正常运转的抽油机,副站长周英和脸上露出了久违的笑容。

8 月 17 日 23 点,206 采油站灯火通明,周英和的声音一次次响彻井站。

"我去倒泵房下面的流程,你看看罐车来了没有。"

"师傅!先开一挡,10 分钟后再开二挡。"

"怎么还没有压力,我去巡线看看!"

一接到第二天复产的通知,刚刚到家的周英和马不停蹄地赶回站上,组织起开井复产前的准备工作。

在站上,他一个个房间地查,一条条管线地看,一组组流程地巡,汗水顺着他有些花白的鬓角滴落,被汗水浸湿的工服紧贴后背。同事看到都说:"差不多了,别较真,这点活儿留明天再说得了。"他摆摆手,说:"那可不行!时间就是产量,产量就是效益!提前做好工作,明儿一开井,就'一把成',咱得让这些井啊,都赶紧转起来!"

三季度是原油上产的黄金季,为了将耽搁的时间抢回来,将损失的产量夺回来,身为副站长的他不断在油井管理上下功夫,加密录取油井数据、及时监控措施井措施效果、持续跟踪重点井和问题井的生产数据、及时处理突发状况……周英和每天在站上连轴转。

"下调冲次,仔细观察,我马上就到!"8 月 25 日晚,一身疲累的他刚踏入家门，便接到站上打来的电话，曙 2-09-09 井突然卡井！这口井日产油 3.5 吨，是该站上产的重点井。井情就是命令，他一面紧急联系热油车，一面往现场赶。在洗井过程中，他随时监控热洗温度，观察压力变化，终于在深夜 23 时将井解开，使其恢复正常生产。

他常说，油井生产无小事。在复产上产的重要阶段，他更是把"小事"当成大事抓。

"向左再推一厘米，不行，还差一个硬币厚。老刘，你下来，我来！"周英和爬上电机，用撬杠一顶，皮带终于调平。处理完皮带问题，他又跑到其他单井进行巡检。每到一口井，他都要仔细查看井口有无渗漏，轴承有无毛病，螺丝有无退扣，皮带是否松动，再侧耳听听有无异响，一项项，一环环，一丝不苟。

"一点都不能差，差一点都不行。"在这次复产路上，周英和把工作做到了极致。

（采油作业二区　王海英）

热血青年争分夺秒　全力以赴安全供电
——记采油作业二区水电管理负责人王琛霖

洪潮肆虐，尽显英雄本色；抗洪复产，更见中流砥柱。随着水淹区水位回落，采油作业二区迅速组织符合条件的井场复产，全体干部员工保安全、防污染、稳产量，众志成城复产，全力以赴加上产，勠力同心把灾害的影响和损失降到最低，坚决守住采油厂高质量发展"生命线"。

其中，复产战场有这样一位热血青年——王琛霖。身为作业区水电管理负责人，他毅然扛起全区电路系统平稳运行的重任，每天奔赴一线，皮肤晒得黝黑，有时饭都顾不上吃一口，争分夺秒地为复产工作贡献自己的全部力量。

电力是复产的第一道工序，也是复产最难的环节。8月6日一早，一声令下，复产工作全面开展，王琛霖立刻组织电工班前往现场，逐口井、逐条电缆一一检测。每个检测合格准备送电的现场，他都及时赶到，全程监护。

那些日子，他每天早上7点出发，工作总在12个小时以上。为了抢时间，电工们经常下午1点之后才吃上午饭，王琛霖更是忙碌，白天指导监护修复电路、落实复产井场情况，晚上回到单位还要统筹第二天的复产工作。由于水淹后道路泥泞，他只能全程穿着靴子，平常10分钟的路程，现在要走半小时，晚上才发现脚已经全是走路磨出的水泡。

从防汛工作开始，他便以单位为家，8月17日，是他爱人的生日，他却因为一直在忙工作而顾不上回家。和他一起奋战在复产一线的老大哥调侃地说："你这真是，忙工作连媳妇儿生日都不管了，看回家咋收拾你。"他却心里有底，爱人是懂他的。复产不易，瞅着一口口复产转动起来的抽油机，听着站内各类机泵运转的声音，他才充实，才放心。

　　王琛霖安全地完成了电力系统恢复工作，作业区所有水淹采油站及油井均最快地恢复了正常运行。

（采油作业二区　　王海英）

合力攻坚 吹响复产冲锋号
——记采油作业三区 305 采油站站长郭彦涛

"我们要在保证安全环保的前提下，能开一口是一口，力争最短时间将咱站受淹井全部复产。"8 月 22 日，复产开站的第一天，采油作业三区 305 采油站站长郭彦涛在早会上对员工反复强调。

8 月 22 日，35 号站水位降到 1.1 米，持续了两个月的抗洪攻坚战终于告一段落，紧跟着的是更加艰巨的复产任务。站内围坝多处被洪水冲垮，郭彦涛和员工挖土、扛袋子、凿铁管、围堤坝，一直工作到凌晨，历时 2 天终于把站内围坝封堵完毕。

为了加快站内排水速度，他们不等不靠，主动组装恢复之前架高的排涝泵电机，大班员工顾卫东每天都会跳进 1 米多深的抽水池中将水泵进口的杂物清理干净，水位降低后，为了加快抽水进度，副站长赵柏宇在主排水渠旁另外开辟一条新引水通道。

在站长郭彦涛的带领下，全站高呼"水退人进，抢产减损"的复产口号，复产期间的每一天基本都是全员出勤。女工们也不含糊，努力打扫各个房间内的卫生，第一时间恢复计量流程，全面落实上水油井产量、含水、压力、液面等油井参数，确保异常井早发现、早治理。

"现在抢时间就是抢产量！"8 月 24 日，郭彦涛在湿滑泥泞的井场上深一脚浅一脚，分秒必争地做好开井前的各项准备工作，叉裤里的工服湿了干，干了又湿。复产队员们心疼站长，主动要求留下连班开井。

面对站东边临近绕阳河的最困难的 5 口油井，过腰深的潮水冰冷刺骨，夹杂着暗流，郭彦涛带领年轻员工排除万难，拉管线、恢复供电、启停抽油机、围隔油栏,一步一步稳扎稳打,效率极高,终于在复产第9日,实现全站42口水淹井全部开井,圆满完成复站复井工作,对比计划提前了一周时间。

管线巡检、井场清淤、路面修复,红衣战士们启动"白+黑"模式,吹起复产冲锋号……一幕幕"战天斗地"的画面定格在汛后复产的各个战场。

(采油作业三区 孙骥壮)

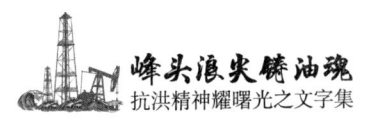

模范决战"五千五"

——记采油作业三区调度长董志涛

"325 护管准备完毕,正在吊装,预计 40 分钟后运送至现场。"

"收到!现场已全部就绪!"

回复的人叫董志涛,采油作业三区调度长。曾在 2020 年、2021 年分别荣获盘锦市特级劳动模范和油田公司劳动模范的他,在工作中的确是个"拼命三郎",连续 70 多天咬牙冲在抗洪复产第一线。8 月 29 日,经过两月洪水洗礼,采油作业三区 400 余口油井再次运转,比计划提前了整整 15 天,但笑容刚刚绽放在采三人疲惫坚毅的脸上不久,又一道难题摆在了眼前,刻不容缓。

"五千五"大坝内的 39 号站外输总干线出现渗漏!"服役"多年的外输干线,在此次洪水冲击下,再也"坚持"不住,在多次尝试打卡子也无法"止血"后,8 月 29 日傍晚终于退下阵来。

"只要思想不滑坡,办法总比困难多。"必须更换管线!董志涛当仁不让,成了总负责。人员到位!吊车到位!焊机到位!隔油栏封堵到位!现场一片繁忙,却井然有序。

时间一分一秒过去,黑夜来临,已是半夜,蛙鸣蝉叫声越来越弱,电量充盈的应急灯也黯淡了几分。在场的每个人极度疲惫,他们频频看时间,约莫着还有 6 个小时天就亮了,但施工进度远赶不上预期。嘈杂的现场安静了下来。

董志涛心里盘算着每道焊口的时间:"大家辛苦了这么多天,就差这临门一脚!都打起精神头,明早 8 点之前必须保证外输恢复正常!"

董志涛一边打气,一边指挥:"坝根的管线也腐蚀了,咱一步到位,往里挖，挑结实的地方焊，一定补好！""挂车来了！大家准备好，把护管打上。"随着吊车支架与吊绳绷紧，焊机线抻直，众人又开始加入新一轮作战。吊车探照灯、电焊机焊光四起，顿时把昏暗的现场照得通明。早上6点15分，随着最后一道焊口完工，焊机停止。

"39号站、42号站准备启泵试压！"

"已启泵20分钟，无漏点发现！"

终于，汩汩原油沿着外输管线顺利输出。董志涛一脸疲倦，但内心充盈。来不及欣喜，他开始整理工具，清理现场。这时，手机再次"铃铃铃"作响，人也准备好，去投入下一场战斗！

一位模范，就是一面旗帜。正是像他一样默默付出的曙光人日夜奋战，才换来复产道路上的一次次火速快进。有他，有你，有我，曙光必将拥有更加灿烂的明天！

（采油作业三区　祁卓君）

"步数达人"孙博文

——记采油作业四区水电管理负责人孙博文

8月7日早9点,在采油作业四区4-5号站曙4-6-009井站上,孙博文正带着由电工和自然站站长组成的复产小组紧张有序地忙碌着。接到采油厂对未涉水区域油井开井的指令后,该区迎来了第一批复产工作。

今年46岁的孙博文是该区的水电管理负责人,前几年得了脑梗,恢复后整个人瘦了30多斤,身体也不如从前。考虑到他情况特殊,领导让孙博文自己酌情休息。可从汛情严重开始至今他一天也没有休过,坚持每天早上6点就到单位制定当日计划,按照轻重缓急组织有序复产,晚上最早8点离开,实在太晚了就干脆不回家,在值班室凑合一下。

"未涉水区域的潜山6个站及403、408其中的4个站,由2名电工及所在自然站站长组成复产小组,在保证安全的前提下,尽快完成工作。"接到通知后,孙博文第一时间做出安排。从早上9点开始,一直到下午2点,他们的身影穿梭在11个井站之间,恢复开井71口。

407采油站的4-8号站和408采油站的4-7号站均使用曙6变12号站线,该线路途经涉水区域。孙博文确定可供电后,立即组成复产小组,逐个站、逐口油井检测电缆绝缘材料、开关及其他配电设备的完好完整性。从13点40分变压送电开始,一直到16点40分,复产了30口油井。

8月15日,孙博文带着电工们逐井、逐站地对用电设备和电缆进行检测,一共排查了8个配电间、22台配电柜和275台动力柜、变频柜、水井控制箱,检测了485条电缆,长度达9500余米。

遇到水位深的井,他带头穿着叉裤下水,"孙哥,你身体不好,要不你别下水了,在这等着我们,我们保证完成任务。""90 后"电工陈硕看着没过腰深的水,担心他身体吃不消。"没事,你们不也得这么蹚过去吗?你们都能,我差啥?"说完,带头向水中走去。157 口油井,仅三天时间就全部抢开成功。

复产到 402 采油站 3-12 号站曙 3-9-007 井的时候,孙博文接到站上打来的电话,说漏电保护器报警了,一直在响。他第一时间赶到现场,检查后发现整条电缆缺相,电缆由于进水被击穿。他迅速调来自卸吊更换电缆,保证了开井时率。

8 月 19 日下午,已经 5 点多了,3-9 号站的配电间里,孙博文还带着一群人在讨论着,原来他们为这个站的外输泵配电柜、变频器、控制线、柜子里的配电开关全部更换后,送电却未成。这下就有点棘手了,因为有三个中间继电器没有备件,他们立即分头行动,在盘山、兴隆台各配件商店多方寻找,终于在晚上 8 点多找到了一样的配件,他立即赶回站上更换,晚上 10 点,泵启动起来了。

稀油老区的井场分布片大、地域广,很多井场都进不去车,只能靠步行。孙博文就一口井一口井的步行进出,他每天的微信运动步数都保持在 2 万多步,霸占着排行榜榜首的位置,他自己却轻描淡写地说:"挺好的,就当锻炼身体了。"

(采油作业四区 何冬蕾)

"黑脸"站长复产记

——记采油作业四区410采油站站长金常彪

"咱们大家心往一处想,劲往一处使,一定要把之前耽误的产量夺回来!"8月7日,金常彪一上站就立即安排复产任务。

今年53岁的金常彪是采油作业四区410采油站的站长,因为常年从事一线工作,皮肤晒得黝黑,干起工作又一丝不苟、不讲情面,所以人送绰号"黑脸"站长。

410采油站所辖3-1号站和3-7号站两个自然站,是全区地域最广、井数和设备数最多、油层出砂最严重、注采工艺最复杂的采油站,出了名的不好管理。

水淹以后,金常彪隔两天就蹚水进站去看一看,哪被泡了,严重不严重。每天他满脑子想的都是如何能让站上尽快恢复生产,把方案过了一遍又一遍,就惦记着把产量赶快追回来。在经过半个月没日没夜的防汛保产攻坚战后,稀油老区终于迎来了可以复产的好消息。

抗洪期间,金常彪就一直没休息,现在复产工作启动,他第一时间安排两个自然站所有员工上站清理站内设备设施及各房间卫生,同时安排各自然站将符合开井条件的生产井和设备全部开启,现场检查每口井抽油机、电机、配电系统等受损及运转情况。

这一天,金常彪正在3-1号站巡查油井,3-1号站站长张京峰快步走来说道:"金队,有好几口井的电机进水生锈了,出现运转故障。咱们要不要跟资产申请报修啊?"金常彪思考了一下,对张京峰说:"你叫大班去取点砂纸和黄油过来,咱们先尽快把渗进去的积水清理干净,抹上黄油试一下,看看能不能重新运行起来!"果然,清理完积水和锈迹,打上了黄油后,电机正常运转了,不仅减少了来回搬运维修的时间和费用,又抢回了油井生产时率。

金常彪就这样一口井一口井的修理电机,工服湿了又干、干了又湿,后背都干出一片白色的盐渍。

(采油作业四区　何冬蕾　王　雪)

风雨同舟 抗洪复产中谱写责任与担当

——采油作业五区领导班子抗洪复产记

2022年的夏天，持续普降大雨，加之上游泄洪，水位不断暴涨，面对异常严峻的防汛形势，采油作业五区班子成员深入抗洪最前沿，指挥在一线，奋战在一线，严格做到了抗洪复产"四个第一时间"，即：第一时间启动防汛应急预案，深入现场发挥核心作用；第一时间在曙七变成立抗洪抢险临时党支部，确保现场信息畅通、指令畅通；第一时间召集队伍奋战在垒坝抢险第一线，为守护矿区平安全力以赴；第一时间打响复产保卫战役，全区267口生产井在10天内快速开启。他们攻坚克难，连续作战，是带领广大干群抗洪复产的"顶梁柱"和"主心骨"，他们以决战的姿态、必胜的信念，坚决打赢了抗洪复产这场硬仗。

"汛"速进入生产"战斗模式"

"水位还在涨，大家巡堤时一定要更仔细一点，现在是最关键的时刻！"7月始，作业区领导班子就把抗洪防汛作为当前的首要任务，几乎每天都在现场，轮班昼夜巡查，密切注视堤坝水情，随时听从上级安排，确保大堤安全度汛。

为使防汛抗洪攻坚战抢得先机、赢得主动，班子成员超前安排部署防汛措施，完成了对全区各井场变压器至配电柜、配电箱、电缆线路等电力设施的排查，及时做好了加高加固和绝缘防水措施，对河套内的油井打隔油栏，并结合全区生产位置及形势以及可能发生的洪水及险情，制定了具体的井站应急预案，同时密切关注汛期的天气预警和水位变化，每天安排1台值班车24小时待命，严格落实干部值班制度，及时做好相应汇报和记录，应急人员随时待命，做好应急抢险准备，确保发现情况及时处置。

3.4 米、3.5 米、3.6 米……水位不断刷新。7 月 8 日至 9 日，6 名班子成员按照上级指示分头赶赴现场，督促落实关井关站一系列措施。有力的领导、清晰的分工让每个人面对指令都能心中有数、临危不乱。各站按照作业区前期下发的《关井关站应急处置方案》认真落实相关工作，前线紧急抢回比例泵、接力泵、变频器、电机 76 台，生产副主任杨海青更是"身"入现场协助员工，快速、熟练地完成关井口阀门等一系列关井作业。3 个小时内，11 座采油站 240 余口生产井全部关闭，16 时，班子成员在确认全部人员都安全撤离的情况下，在泄洪区域围上警戒线后带车离开。

"跟我上！"冲在急难险重任务第一线

7 月 15 日，作业区领导班子不等不靠，将抗洪抢险临时党支部建在曙七变现场和冲锋舟上，召集 57 名党员组成防汛共产党员突击队，大家"拧成一股绳"协同作战。战之能胜，是他们给的最好答案。

在现场水位居高不下的情况下，为确保区域安全环保受控，作业区准备工作细了又细。从冲锋舟、特车车辆的调配，到党员骨干分批乘舟进井站；从隔油栏的加固防护到前线食物的供给等工作全部落实到位，班子成员全程参与完成了红旗渠、91 坝口、万金滩闸口等上下游多道隔油栏维护工作，保证了抗洪需要。

为保存抗洪抢险的战斗力，作业区班子成员轮流带队，机关、各站骨干轮班现场抢险，这一举措使骨干们的体力得到快速恢复，队伍战斗力明显增强。"大家跟我上！抢险一分钟都不能耽搁。咱们再加把劲！"辛苦、劳累、紧张，加上责任重大，却没有一人叫苦叫累。7 月 31 日夜里、8 月 1 日通宵、8 月 3 日凌晨、8 月 4 日坝上坚守……班子成员带领大家一次又一次地冲在抢险一线，主任李云翱和副主任方学民带领 10 人护堤守坝，坚守矿区最后一道防线；总支书记金殿辉与地质副主任张鸿璐更是带领 15 人在曙 13 支现场通

宵完成抢险任务；"90"后副主任何小野也在抢险中展现青年领导干部的担当作为，他带领12名党员干部员工纷纷扛着铁锹、拿着麻袋赶到堤坝旁，装沙袋加固大堤，为防汛抗洪做贡献；副主任杨海青更是24小时坚守现场，夜里到欢喜岭采油厂体育馆打了一宿地铺……

迅如疾风　复产步伐一日千里

上下同欲者胜，同舟共济者赢。在刚刚经历了抗洪"大考"后，班子成员继续在复产中用担当扛起责任。为了尽早复产，他们全天候值班值守，从方案制定、工作量敲定到各路协调，各项工作都快节奏运行。

"水退一尺，更快一步"，8月17日现场水位不足半米，复产准备工作如火如荼。复产分两个阶段有侧重地展开：第一阶段电力抢修小组按照前期摸底制定的配电设施检修方案，对配电箱、变频器、电缆等电力系统进行检测维修，扫清送电过程中的障碍；设备抢修组对各站故障的电机、外输泵等生产设备进行拆卸更换，两支复产小组同起步、同运行；第二阶段班子成员靠前指挥，各站骨干井场待命，在具备安全开井条件的情况下，送电后确保第一时间倒流程正常开井。由于准备充分、组织得力，实现电路检修、设备更换、现场开井同频运转，复产速度"一日驰千里"。

在复产进程中，主任李云翱和生产副主任杨海青顶着烈日现场指挥，组织协调复产工作，安全副主任方学民跟跟跄跄跑遍井场，苦口婆心地强调安全，落实措施；党总支书记金殿辉更是挨个站跑，对各站干部员工积极动员，疏解压力，鼓舞士气，为复产上产劳动竞赛再添动力；地质副主任张鸿璐与地质技术人员过单井找潜力。上行下效，皆是精兵，在大伙儿的坚持下，12天的全区复产大会战高效完成。9月1日，11座采油站机泵轰鸣声接连响起，267口抽油机再次高昂地上下摆动，一切恢复了正常，一切充满了希望。

（采油作业五区　孙晨茜）

"她力量"同心为复产

——记采油作业五区"巾帼力量"

抗洪复产,芳华绽放。在采油作业五区的复产一线,不仅有奋战在井场"连轴转"的硬汉,更有穿梭于泵房、计量间、值班室之间紧张而忙碌工作的"巾帼力量"。复产冲锋号吹响后,她们闻令而动,以柔肩扛起责任,开启小站清洁工作。"她力量"犹如点点星光,在复产战线中亮出最温暖、最坚定的女性光芒。

"收拾自己家再累也不累!"

8月下旬,随着洪水退去,迎来了作业区第一梯队的复产工作,504采油站夜班女工刘长芝第一时间联系站长要求上站复产。"你们男员工每天蹚着水去井上开井复产太辛苦了,站上的后勤工作就交给我们女工吧。"上站第一天,面对视觉和嗅觉的双重冲击,她并没有慌乱,而是将从家准备好的洗衣液和胶皮手套拿出来,立刻开始了清扫工作。她顶着高温戴着厚厚的口罩一个一个房间清理地面淤泥、各柜子的废弃物资。她说,上班30年了,站上就是自己的第二个家,收拾自己家再累都不累。

为了防止开井出现跑冒滴漏事故,刘长芝将各计量间、油泵房被水淹闸门的螺丝、法兰用黄油涂抹除锈,消除隐患;每台机泵加润滑油、紧固地脚螺栓,做好投产前的准备工作;更是细心地把水淹后棉纱、手套拿出来清洗、晾晒,想着干净了还能用。8月23日,随着第一口油井的复产,这个站逐渐恢复了生产,刘长芝又回到了夜班岗位上。晚上站上蚊虫多,潮湿闷热环境差,她没有退缩,始终坚守岗位。刘长芝先后多次荣获"油田公司劳动模范""油田公司十大女职工标兵""辽河油田公司巾帼技术能手"等诸多荣誉,

她深知荣誉是肯定过去,也是激励未来,紧要关头必须贡献力量。

"退休之前我再发挥点余热。"

9月8日,一个娇小的身影忙碌地穿梭于站内的各个板房之间,认真地擦拭计量间的每一个阀门,细致地记录着翻斗计量数据,不放过任何一个细节……

她叫孙立娟,是508采油站的女工,今年10月份就满50岁了。复产以来,她每天都要重复数十次的清洁工作,设备、管线每处都要擦到抹到,地面的清扫每天都要做到,她坚持"干好每件小事"的原则,重复着每一日的平凡工作,不将就、不敷衍,干的都是拼耐力的体力活儿。为了尽快修整小站,她暗下决心,一定要把508采油站这个家恢复原来的样子。发霉的衣物她一点点地规整出来,泵房的泥垢她不停地擦拭,计量间够不到的角落她就蹲下身子徒手一点一点收拾,一天不行,就两天,两天不行就三天,就这样不怕脏、不怕累,更不嫌臭,整整10天的时间,小站恢复如初。

"孙姐年轻时候就能干,36岁考上的技师,敬业这劲头一直都没变!""上班32年了,我就想着在退休之前把站上每一个屋子收拾干净,趁这次大扫除,好好和这些天天打交道的闸门、管线告个别,说实话,还真舍不得。"孙立娟眼里闪着泪光。

"两难"的决定

了解董晓艳的人都知道她是无偿献血30余次的"油田好人",可许多人不知道的是她还有腰脱,干一段时间工作,就得用双手撑腰休息一会儿,才能继续工作。复产以来,董晓艳连着一个礼拜收拾计量间、泵房卫生,每天下班后,满身的灰土,累得浑身酸疼,但在困难面前她从不退缩,坚持把工作放在第一位,把自己的身体放在其次,因为她知道"一个萝卜一个坑",站上人员本来就紧张,自己不能再休息。在身体不适的情况下,她毅然在自己承包的区域,一如既往地忘我工作。

"其实接到复工通知时,我的内心无比纠结:家里双胞胎宝宝刚刚九个月,母亲在三天前因脑血栓刚刚住院,需要人照顾。真是考虑再三,最后决定还是去上班。"因为工作的需要,她把那份对父母和对孩子的关爱深藏内心,只有在休息间隙打电话提醒妈妈该吃药了、吃哪种药,剩下的时间不是在除锈、清淤泥,就是对可用物资及时清理留作备用。忙完工作,她还要先去医院看望母亲后再回家哄娃娃,就这样一天天地坚持到9月2日母亲出院。作为一个女儿、一个妻子、一个母亲,她可能不太称职,但作为一名采油女工,她却是最优秀的!

"最美基层员工"王露露的24小时连班日记

8月27日下夜班　雨转晴

26日清晨,我准备好了工服工鞋、消毒酒精毛巾牙膏等日常用品,开始复产后的第一个24小时连班,7点20分到大队吃完厂里为我们准备的热乎早餐,心里倍感温暖。

今天的班车里像以往一样坐满人了,大家伙都穿好了工服,班车一路上辗转送了501、502、503采油站,下一个到了我们504采油站,此时的我怀着激动的心情提前套好雨鞋套,站长王顺增帮我拎着从家倒腾来的东西,就这样我提着裤脚进站了。

还是像以前一样,我按着接班巡检的路线走了一圈,外输加热炉正常,当前的罐位有半罐,外输泵恢复运转,完成了交接工作。空气里弥漫着潮湿的气味,听王哥说我们站最高水位1.98米,真是不敢想象!一上午,除了确保站内运行正常,就是收拾各个屋子,我把屋子里泡了两个月的衣物都整理出来运了出去。下午1点,站上大哥们用撬杠、大锤、管钳等工具装好两个电机,这时候站长从64号站干完活回来带来了好消息:该站也可以正常输油了!晚上加热炉温度提高了,油也好输了,但是干压不稳,我心里面还是不踏实,在泵房附近来回检查机油窗,听听泵运转的声音是否正常,看看炉火、

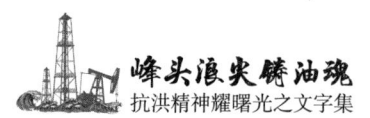

加热炉压力，适当调节一下。夜班最常用的手机程序就是闹钟和备忘录，当晚我用备忘录记下了泵运行时间。

天亮了，还是早上六点我打通了调度电话，"65汇报！外输度……"那时的我早已热泪盈眶，以前每天都会说几次的话却隔了47天才说出口。在我坐上夜班车回来的路上，心想在别人眼里我可能就是个刚下夜班的正常采油工人，但我觉得我就是一名上过战场的战士！

日记的最后，她许了一个愿望："希望我们的小站像家一样越来越好，大家心往一处想、劲往一处使，年年都有新收获。"

刚柔并济、踏实做事、坚韧不拔……她们没有强壮的体魄，却在复产面前像战士一样坚强勇敢，只要穿上红工服，走上工作岗位，昂扬奋进的"她力量"就会立即展现出来。在复产一线，她们用执着和坚守撑起了"半边天"。

（采油作业五区　孙晨茜）

千磨万击还坚劲　任尔东西南北风

——记采油作业五区506采油站站长白辽华

经过一个多月的排水，水位渐渐下降了，却仍有半米多深的水。有一个瘦小的身影，身穿叉裤艰难地行走在井上、站上。白辽华，作为506采油站的"掌舵人"，自复产开始就"钉"在了现场，协助电工拆装电机，检修、保养抽油机，他总是想方设法，用最短的时间、最高的质量完成任务。

506采油站的井大多都是稠油井，白辽华现场检查井口的每一块压力表，倒流程、处理管线、调冲次、调变频……"抓紧复产，把损失降到最低"是他提得最多的一句话。有的时候干起活来，忘记了时间，经常错过饭点，想起来的时候盒饭已经冰凉，就这样一口冷饭就一口凉水，吃完接着干。

"咱们在供电方面一定要注意，保证烘干后再送电，做好防护措施，在加快复产的同时，安全也是重中之重。"安全上的事，白辽华反复强调，他将"安全无小事"的理念刻在了骨子里。洪水过后的站上，潮气湿气大，盲目送电后果不堪设想。他从机泵到照明灯，从配电箱到插座，逐一排查，陆续恢复用电。与此同时，白辽华还组织站上员工一起清理各个房间淤泥，做好消杀工作，保证员工有一个安全卫生的工作环境。

面对历史罕见大洪水，白辽华带领着全站员工不负期望，提前完成了复产工作。他用实际行动，体现出一个党员的责任与担当。他的那股拼劲带领着大家战胜了这次困难。有一句话将他的行动表现得淋漓尽致——"千磨万击还坚劲，任尔东西南北风。"

（采油作业五区　唐　婧）

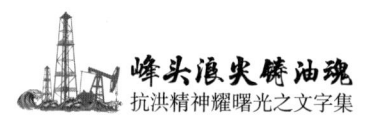

铁肩担使命　行动守初心

——记采油作业五区 511 采油站站长刘海滨

"抽油机电动机安装完成。""收到！"

"抽油机及刹车系统检查完成。""收到！"

"油井管线试压、巡线完成。""收到！"

"二级配电箱电力检查完毕，可以准备送电了。""收到！"

"油井井口流程已倒通。""收到！"

"请大家注意了，请大家注意了，抓紧时间撤离，杜 84-45-33 准备送电启抽了。""收到，人员已撤离。"

"送电，启抽！"

9 月 1 日下午 4 点，采油作业五区 511 采油站杜 84-45-33 井场内，呈现出一片繁忙景象，一个个红色身影忙碌着，一声声汇报从对讲机内传来，最后，随着一声令下，杜 84-45-33 井在众人的注目中慢慢挥动着臂膀，动起来了，现场欢声一片……这个泥巴裹满裤腿、眼里微带血丝的现场指挥，就是站长刘海滨。

他是最有战斗力的突击队员

自 7 月 9 日洪水入境，地处河套内的 511 采油站停井关站后，身为站长的他，以"我是党员我先上""我不冲锋谁冲锋"的思想自觉和行动自觉，成了作业区最有战斗力的抢险突击队员。

险情就是命令。8 月 1 日傍晚，在大坝上奋战了一天的他刚刚返回作业区待命，就接到了紧急召令。随后，他立即组织所在班站的抢险队员，赶往任务地点。装沙袋、打桩、扛沙袋、叠坝……伴着"一二三，走"的口号声，他一趟趟地将沉甸甸的土袋扛到自己的肩上,运往百米外的大坝上,1小时、2小时……天色渐渐暗淡,湿透的工服早已分不清是汗水,还是泥水……数小时后,险情解除。即刻他又接到了巡守大坝的任务。

凌晨1时45分,天黑得伸手不见五指,即便打着手电筒,也看不清路线的全貌。他穿着救生衣,带着探路杆,领着巡坝小队,开始第3次的巡坝工作。大坝上凹凸不平,又受到降雨影响,道路泥泞不堪,更有数不清的大大小小的石块藏在滑滑的泥巴里,走起路来需要加倍小心,给本就不易的夜间巡坝工作带来更大的挑战。可越是这样,他越发集中精神仔细巡着、查着,不放过一丝险情……当天边渐渐透出光亮时,他们第5次巡坝工作已接近尾声。

他是敢于迎难而上的领头羊

为保障安全、高效恢复生产,他时刻关注着受灾站区井场的水位变化情况,提前带领站上骨干员工对全站的油井和管线进行全面摸排"体检",并依据摸排数据制定了科学的复产工作方案,为采油站有序复产奠定了基础。

8月31日,按照复产计划,站上预计复产开井4口,这个工作量对于员工整体年龄偏大的511采油站来说是相当的大。为此,一早他就将工作任务部署到人,脚步不停地在各油井间穿梭,哪里有需要,他就在哪里,这个电机固定螺丝卸不开,他给助力一下,那个刹车需要检修保养,他去搭把手,就这样,在大家的通力协作下,4口油井一口接一口陆续开井启抽。正当他高高兴兴带领员工进行收尾工作时,突然接到了巡井员工的汇报,杜212-39-321、杜84-47-33两口油井软卡。他一边上报联系热洗车,一边带领员工赶往问题井,一场"解卡"战斗就地展开……当下班的班车渐渐远去,当夕阳的最后一抹光线即将消散,他和员工们还在奋战着……

这就是他,一个关键时刻,豁得出来冲得上去,敢挑重担的抢险突击队员;一个复产路上,迎难而上、奋勇当先、攻坚克难,既是现场指挥员又是

战斗员的"领头羊"。在抗洪复产最前沿,他正以"时不我待"的紧迫感,带领员工冲锋陷阵,全速推进着采油站复产上产进程,为"凝心聚力再奋战、安全日增一万吨"复产上产劳动竞赛谱写着最美的奋进篇章。

(采油作业五区 房 光)

第五篇　故事讲述——复产篇

以快制快抢送电

——记采油作业五区电路抢修队

没有战胜不了的困难，没有完成不了的任务。在这场抗洪复产战役中，采油作业五区水电讯负责人徐建峰和7名电工组建而成的电路抢修队伍连续作战，抢修送电。截至8月29日，电路抢修队员奋战12天，平均每天作业11个小时，已更换完成40条电缆、24个配电箱、18个漏保、9台变频器等设备设施，对50台变频器、800余条电缆进行全面"会诊"检修，解决了12座采油站用电的燃眉之急，141台停摆多日的抽油机得以开启，以实际行动彰显出这个区电工队伍特别能吃苦、特别能战斗的精神面貌！

作业区点多、线长、面广，7名电工要完成11座采油站的电力恢复工作，工作强度可想而知。"困难再大我们也要克服，任务再重我们也要完成！"为确保检修工作和恢复生产无缝衔接，早在7月21日，电路抢修队员们已利用两天时间乘坐冲锋舟对全区配电系统进行了摸底，并结合现场水位情况，与作业区生产技术组建立有效的沟通联络机制，超前完成了配电设施检修方案。8月17日起，他们白天刻不容缓地对配电箱及变频器等设备进行检测，夜里总结当天工作，商讨并敲定次日工作安排，真是恨不得把时间掰成八瓣用。

"大家都辛苦点，咱们要第一时间完成好电路设备设施检修工作，只有通上电，复产的速度才能提起来，所以一刻不能耽误……"此刻的他们虽然很疲惫，但绝不停歇，在这泥泞的道路上，留下了他们的匆匆脚印。现场一条条操作指令高效输出，一项项送电任务接连完成！

复产战役打响以来，电路抢修队员们没有一个人叫苦，没有一个人喊累，更没有一人退缩。这里有家在兴隆台坚持早上6点到单位待命的，有频繁沟

通到嗓子沙哑讲不出话的,有现场连班干两天一宿的,有在抢修现场尘土飞扬的路边"狼吞虎咽"吃完盒饭又投入到"战斗"中的……他们有共同的信念:坚决完成任务!

初秋夜晚,井站里的闪闪灯光,正是电路抢修队员们一颗颗炽热的红心。

(采油作业五区 孙晨茜)

最是"风雨"见真心

——记采油作业五区 511 采油站大班员工徐飞

"左,左,左,再稍微往左一点,好,往前,往前,再往前一点,停,停,好的,往下放,往下放,停,完美!"这个操着沙哑得如破锣般嗓音,全神贯注指挥电机吊装的瘦高个儿,正是我们今天的主人公——采油作业五区 511 采油站大班员工徐飞。

"一个人从组织上入党是一生一次,但是从思想上入党便是一生一世。虽然我还未加入党组织,但作为一名入党积极分子,我将始终坚持向优秀党员看齐,用自己一辈子的努力奋斗去践行党员的初心使命。"这是他写在个人工作日志上的话,也是他日常言行的写照。

他是无惧无畏的抗洪抢险"逆行者"

"哪有什么岁月静好,只不过有人在替你负重前行"。自 7 月 9 日洪水入境,地处河套内的 511 采油站停井关站后,身为大班的他,成了作业区抢险队员。

险情就是命令。防洪堤坝上,他穿着厚重的靴子,伴着"一二三,走"的号子,一次次扛起沙袋子,负重走在泥泞的道路上……

他是勇毅担当的抗洪复产"实干家"

8 月下旬,随着洪水渐渐退去,一场轰轰烈烈的复产大会战迅速展开。为了加快生产现场排水进程,他带领运输船只,一趟趟将排水泵运往防洪堤坝。当船靠近大坝附近,由于水位无法再继续行进,他主动带领着安装工人一起蹚着齐腰的水,硬是将一台台水泵扛送到安装地点,肩头肿了,他毫不在意,一心扑在排水泵安装投运工作中。

1.8米，1.6米，1.0米，0.8米……随着511采油站辖区内的水位降低，为了制定科学合理的复产方案，他第一时间涉水摸排全站油井、管线，为后期复产工作奠定了基础。

8月30日，511采油站打响了全线复产攻坚战。他立即带领几名员工投入到电机、机泵的拆除与更换安装中，每天穿着叉裤，涉水穿行在各个井场，几天下来，嗓子哑了，腿肿了，但丝毫没有阻挡住他复产的脚步，一台台水淹电机得到抢修，一台台新吊装过来的电机安装投运，一口口油井以最快的速度恢复往昔的生产能力。

最是"风雨"见真心。他始终保持"在线"状态，攻坚在第一线，战斗在最前沿，用高度的使命感和责任感，在"凝心聚力再奋战、安全日增一万吨"复产上产劳动竞赛中贡献力量。

（采油作业五区　房　光）

危难之际敢担当

——记采油作业五区504采油站副站长王敬东

王敬东是采油作业五区504采油站副站长,他常说:"干好生产,是我应尽的职责"。实干、精干、肯干是他的日常工作写照。

自停井关站以来,王敬东时刻关注全区的运行动态,每天早早来到作业区跟随机关领导干部上站,做好水淹区清理和各类物资发放工作。多日的一线坚守、涉水工作让他的皮肤一次又一次晒爆皮,双脚起满了水泡,但是他轻伤不下火线,仍旧风雨无阻、义无反顾地冲在抗洪抢险的最前沿。

进入8月份,全厂遭受历史罕见洪涝灾害,形势异常严峻。王敬东事事冲锋在前,加固大坝的现场,有他背起沙袋奔跑的身影;夜间挑灯巡坝,他能克服蚊虫叮咬,认真仔细检查围堰防止渗水点出现。有时因为活儿太多,一向洁净的他顾不上洗净手上的污泥,就草草地吃了盒饭。累了就在原地小憩一会儿,然后又奔赴抗洪前线……

8月中旬,随着水位下降,抗洪复产工作已提到日程上来,在条件允许的情况下,王敬东第一时间来到站上,白天他穿着叉裤、救生衣,佩戴好安全帽,手持探路杆,涉水步行到每个井场对所有的设备设施拍照取证,检查每口油井电气设备水淹情况、基础沉降问题、井场水淹现状,晚上回家就做好数据分类汇总,根据每口油井的生产史,结合手中的资产台账,制定出每口生产井受淹电机、变频器、配电柜等的详细更换方案。现场调研空闲,他带领员工顶高温、冒酷暑,将全站外输泵的受淹电机链接部位的螺丝拆卸下来,并做好标记。忙中有细是他的工作常态,这为油井复产前的电力调拨工作争取了时间。

8月下旬,作业区吹响全面复产的号角,员工们个个摩拳擦掌。作为生产副站长的他,将"要劳保着装,禁止吸烟,涉水区域穿好救生衣,带好探路杆,两个人以上巡检"这句话变成每天的碎碎念,时刻提醒员工安全的重要性。复产首日,全站员工兵分两路,一部分在站内进行消杀,恢复站容站貌;另一部分由王敬东带领,组织65站油井开抽复产。他根据早前掌握的生产资料,首先对原油密度较低的油井准备开井,虽然天热,还有蚊虫叮咬,但是在他的沉稳指挥下,员工动作干净利落,保养抽油机、紧盘根、紧皮带、加黄油、起抽等各项环节有条不紊,紧密衔接。首口油井开抽顺利,随后第二口、第三口、第四口油井也都连夜开抽起来,安静了45天的井场又充满"磕头机"欢快的声音。为了保证油井生产平稳、站内外输(冷输)正常,忙碌了一天的王敬东又主动请缨驻站,协同当班员工巡井录取油井参数,解决油井软卡问题,配合看站女工监测油井产量、外输压力,解决外输困难等问题,待一切平稳顺利后,他才拖着疲惫的身子,去更衣室休息一会儿,此时东方已出现鱼肚白。4个小时以后,他又穿梭在井场之中。

按照计划,在64站油井复产过程中,需更换2口油井的电机,拆卸7口油井的变频器。该站重点井杜212-兴H136因为原油粘度大,开抽后出现软卡,员工都劝他放弃开井,等掺油投入使用后再开。但是他却说:"修一口井就是3万多呀!而且,当下必须尽量减少占井时间,及时开抽,才能把洪水影响降到最低。"复产的每个施工现场,都有王敬东的身影,连续工作24小时、36小时、48小时,是常态,不解决现场的疑难问题,他就不离开岗位,黝黑的面庞虽然尽显疲惫,但始终目光炯炯、神情坚毅。

他忙于抗洪复产,却忽略了亲人。儿子正读研一,暑期跟导师多次协商应允后,才从成都返回家中,因为区域温差,孩子回来后因肺炎住院,王敬东白天上班涉水干活,下班后去医院陪伴儿子,常常在跟儿子唠嗑的时候,说完上句就鼾声如雷。儿子看着他那疲惫的样子,很是心痛,坚决不再让王敬东来医院陪床；家中的老妈八十有五，身患"三高"等多种疾病，每日都要吃大量药物，王敬东不能回家照顾老妈，只好抽空打电话送去关心。

"干好工作是本分。"没有豪言壮语，他就这样尽职尽责、默默奉献。

（采油作业五区　侯春华）

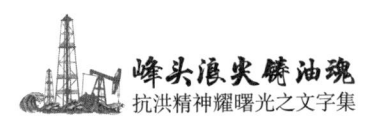

党员就要干出样来

——记采油作业五区 508 采油站站长赵春雷

8月15日,采油作业五区 508 采油站内,一个瘦弱的身影在来回忙碌着,潮水还没有完全退去,他却已连续坚守了两天两夜。把井站当成家,精心管理,细致呵护,他就是 508 采油站站长赵春雷。

受上游泄洪、天文大潮叠加以及强降雨影响,绕阳河水位暴涨,遭遇了历史罕见洪涝灾害,508 采油站正好位于绕阳河河套内。从 7 月 3 日开始,赵春雷就主动请缨,提前驻站,每天穿着救生衣,拿着探路棒,带着手电筒,巡护大坝,协调生产。7 月 6 日,当得知夜晚有暴雨后,他又主动留下和站上员工共同奋战。由于担心东侧防洪坝出现险情,他晚上深一脚浅一脚地在六七百米长的大坝上巡查三四个来回,一次就得一个半小时。第二天一早,眼熬红了,脚磨破了,可简单的休整后,他又带领站上员工到水淹井场布设隔油栏,严防泄漏事故发生……一直忙到下午 2 点,没喝一口水,没吃一口饭,就这样一直在水中奔波。用他的话说:"咱得和潮水赛跑啊,哪有时间吃饭?"

潮水退后,赵春雷又投入到紧张的抗洪复产工作中。他带着大家对一口口油井进行检查,加盘根、校皮带、调参数、倒流程……洪水虽然退了,可阵雨还未停歇,像是故意给大家的工作增加难度。他和大家一起在雨中奋战,在最短的时间内把一台台抽油机安全启抽。油井都正常开启了,可他却日益消瘦了。

9月3日晚8时25分,赵春雷和巡井员工李文祥分片巡检。当巡到杜 813-H207 井时,凭借多年的经验,他敏锐地察觉出抽油机皮带运转声音异常，来到跟前，发现皮带已经断股,"不好！这可是一口日产液量 20 多吨的宝贝井。"他熟练地拉闸断电，停好抽油机，回站取来皮带。李文祥得知情况后也赶来配合，他们在夜色中熟练地操作，顾不得蚊虫叮咬，半个小时后，抽油机终于再次发出欢快的轰鸣声，赵春雷又巡向下一个井场。

工作中的赵春雷，始终保持着共产党员的本色，始终以高标准、高质量严格要求自己，用行动为全站员工做出了表率。他时常挂在嘴边的一句话就是"党员就要干出样来！"

(采油作业五区 张 鑫)

技能专家匠人心
——记驰援采油作业五区技能专家团队

"哪里需要我们,就在哪里上岗。"8月28日,由集团公司技能专家柳转阳带队,来自欢采厂、金海厂等单位的油田技能专家技师团队,全力支援采油作业五区全面复产。

来之即"战"

曙五联是为采油作业五区输送稀油的"首站",罐内稀油凝固无法输送。随着五区现场开井数的大幅度增加,掺油降粘系统如果不能及时投运,势必会造成油井"憋压""软卡",影响复产进度。快速恢复现场掺油系统成为技能专家团队支援作业区复产的"第一战"。

为快速解决流程难题,专家团队利用站内采暖对稀油罐的盘管进行集中加热,同时灵活运用生产流程原理,在保证安全的前提下连接蒸汽热洗车与稀油罐伴热流程,逐步降低罐内稀油粘度。经过近8个小时的攻关,困扰作业区3天的复产"拦路虎"顺利拿下,整个作业区稀油供给循环恢复正常,解决了作业区复产的燃眉之急。

精益求精

8月30日的降雨为复产现场电机、外输泵等设备的拆装带来了困难,但专家团队丝毫没有放缓工作速度,他们以"定时、定点、定人、定责"的"四定"管理方式直击现场,在急难险重任务面前冲在先、干在前,坚定的使命感、责任感是这个团队最鲜红的底色。

由于电机自动调距系统失效,他们需要用管钳咬动电动传动轴,再用撬杠、大锤将电机一点点地移动,细致地调整距离将电机移至所需位置,最重要的是要将电机轮和皮带轮调整到同一平面,按照"四点一线"的原则装好皮带,固定电机螺丝、电机负载线进行接线、拆线,并试运抽油机正反。在当天 16 台生产设备的拆装中,他们自加压力,从严管理,精准调试设备,减少运行维护风险,保证装置平稳运行。他们在井场一站就是三四个小时,扎实的技能功底,让电机拆装操作时间由一个半小时缩短到 40 分钟以内。

主动担当

"困难是暂时的,活儿得尽量往前赶,我们这次来的目的就是想用自身技能完成当前复产最需要、最实际的任务!"带着这份使命感,技能专家团队包括电工 6 人采取集中作战的模式,与班组建立区域联合与协作机制,在遇到加皮带、保养设备、管线试运等突击任务时,实行人力资源共享、一体化作业,大大提高了工作效率。

9 月 1 日上午,73 号站泵房电缆需要更换,当时站内仅有两名员工,100 多米的电缆对两人来说很可能是一天的工作量。此时,技能专家团队正对站内的外输泵联轴器的同轴度进行校对,他们看到现场情形,主动担当,喊着号子将电缆从配电间穿送至外输泵房,20 分钟就完成了该项工作。

为了提高效率,他们自发在吃盒饭的间隙,进行阶段性汇报交流,夜里整理工作进度,敲定次日计划。7 天来,他们冒着酷暑、顶着雨水奋战在复产一线,为 73 号站、85 号站、83 号站恢复 49 台电机、外输泵等生产设备,使掺油系统恢复正常,为 67 口油井的抢先复产给予了帮助。湿透的工服、晒红的脸庞、破皮的颈背彰显了技能专家的责任担当。

(采油作业五区 孙晨茜)

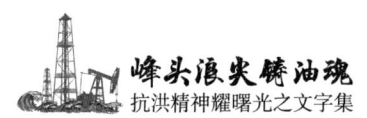

与洪潮搏斗的日子

——记采油作业六区第四党支部书记兼609采油站站长廖丹

在采油作业六区的抗洪复产队伍中,清一色的男工中总能看见一个异性的身影,那就是我,该区唯一的女站长。从抗洪到复产,我从来都不曾因为自己是女同志而缺席。

第一场洪峰来临前,采油作业六区集结了30多名党员干部维护大坝,我毫不犹豫参加了这场"战役",铺塑料布,抬水泥袋子,疏通车辆,一天下来,满手是泡,又热又累,我没有一点犹豫,第二天还是坚持来到抗洪现场。

8月3日,曙光矿区通知撤离,我立即帮助作业区抢搬物资,联系家住曙光的员工,耐心做好撤离的解释工作和心理疏导,一直忙到晚上8点多,最后一批离开矿区。

连续40多天,我每天都到单位待命,随时准备抗洪。不上现场的日子里,我就在作业区统计抢险人员和物资,做好后勤保障工作。同时,我也没有忘记自己党支部书记的身份,将工作安排第一时间通知每名员工,做好安全提示,同时开始制定一井一策的井站复产计划,为顺利复产做最充足的准备。

8月23日,作为采油作业六区第一批复产的采油站,我带领班站员工第一批奔赴现场。面对洪水过后满目疮痍的井站,我没有过多沉浸于感叹和忧伤,而是迅速开展清理、消杀工作。由于前期准备充分,仅用3天时间就完成了班站的垃圾、淤泥清理工作。我每天亲自做好每个房间消杀消毒后再开始一天的工作。随着水位下降,30多台的抽油机电机拆卸、100多条电路电缆检测也在最短时间内完成,我的班站也成了该区最快完成复产准备工作的班站。

　　这期间,我克服了重感冒的身体不适,每天必到现场。作为女性,有很多的不方便,我每天尽量不喝水,避免频繁上厕所。大家在我的带领下每天干活都意气风发,重建家园的信心也都更加坚定,相信油井复产指日可待。

(采油作业六区　廖　丹)

复产"高速路"上的赶路人

——记采油作业六区 601 采油站站长张建国

"小苏,我一会带车将电机吊至 47 号台,你吃完饭就和老周领三名电工,带好工具到那儿等我!"

从 9 月 5 日起,采油作业六区 601 采油站全面复产开始,每日午饭时的这种对话就已经成为常态。作为站长,事不过夜、办事利落一直是张建国的风格。准备复产的第一天,他便将站内的每一个房间、每一台设备、每一根管线、每一口油井,都巡了个遍。有人说:"着什么急啊,咱们刚上站,有的是时间!"他却有自己的坚持:"复产工作迫在眉睫,要是连站长都不清楚家底,岂不是闹了笑话!"

为了更好更快地组织工作,张建国将饭桌当分析桌,将现场当分会场,将井场当战斗场。在饭桌上、闲谈中复盘工作,把工作安排得井井有条。在现场,他总能发现问题,总结经验,现场整改,制止"不安全行为"。在井场,他急难险重冲在前,落实单井情况,核实生产数据,排查治理隐患,堪称复产"急先锋"。

"低冲次慢抽,查好压力、温度,防止井卡。"每一口井复开,张建国总是千叮咛万嘱咐。超稠油区块油井出砂严重,且油井停产长达 57 天,在没有掺油伴热的情况下开井复产,就是难上加难。但是他不说困难,只想办法;不提条件,只谈方案。每一口油井复开,他都在现场亲自落实井口数据。为了提高有效开井数,防止倒井,他将准备工作做到前面,无论是皮带的调整还是盘根的填加,无论是抽油机的保养还是井口流程的排查,他都事无巨细。截至 9 月 14 日,601 采油站已组织开井 32 口,无一口油井因管理原因倒井。

第五篇　故事讲述——复产篇

"往南位移一些，好！放！"9月13日，吊装的最后一台电机终于平稳地坐在了机架上，这时已是晚上8点37分，工服后背干了又湿，湿了又干，留下了一圈圈白色印迹。这样的工作强度下，张建国已经连续奋战了8天，每天吊装了多少台电机，成功装机多少台，开井多少口，明天准备装机几台，预计开井几口，在他的脑海里已形成了一幅详细的布阵图。

看！那月光下星星点点散发着红色光芒的身影，是他正带领着一队夺油上产的赶路人，奔走在复产的"高速路"上。

（采油作业六区　张　雷）

抗洪一线的党员尖兵

——记采油作业六区610采油站副站长鱼洋

"大家注意,要起抽了啊!"在采油作业六区610—7号平台井场上,随着一声电机的轰鸣,又一口油井安全运行起来。看着平稳运转的抽油机,610采油站副站长鱼洋脸上的笑容格外灿烂。这是他连续7天以来,第一次舒心地笑。

"我是党员我先上"

在一线工作多年的鱼洋,对采油有着深厚的感情,对油井的每一处"关节"和每一台设备都了如指掌。

今年七月中旬,洪水涌进井站,设备设施被淹,全体干部员工投身护堤护站的战役中。洪水来势凶猛,抗洪任务紧急,他来不及跟新婚妻子多解释,就全身心投入到抗洪工作中。

堤坝又长、又陡、又泥泞。在长达千米的大坝上,油田人奋力与洪水抗衡着,装沙袋、扛水泥,鱼洋专挑重活累活干。沉重的水泥扛在肩上就像背着一座小山,压得他走不动道。被雨水冲刷的大坝路滑难走,倾斜处更需要半走半跪地前行。头顶上的烈日也丝毫不留情面,被灼伤的皮肤已经感受不到疼。被水泥和潮水浸泡的双脚和双腿起了一片片红色的疹子,又痒又疼。脚上破损的水泡在脏水里浸泡后更是火辣辣的疼。可时间紧迫、形势逼人,他硬是咬着牙坚持着。在连续20天的奋战里,这位刚刚入党的年轻人,用实际行动感染着、带动着身边人。

"哪里有任务哪里就有共产党员"

8月23日,还没有缓过乏的他又接到复产的指令。接到指令后,他又像打了鸡血一般，立刻来了精神。按照复产需求，他负责调配设备安装计划并组织施工人员进行安装。站内电力和设备全部被淹，大量电缆存在漏点和破损。设备经过水淹十不存一，公司调配的设备数量有限，需要让有限的设备发挥最大的作用。为了尽快复产，他根据油井产量、设备特点和电机设备完好情况合理安排油井复产顺序。一方面他有序组织人员拆卸电机、调换设备、排查并更换受损电缆。另一方面，他严格执行安全标准，确保施工安全。辖区井多面广，设备损坏严重，被淤泥包裹的设备清理难度很大。最偏远的油井在800米外，员工扛着工具在1米深的泥水里走，一个来回就是一上午，复产难度可想而知，可他还是带领员工们深一脚浅一脚，相互搀扶着摸索着干，努力完成油井开井工作。

如今，他依然在忙碌着，每天坚持第一个来最后一个走。看着一台台抽油机欢快地运转，听着一阵阵电机的轰鸣声，感受着油区再度恢复蒸蒸日上的生产盛景，作为采油管理者的他感觉十分骄傲，作为共产党员的他感到非常自豪。

（采油作业六区　李营良）

复产排头兵"贾站长"

——记采油作业六区 602 采油站站长贾铁伟

9月5日16时30分，随着抽油机规律地上下摆动，井口各部位运转正常，采油作业六区第一批复产的4口井，宣布开井成功，602采油站站长贾铁伟终于长舒了一口气。

采油作业六区地处绕阳河泄洪区地势最低处，受灾严重。602采油站是该区最具复产条件的站，更是作业区的产量大户，日常开井数达90多口，贾铁伟深感自己肩上的重担。自8月21日进站以来，他就带领着该站员工清淤、消杀、拆装电机、变频柜、校验电机"四点一线"，对站内配电系统进行检测，对外输泵掺水泵进行保养换油，仅用一个多星期就把该站恢复到开井前的准备状态。

作为一个超稠油采油站，想要开井依然面临重重困难，9月3日，他组织热油车仅用一天时间就对240多条混输、掺油管线进行了预热，对不通的管线组织压风机解堵，从早上7点30分一直干到了晚上11点。第二天，站上的员工都劝他回家休息一天，他却摇头说道："咱们站是作业区第一个具备复产条件的采油站，咱在前面打好样，作业区全面复产就能再快一些。"

5日，还不到早上8点，602采油站已是一片繁忙的景象，贾铁伟给自己立下了军令状，"今天不管遇到什么困难，一定要将井开起来！"一到值班室，他就马不停蹄地对员工进行安全提示、分配复产任务。然后，带着员工到井口检查皮带、盘根，抽油机上的每个螺丝他都不放过，一一紧固，给减速箱换油，监督吊车安装变频和动力柜，一上午忙得连一口水都没有喝。

中午吃饭时，大家到处都找不到他的人影，结果发现他在给掺液、掺油水管线试压,查看管线有无渗漏,一天下来,他像一个陀螺忙个不停。开井前,他将站内的所有流程全部检查一遍。终于到了下午4时30分,随着一声"启抽",4口油井都顺利开井,停摆了两个多月的油井终于恢复了工作。

但对于贾铁伟来说,这只是拉开了复产的序幕,更大的挑战还在后面,接下来他将继续带领该站员工,加快开井步伐,争取让602采油站早日全面开井。

(采油作业六区　杨彧荣)

九天何以破冰

——记采油作业六区全体复产人

9月14日,采油作业六区603采油站站内电力系统顺利恢复,标志着该区的复产工作取得全面胜利,现场干部员工一阵欢呼。截至目前,该区310口油井全部投入生产,整个复产只用了9天。

采油作业六区地处杜84超稠油区块,日常开井数为360口,产量占全厂的四分之一。从6月底开始,该区遭遇了历史罕见特大洪涝灾害,水位最深处可达6米。自9月5日开始,该区干部员工打响了一场异常艰难的复产攻坚战。该区位于全厂地势最低处,一直在为其他兄弟单位排水,这也让该区成了全厂最后一家进入复产阶段的单位,而在各方面资源短缺的条件下复产,无疑是在冰层中行船,那又是什么,让这家采油单位仅用9天就成功破冰,完成全面复产?

该区主任门福信告诉笔者:"链条式复产模式是我们战胜水淹时间最长、设备水毁最多、资源匮乏最重的关键!"

由于是全区域受淹,复产工作必不能盲目开展,制定合理的复产方案就成了重点。从9月5日起,该区复产工作就进入了倒计时。他们规划了拆卸维修电机、保养抽油机、安装电机、恢复动力系统四个复产节点,通过"串点成链"形成"链条式"复产模式。抽调生产骨干成立了电机拆卸、抽保、安装电机、电路维修4个突击队明确突击顺序,根据各节点条件条理清晰地指派队伍,保证复产工作环环相扣、平稳高效。复产期间该区拆除电机、配电柜620台,仅用5天时间,就使所有油井都具备了复产条件。同时,该区还制定一井一策复产方案,方案卡点运行,指标逐级分解。

锚定9月15日前完成复产任务目标不动摇，是政治任务、更是该区坚决捍卫的"底线"。"超稠油井在掺水系统没恢复前易井卡，怎么办？"党员骨干王怀海日均协调热油车6组，带领热油车24小时连轴转，保证哪有卡井哪就有他的身影，每日解卡油井可达13口，成功将开井率提升到70%。"低压线路恢复点多面广如何解决？"生产技术组组长韩吴越每天奔走于各个动力恢复现场，确保抽油机和机泵能够正常运行。"外输系统暂未恢复，缓冲罐里的油何去何从？"该区日均调配6辆油罐车24小时驻守采油站拉油，并及时恢复夜班，确保全天候监督，彻底解决输油问题。"SAGD井都是高温高压装置，维修时间长，如何提速？"主任门福信将脚跟扎在603采油站，每天超12小时监督SAGD关键施工环节。

复产期间涉水作业、电机检修、清淤排涝等各类危险作业集中进行，安全环保压力陡增。该区党员干部严格遵守"三管三必须"要求，全面开展安全生产"四大"活动，以实际行动答好"11问"。在现场实行区域网格化管理，明确负责区域工作任务，排定作业进度，实施"挂图作战"，做好安全告知，加强过程监管，杜绝一切安全事故的发生。

（采油作业六区　贾　爽　杨彧荣）

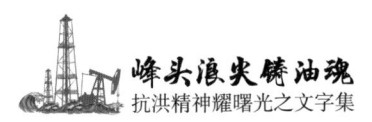

小站"半边天"

——记采油作业六区 607 采油站女工胡巧莉

"胡大姐,大过节的你还不休息,干嘛呢?"10 月 6 日,采油作业六区 607 采油站内,站长阎宝贵从窗户探头出来喊道。

"我给新安装的电机拍照呢,一会要跟资产台账对一下,可别把信息弄错了。"胡巧莉一边挨个给新安装的设备、电机拍照,一边笑着说道。

复产以来,胡巧莉每天都忙个不停,统计用餐人数、收拾板房、整理资料,是后勤"贤内助",更是 607 采油站的"半边天"。

8 月 26 日,水刚刚退到平台以下,别的女工还没有上站时,她就主动上站打扫卫生。面对臭气熏天的房间,她没有退缩。用抹布一点点擦拭设备,用铲刀一块块铲掉斑驳的油漆,用刷子一下下刷净板房外的墙壁。三天后,12 座板房恢复了往昔的模样。

"师傅,您进站干活先来登记!""您安全帽没有戴好,必须劳保齐全才能进站!"胡巧莉对准备进站消杀的作业队伍提醒道。近期,609 采油站内施工队伍很多,胡巧莉成了兼职"安全监督员",施工队伍的安全帽佩戴是否规范、清淤队伍的工作质量如何、外施工是否登记……大事小事她都仔细把关,为大家解决后顾之忧。

复产开始后,每天修复的电机、电缆等各项设备种类繁杂、数量众多,但在胡巧莉那里都有一本清楚账。她每天更新修复、安装的设备型号、数量,及时拍照,与资产台账一一核对,确保资料的准确性。同时,细心的她在发现站上员工由于高强度的劳动,一个个都食欲不佳后,又主动从家里拿来提前做好的菜,昨天是醋熘花生米、今天是凉拌黄瓜,变着花样为大家加餐,大家纷纷夸奖有胡大姐的地方就像个"家"。

面对工作,胡巧莉积极向上,不断追求自己的人生价值,"乘风破浪的姐姐"在平凡的岗位上也一样披荆斩棘。

(采油作业六区　杨彧荣)

哨兵"刚子"

——记热注作业一区112注汽站副站长赵刚

赵刚,皮肤黝黑,性格内向,刚毅好强,做事一丝不苟,干起活来更是当仁不让,所以,大家都亲切地叫他"刚子"。这不,在今年抗洪复产战役中,他的这种"刚"的特质体现得淋漓尽致。

洪水退去,该区正式进入复产阶段,为了尽快恢复注汽,好强的刚子始终坚守一线,一刻也不敢懈怠。

在接到复产消息后,刚子第一时间组织电工对架高的20多台电机进行复位。力气活也要有点小巧思,刚子提出"先主后次,先快后慢"的安装策略,即以最快速度先行安装重点注汽班站的电机,再将其他电机就位。仅用两天时间,赵刚和他的小组成员就完成了这项工作,为后续启炉注汽提供了有效保障。

"这都12点半了,刚子怎么还没回来?赶紧给他打个电话,饭得想着吃啊。""他刚着急忙慌地奔62号站去了,我给他留饭了,说让咱们先吃。"在这个特殊时期,赵刚每天忙着统计各站炉膛内保温、管线保温的破损情况,组织员工对管线流程、管网支架进行巡检。

"润滑油泵线没有。""柱塞泵出口安全阀引压管正在预制。"下午1点,赵刚一边往嘴里扒拉大米饭,一边拿着手机把刚才在62号站检查出来的设备问题逐一编辑发到工作群里。

"我今晚不回去了,明天62号站要启炉,还得准备好些事儿呢,家里面你就辛苦一下,最近单位复产,实在是忙不开……"

挂断电话,已经是晚上9点多了,他没有犹豫,又跑进了锅炉房……

(热注作业一区 罗 楠)

"白+黑"坚守一线的"逆行者"
——记热注作业二区210+211注汽站站长刘靖

刘靖是热注作业二区210+211注汽站站长。别看他54岁了,干起活儿来可一点也不含糊,洪水来袭,他沉稳应对;险情出现,他勇敢逆行。

雨水未到,人已在岗,防患于未然

"急!急!急!绕阳河水位不断上涨,我现在去H62号炉,高博你去33+66号炉,立即停炉、切换流程、断电,架高电机、仪表、机泵、资料,等待作业区下步指示!"7月9日,刘靖迅速组织注汽站干部员工行动起来。

"汛情就是命令、防汛就是责任"。刘靖所管理的五个班站2个在坝内,3个在坝外。洪水来之前,他一边安排各班站正常注汽生产,一边组织人员将备用柱塞泵电机、油泵房内电机拆下架高,与电工一同对各设备设施打地锚固定处理,准备随时架高,保障电路设备安全。

"无论白班还是夜班员工,一定要密切关注水位线变化,加强巡检,发现异常立即汇报,随时准备停炉撤离。"刘靖一边打地锚,一边叮嘱员工。

雨大水急,坚守一线,勇当先锋员

连日大雨,水位上涨,水势凶猛,洪水即将涌进厂区。作为作业区抗洪抢险突击队成员,刘靖顾不上吃饭,紧随队伍赶往现场,筑坝抢险。他们把土装入袋子,人拉肩扛筑起防线。刘靖的手被磨出血泡,后背被石子刮出深深的血痕,但他紧咬牙关,闷头向前,经过一夜的紧张战斗,终于将堤坝加固,守住了矿区。

"迟调,我24小时在作业区待命,随叫随到。"第二天回到单位,双眼红肿、疲惫不堪的他还不忘跟调度长迟宇请战。

雨停水退,重建班站,复生产秩序

8月17日一早接到通知,所辖67号炉率先完成抽水排涝工作,准备复产。刘靖第一时间组织消杀,排查隐患。

浸泡在洪水中近半个月的班站散发出了刺鼻的恶臭,板房外有没过窗口的水垢;板房内橱柜、更衣柜上挂满了淤泥。室外,30摄氏度以上的高温天气丝毫影响不了他干活的热情。刘靖头顶烈日和站上员工一起抬电机、擦板房、晒桌椅、拆地板,对小站进行彻底清理……

"刘哥,你腰咋样了,我给你带来了几贴祖传膏药,专治腰肌劳损的,一会儿我给你贴上!你可悠着点干,后续还有好些工作等你组织呢。"为了尽快恢复注汽,刘靖始终坚守一线,一刻也不敢懈怠。

在这场抗洪复产的"持久战"中,他多少个日夜不眠不休、持续战斗。洪水来袭,他是峰头浪尖上的逆行者,洪水过后,他是站区重建中的主力军。

(热注作业二区　张伟艳)

复产冲锋兵

——记热注作业二区华 31 号炉班组长吴炳奇

"现将《洪涝灾害卫生防疫工作技术指南》发到群内,请按要求做好个人防护!"

"请前往 H31 号炉的员工提前做好乘车准备,早上 8 点大客车准时出发!"

8 月 24 日,随着一声声指令,热注作业二区正式进入复产阶段,H31 号炉成为复产"前沿阵地",H31 号炉班组长吴炳奇则成为现场的大忙人,一会儿忙着制定复产计划,一会儿组织清洁、消杀,每一个环节都有他的身影。

当天在完成淤泥清理任务后,吴炳奇对该站值班室、小伙房等生产生活区域进行了 3 次全覆盖、无死角消杀,防止细菌、蚊蝇滋生,确保员工能第一时间健康、安全返回站区。

为了早点恢复站容站貌,他一遍一遍地重复着擦洗机械动作,右臂酸痛到抬不起来。

为了能尽早恢复电力系统,早在复产前,吴炳奇就积极参加了作业区"防汛复产防触电风险管控措施""涉水电器作业安全经验分享"等课程的学习,这些技能在复产阶段起到了关键作用。被水浸泡近两个月的电机已经"罢工",为了抢时间,刘靖积极配合电工进行线路检测、阻值测量。现场出现状况时,他总是能很快地解决。借复产前电缆检查契机,他重新梳理了旧电缆,不仅标识出各条电缆的走向,还使用冷缩工艺重新连接了电缆接头,一次性地解决了电缆内部进水导致的安全隐患。

吴炳奇在现场忙碌的同时,他的妻子也远在新疆出差,家里只剩一个还

在读小学的孩子,只能由邻居奶奶帮忙接送。当工作和家庭"两难"时,吴炳奇选择当好小站排头兵,为热注作业二区早日复产继续奋战。

(热注作业二区　杨颜滋)

第五篇 故事讲述——复产篇

复产保电忙

——记热注作业二区第六党支部电工张雪松

"水位下去了？走，咱们去现场看看情况！"8月25日，热注作业二区第六党支部电工张雪松主动前往H6号炉站区进行勘查。说话间，张雪松已经换上了叉裤，与同事们一起踏上了复产征程。

今年49岁的张雪松，有着丰富的电力防汛经验。今年的洪水水量之大、来势之猛、受灾之重，远超预期，作为老电工，他最清楚电路是复产的第一道工序，重要性不可替代。

没有一丝犹豫，他穿好救生衣，拿起探路杆便走进了水中。入秋后，水透着丝丝凉意，但是他顾不了这些，朝着目的地开始了艰难地水中行走。站区里，曾经肆虐的洪水已经下去大半，室内弥漫着难闻的气味，四周布满淤泥，办公用品和生产生活物资散落各地。

锅炉间外的水印清晰地标明了当时的最高水位，所有用电设施、线路被长时间浸泡。如今洪水退去，露出的电线电缆和设备设施受损情况不明。他细致地对站区主电缆、锅炉电缆、鼓风机、柱塞泵电机、空压机等线路进行检测……复产的先决条件是电路完好，他深知自己必须要为复产赢得时间，所以每一处电路恢复，他都认真对待，不放过一处细节。闷热的天气、蚊虫的叮咬、难闻的气味，这样的环境中，他马不停蹄地干了6个多小时，早已汗流浃背，身上脸上被叮了不知多少个包，他却浑然不觉……"站上电缆检测没有问题！""7块电热板修复表检测没问题待通电试验！"张雪松第一时间向作业区汇报情况。

"抗洪复产哪有需要，抢修就跟到哪里，电就送到哪里。"这不是一句简

单的口号,而是实实在在的行动。复产工作任重而道远,张雪松以顽强的斗志,投入到艰巨的战斗中去,努力夺取抗洪复产的最后胜利。

(热注作业二区　迟克新)

晒黑了的张书记

——记热注作业二区第三党支部书记张英俊

在持续 40 多天的抗洪抢险艰苦战斗中，热注作业二区的第三党支部书记张英俊每天都会前往单位报到，与员工们一起铲沙土、背沙袋、垫大坝，连续从事高强度工作，还兼顾各项后勤保障任务，一天都没歇着。

8 月 24 日，第三党支部的 H31 号炉率先符合复产条件，他第一时间组织消杀，又派专人做好出入登记、"三码"查验、风险提示等现场监督工作，推动排涝、检查、复产一体化。张英俊说："复产上产越紧迫、越着急，越要谨慎小心，决不能因安全环保问题分散精力，给复产大局添乱。"

张英俊不仅仅是脸晒黑了，还因为长时间劳动患上了"桡骨茎突狭窄性腱鞘炎"。为了不影响工作，他只是匆匆打了封闭针，又回到了复产最前沿。

作为支部书记，张英俊一直把安全责任放在心上、扛在肩上、抓在手上，切实把"党建+安全"落到实处，时刻对标对表"十五条硬性措施"，精准研判各类风险，落实整改措施，把风险消灭在萌芽中，打好安全复产主动仗。

"辛苦大家了，终于见模样了。"站容站貌恢复后，张英俊终于露出了笑容。

"张哥真是出大力了，你可得好好休息两天。"

"7+44 号炉也马上复产了，大伙儿再坚持坚持，咱们一起将洪水影响的产量追回来！"

（热注作业二区　杨颜滋）

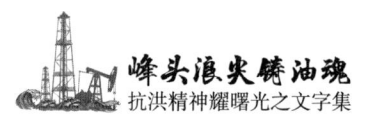

勇者无畏　英雄留名

——记热注作业二区 7+44 号炉班组长陈军

汛期过后，很多站区已经恢复了正常的生产秩序。因地势低，热注作业二区 7+44 号炉靠后复产。眼看着兄弟班站一个个都启炉成功，7+44 号炉班组长陈军心急不已。

"全体同志都有，现在穿着雨靴就可以进站了，大家受累，咱们争取三天内完成清理。"陈军第一时间通知员工进站复产，与早已摩拳擦掌的员工一起手拿肩扛，把复产工具搬运至站区。靠后复产也有好处，在帮忙其他班站的时候，他已经熟练地掌握了复产的顺序及各流程注意事项，战斗状态蓄力而发。

工欲善其事，必先利其器。为了加快复产速度，降低劳动强度，陈军提前准备清淤物资，两天前就借来了洗车场的高压水枪，从亲戚家拿来了消杀用的喷壶，还从家里带来了几双一直没舍得穿的加长水靴……

站区值班室的木质地板经过长时间的浸泡已经严重变形腐蚀，各房间的墙体经水泡后锈迹斑斑，室内木质的材料如橱柜、地板等在长期被水浸泡之后均已变形，被水流带进来的杂草和各类垃圾也是遍布站区，更衣柜里的衣物更不时地散发出发霉的味道，与汛前整洁的站区相比，见了是真心痛啊！陈军一边忙着清理现场，一边鼓励大家："知道大伙儿看了心里难受，放心吧，咱一定能把站区恢复成原本的标准化现场！"

陈军安排好班站员工的工作后，自己背起装满消毒液的喷壶对站区的每个角落进行了全面的消杀，1 个小时的时间里，他行走了 2 万多步，顾不得被喷壶背带磨红的双肩，他又加入了清淤队伍中，先用铁锹清理淤泥，再收拾卫生，还站区一片整洁的环境。

走进家门后，陈军整个人都瘫软在沙发上，妻子接完上高中的女儿回家后，发现了他肩头的淤青和红肿的手掌，很是心疼。为他上药后，又将热好的饭菜端到陈军身旁。

像陈军这样坚守在抗洪复产一线的人很多很多，他们有一个共同的期盼——早日复产，全面上产。

（热注作业二区　杨颜滋）

在曙一联复产的日子里

——集输大队曙一联复产记

"这大半夜的,你怎么又过来了?"8月16日23点30分,集输大队曙一联输油岗岗长赵洪斌见到副站长陈建军问道。"脱水泵正在试运行阶段,多少有点不稳定,我不放心,过来看看。"陈建军边说边查看瞬时量情况。

曙一联合站承担着稀油脱水、外输、污水处理和回注等工作,为尽快恢复站内系统的生产运行,联合站先后数次开会讨论确定最佳复产方案,科学合理地安排人力、物力,将每一项施工都落实到岗,落实到人。在挂起的复产运行大表中,完成时限都是按天,甚至按小时计算。全站上下铆足了劲儿,只为优质高效完成复产任务。

复产的前提是恢复送电,电工班作为全站的排头兵,在洪水还没完全退下时就提前上站对配电间进水情况进行排查。待到水位下降到一定程度后,电工班立即为高压线路进行送电作业,对配电间、配电柜等相关设备进行检修更换。电工人手不够用咋办?"厂里给我们站派送了专业电工,大大加快了送电速度,我们一定以最快速度恢复生产!"迅速完成对注水岗送电任务后,供水系统第一时间启动供水泵,恢复了生活用水,相继完成对生产生活场所的清洁、消杀。各岗职工更是"整齐划一"地配合设备维护,厂家对所有设备进行检查维修或更换,对相关机泵润滑油进行全部更换,确保加热系统、原油系统、注水系统正常工作。

这10天,振奋人心的消息不断从现场传来!他们修复安装好外输泵25台,确保原油外输平稳安全运行;输油岗岗长赵洪斌组织完成了采油作业二区、采油作业四区原油进液和外输管线扫线试压等工作;脱水泵在一天一夜紧急检测调整后，基本恢复了正常；进站流程启用后，站内接收了周边134口油井外来液量！

秋高气爽，曙一联到处都是热火朝天的复产场景。此时，输油岗员工正相互配合安装校对后的流量计，外输泵站内循环作业已开启，油罐油温得以提升，往首站输油更加顺畅，全面复产指日可待。

（集输大队 姜会会）

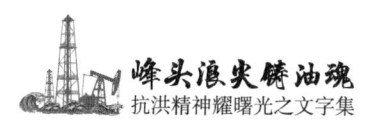

排涝小站守护人

——记污水处理大队输水岗岗长张斌

8月1日16时,已经驻守圈河排涝站两天一夜的污水处理大队输水岗岗长张斌接到副大队长高为民的电话:"张斌,刚刚接到厂调通知,排涝站必须马上断电,你和老崔做好撤离准备,我马上带人去配合你们!"听到这里,张斌的心一下子揪起来,70年不遇的大水,不仅他没见过,50多岁的排涝站员工崔仁全,都是生平第一次经历。

两人拿上摇把,急匆匆地跑到大坝外闸处降落外闸。两片外闸全部降下来需要摇上千圈,此时天气闷热,外闸还没降到四分之一时两人的工服就已经被汗水浸透。半小时后,高队长带着电工、维修工赶到现场。"张斌,你先去停泵,然后带电工去配电间断电!大家把东西能带走的带走,能架高的架高,快!"17点20分,所有人员安全撤离排涝站。

8月8日,大队接到通知,各单位抽调骨干到国提上24小时巡坝,污水大队负责圈河排涝站处大坝的巡检工作。张斌听闻后,第一时间申请"参战"。他有着自己的"小心思",能尽快了解排涝站的受灾情况。

从六分厂上坝后,步行大约5千米能到达排涝站。由于大坝上的排涝工作早已开始,各种车辆连绵不断,道路因降雨又泥泞不堪,走了近1个小时才到达排涝站。当张斌看到排涝站时,往日熟悉的站貌变得陌生,站内1米多高的过路围栏已经看不到,泵房、配电间、值班室全部进水,周围弥漫着恶臭的气味,此时眼泪在他的眼圈不停打转。

8日、9日,都能在大坝上看到他的身影,10日,张斌接到高队长的通知:"局里让曙采圈河排涝站第一时间复产,加入到排涝工作中。"当天,张斌本应休息，一听到复产，他马上跟领导说："我现在就到单位！"到达现场后，他得知，油建、供电的队伍马上赶到，排涝站连夜就要复产。张斌立刻准备摇闸，就希望排涝站能第一时间复产。深夜，当变压器、变频柜都安装好时，负责连接设备的员工发现4台轴流泵的电机都缺项，还有断丝的现象，为了排涝站安全考虑，连夜复产的愿望破灭，在场的干部员工都无比沮丧。

11日傍晚，刚刚到家的张斌接到大队资产员沈腾飞的电话，"4台新电机已落实，明早6点前到。""太好了，我明早也去。""你还上去呀？""我的站复产我必须在场！"此时，张斌格外开心，根本顾不得多日的劳累。

12日一早，电机如期送达，各路队伍各司其职，大家都在紧张地忙碌着。12点10分，一切准备就绪，4台轴流泵依次启动，待观察后一切运行平稳，此时在场的所有人激动地叫喊，连日来受的苦、流的汗都已忘却，就像刚打完一场"胜仗"。

（污水处理大队　刘　洋）

为油而战的开发"斗士"

——记地质研究所综合室主任明辉

夜已深,地质研究所综合室主任明辉仍在电脑前忙碌,只见他聚精会神地盯着屏幕,不时翻看一下手边的资料,各类上产规律及开发数据在头脑中"交战",此时的他眼睛里已布满血丝,尽显疲态,但仍咬牙坚持……

这是8月下旬深夜的一幕,也是抗洪复产以来,明辉日常工作的一个缩影。这段时间,他为尽快编制完成复产上产方案,与时间赛跑,把家"搬"到了办公室,全力以赴促上产。

这次洪涝灾害是曙采建厂以来最严重的一次,影响范围历次最广、停关时间历次最长、影响产量历次最大。"如何实现灾后快速上产,尽早恢复生产能力是开发系统的头等大事。"明辉紧皱眉头,对室内员工说道。

想完成这件"大事",就要下好"先行棋"。8月中旬开始,明辉就着手准备编制复产上产方案,由于这次洪水影响关停井数较多,涉及的基层作业区较广,需要产量损失、复产进度、生产规律及上产工作量等大量数据做支撑,以确保方案科学合理、可操作性强。

在确定方案思路后,明辉第一时间与采油作业区地质室、所内动静态室联系沟通,及时掌握第一手资料。数据合不上,就打电话逐一核对落实;产量变化规律有疑问,就与动态人员沟通。每一个数据力求精准,每一个细节力求完美,每一个观点都反复认证,明辉忙而不乱,高效完成。

为了尽早完成方案,明辉与时间赛跑,一刻不停歇。饿了,就泡碗方便面、啃口面包;困了,就在沙发上躺一会,起来继续点灯鏖战……

连续加班10多个日夜,他成功完成了复产上产方案编制。此方案剖析了本次洪涝对不同油品性质、不同开发方式造成的影响，明确了产量变化规律，确定了下步上产方向及工作量，为尽早恢复油田生产能力、最大限度减少产量损失提供了依据。

同事们都劝他别这么拼了，注意身体。他总是笑着说："虽然很累，但职责所在，我不敢有丝毫懈怠，我相信在大家的共同努力下，我们一定能早日克服洪魔影响，回归正常的开发秩序。"

（地质研究所　王远航）

责任如山　迎难而上

——记机动采油大队调度长杨静超

抗击洪水时，他临危不乱，尽职尽责，恪守矿区驻地最后一道防线；复产工作中，他不分黑夜白昼，严抓每个环节，彰显了共产党员无私奉献的本色。他就是机动采油大队调度长杨静超。

杨静超深知防汛形势严峻，抗洪责任重大，每天 5 点之前就到单位，提前安排好当日人员和设备调用。在做好前线抗洪工作的同时，坚持做好后勤保障，每天向厂里申请必备物资，保障前线员工的饮食，与此同时，还为中暑、受伤等可能发生的意外事件做了充分的应急准备。

洪水日渐退去，紧接着就迎来了紧张的复产工作，虽然已经在岗位上连续奋战了多日，他依旧不敢有丝毫松懈。当收到厂里下达的协助一区、二区、四区等作业区复工复产的工作任务时，杨静超第一时间对人员、设备进行了摸排，制定了工作方案。在四区第一批油井复产工作中，他迅速组织调度捞油罐车 10 台、押运人员 20 名，对古潜山区块 5 口复产油井进行每日 24 小时的押运工作，日产液量达到 80 余吨，他还组织 8 名员工对二区 4 口井的复产进行押运，为全厂复产工作的开展提供了有力保障。他每天拨打几十个甚至上百个电话进行协调，忙起来顾不得喝上一口水，也顾不得吃上一口饭。

8 月 23 日，在接到一区复产押运工作的通知后，他又第一时间组织 30 名押运人员对一区新 2 站、21 号站进行支援，并现场指挥调动车辆运行。在昼夜不眠的任务中，他时刻关注押运员、司机的身体健康和车辆设备的运行状态，他熟知每口井的工作状态，结合押运员的实际情况进行及时调整，保障押运工作平稳高效运行。

看着心系复产忙得脚打后脑勺的杨静超，有同事劝他说："小杨，你歇歇，不差这么一会儿。"杨静超则笑笑，答道，"没事儿。"紧接着电话又响起了，"喂，你好，哪里？需要几人……"他深知现在的复产工作一秒也不能耽搁，机动采油大队作为油品押运员最多的单位，在这个特殊时期，肩上的责任也更重。

作为一名曾获得油田公司、采油厂优秀共产党员荣誉称号的青年党员，杨静超用实际行动发挥了模范带头作用。作为这场抗洪复产"大考"中的一分子，他的答卷让大队领导、党员群众都很满意。得到大家的认可，他表示，再苦再累都值了。

（机动采油大队　胡晓宇）

7分钟完成减速箱换油

——记生产保障大队润滑油中心党支部书记张东平

"现有加注润滑油设备因随车走,泵联动车,不好管理。而且还需开具用电手续、作业区专业电工配合,程序繁琐,一天只能干1到2口井。设备怎么才能自主发电呢?"在生产保障大队有这样一位喜欢在创新研究上下功夫,并且能琢磨出效益的党支部书记张东平。

作为一名基层支部书记,他不仅自己肯动手、爱琢磨,还会带领身边党员勤动脑,突破思想"瓶颈",做好促生产增效益的"参谋团",实现自己的活儿自己干。

由于抽油机在野外工作,减速箱中的齿轮油需要定期进行更换,否则极易造成减速箱滤芯堵塞,影响抽油机的正常工作。复产环节中,1000多台抽油机减速箱急需换油。瞬时工作量的剧增成了摆在他们队面前一道迫在眉睫的难题。

困难面前,他和他的队员们并没有退缩,而是充分发扬"事不避难、奋勇向前"的干事创业精神,立下"军令状",勇挑重担,不断摸索创造,多次尝试试验,终于自主研发出了一台效率高、实用性强、能自发电的换油设备,使人工节省超一半,采购降本百万元。

自制自发电换油设备的关键部位需要大量的磁铁以保证机器正常有效运转,他自掏腰包在网上"淘"来了转换开关、接触器等电器设备。一次次的试验、磨合,推翻再重来,最终解决了这个"卡脖子"的关键技术难题,使换油排量、功率远远高于以前的设备。

9月6日,油田公司设备管理部、党委组织部相关领导深入一线现场,观摩了他们自主研发的新型换油设备现场实操。"7分钟！"设备管理部副主任华晋伟掐着秒表震惊地说。对于此项自主研发的机器设备，在场观摩领导给予了充分的肯定，这项发明创造为复产上产注入了新动力！

经过现场测试，在保质保量无返工的前提下，抽油机的抽旧、加注时间都控制在10分钟之内。以往一天最多只能完成10台抽油机换油工作量，现在半个月就完成了500多口井换油工作量，效率整整提升了1倍多。

为更好地助力一线复产上产，他建议采取"2+1"润滑油加注模式，固定2台拉运润滑油加注设备车，并根据车辆情况机动调配另外1辆卡车，以便随时拉运润滑油加注设备，确保抢在开井前将抽油机减速箱保养到位。

在岗位上的每一次创新都来源于对工作的热爱，张东平的每一次创新发明都是用闲置设备改造，在不增加成本、降低安全风险的同时，显著地提高了工作效率。"大家只有拧成一股绳，心往一处使，才能汇聚起强大合力攻克一切难关。"他不断在队伍中树立一种团结精神、创新精神，将党员模范作用辐射到周围员工身上，激发了身边员工的工作热情。

（生产保障大队　李春雪）

"安全卫士"许坤

——记安全环保技术监督站副站长许坤

八月,曙光百里油区正如火如荼地开展抗洪复产工作。烈日下,苇海稻田深处的油井平台散发出蒸腾灼人的气息。一个身着红色工装的身影不顾高温炙烤,穿梭在各个施工现场,逐项巡查、记录、监督整改,他就是曙光采油厂安全环保技术监督站的许坤。为保障抗洪复产安全受控,他牢记自己的责任使命,总是冲锋在前、吃苦在前。

曙二转新建拉油点施工现场,许坤和同事认真排查现场动火施工隐患,不厌其烦地与施工单位负责人一一沟通:"这处焊接动火,要在动火点附近摆放2个灭火器。施工区域有高处作业的,地面施工人员要尽可能远离高处作业区域,现场监护人要发挥好监护职能……""存在交叉作业时,一定要开展双方安全风险告知,进行安全技术交底确认,避免交叉作业造成一方人员伤害、设备损坏。"

罐车装油现场,操作人员下车后急匆匆地去站内登记签字,出来后立刻就要登上罐车顶部进行装油操作。发现问题的许坤当即上前提醒:"师傅,等一下,您进行登罐前静电释放操作了吗?"师傅尴尬地笑了。

许坤又补充道:"不要忘了我们工作的风险,您这车的静电释放夹位置不正确,夹在这里会影响静电导出,要夹在罐本体铜片处。罐顶部操作时开关阀门要侧身缓慢开启,防止流速过快静电聚集,引起火灾闪爆。"司机师傅连连说"谢谢提醒。"同时立即对问题进行了整改。

大锦线北国堤现场,一大早,许坤就带着队伍乘船进入指定区域:"趁着早上天气不热,咱们抓紧干,安安全全干完活,早点回家休息。"交代完任务后，他带领20人，2人一组、10米一间隔，开始清除坝边杂物。

"大家一起干，先开出一条小路，便于人员进入，再清理旁边的杂草。"许坤边说边带头干。有了他"打样儿"，大家啃下一个又一个硬骨头，顺利地完成了任务。

（安全环保技术监督站　刘　新）

抗洪复产 电力先行

——记金宇机电公司经理李明智

"经理,您做完手术这才几天啊?上班能行吗?"

"一接到曙采厂复产任务我就坐不住了!助力采油厂复产可是大事,马虎不得!"说这话的正是金宇机电公司经理李明智。

就在前不久李明智刚做了颈椎部位手术,颈椎的不适让他无法长时间坐立,医生建议居家静养,他却说:"现在复产形势如此严峻,我在家哪能待得住啊!现在什么事都没有复产重要。"

8月7日一大早,他急匆匆赶到单位,紧急召开会议,详细部署复产工作。

因为有去年的抗洪复产经验,今年安排起工作来就更加得心应手。趁着做手术休养的那几天,李明智构思好工作方案。会上,他开门见山,提出兵分两路的工作思路,一路负责现场复产工作,一路赶制配电箱。

有了清晰的工作方向,两路人马立即展开行动。18人组成的现场复产组平均分成3个复产小分队,分别由副经理孙东旭、鞠超、周亮带队。15人组成的车间配电箱制作组,由李明智、副经理陈波统一协调安排。

抢时间就是抢效益。8月19日,第一支复产小分队奔赴曙五联现场,负责拆除配电箱里的变频器,再运回车间进行检修。由于水还未完全退去,进入现场需要穿长雨靴。穿上雨靴本来行走就不利索,再加上天气炎热,时间一长,汗水哗哗的,靴子里都能倒出"水"来,脚也被泡得泛白、起皱……

而且配电箱内可操作空间狭小,变频器重达二三十斤,有的因常年没有拆卸过,再加上被水浸泡,部分螺丝已经锈死,大大增加了拆卸难度。费了九牛二虎之力才拆下来，再靠人力肩扛手提搬运到车上。由于车不能开进井场，所以复产小分队人员一趟趟地穿梭在井场与停车场之间。当时正值三伏天，豆大的汗水滚落，也来不及擦，流到眼睛里蜇得生疼，一天下来蓝色的工服上布满了盐碱渍，活像一幅幅小地图。实在挺不住了，就停下手里的活擦擦汗，喝口水，又赶紧奔赴下一个变频器拆除现场。

8月20日，另外两支复产小分队赶赴曙一联复产现场，进行配合高压电缆查故障以及放电缆等工作。大部分电缆都埋在地下，有些不能用机器挖掘，只能靠人力，大家你争我抢，干得热火朝天。电缆又粗又沉，往往需要几个人才能拖动，大家手拽肩扛，肩膀磨红了，手也磨出了血泡，全都咬牙坚持。就这样连续奋战多天，肩膀、手都磨出了茧，他们还互相打趣："这回好了，再也不怕磨破啦！"

现场复产组人员每天早出晚归，但他们深知车间配电箱制作任务同样艰巨。无论何时回到单位，他们都会自发加入到车间配电箱制作工作中。

夜晚的车间内灯火通明，李明智、陈波带领的一路人马正在加班加点赶制配电箱。自从复产后，李明智顾不上术后休养，一大早就来到单位和大家一起忙碌起来，干到晚上十一二点是常有的事。"经理，休息会吧！天天这么不得闲，啥时候能养好啊！"大家总劝他。"时间紧，任务重，人手又不足，我干点儿进度就能快一点儿。"李明智说道。

李明智也是一个闲不住的人，平时总爱搞一些小发明。最近在车间干活，他又发现了一个现象，那就是漏电保护电源箱里面用的都是比大拇指还要粗的大线，又沉又硬。而电源箱用线对长度有严格的要求，有时人工剪出来的线长度总是差一点点，差这一点就会给后续安装带来很大麻烦。

怎么才能解决这个问题呢？李明智反复琢磨，功夫不负有心人，凭着多年下车间的经验，他终于找到了门路：加装一个"限位套管"，管子上有卡槽，需要什么长度的就卡在哪儿，多余的一剪掉就可以了。之后，他又发

明了"固定式扒皮器""铜丝固定钳"等小工具,自从有了它们,大大提高了车间的生产效率,大家干起活来事半功倍,轻松了许多。大家开玩笑说:"以后您更得多多下车间了,简直就是火眼金睛,到哪都能发现问题,创造惊喜……"

在大家的共同努力下,截至9月末,该公司已完成曙一联输油岗、注水岗等配电间低压电维护工作28处,修复曙四联、曙五联变频器100余台;生产完成动力柜120台,抽油机控制箱122台,漏电保护电源箱332台,变频柜60台,热注作业区用控制箱65台。

(金宇公司 邹 敏)

忙碌奔波的金宇人　复产清淤的主力军

——金宇清洗公司复产支援记

金宇清洗公司尚未在抗洪抢险战役中得到片刻休整，曙采厂复产工作就紧锣密鼓地拉开了序幕。

都说金宇公司与曙采厂血浓于水，洪水来袭时的危急时刻，该公司抗洪抢险突击队迎难而上、义不容辞，足迹遍布受灾区……他们不畏艰险，冲锋陷阵。

洪水过后，该公司经理黄红兵踌躇满志，当他第一次深入洪涝重灾区查看现场时，眼前的景象超出了他的想象，心痛之余，黄红兵意识到复产的首要任务是站场清淤，这将会是一场全区域、全天候、全员参与的浩大工程。

"无论面对什么样的困难，清洗公司都必须全力以赴，这是金宇公司的传统，更是企业的责任担当。"坚毅的目光，主动请缨的勇气，让这位执掌金宇清洗公司不足两年的经营者，为了初心使命奔走请战。

第一批复产清淤工作量下来后，接踵而来的问题就是队伍组建、现场组织以及后勤保障。这对于有着多年施工员历练经验的黄红兵而言，颇有些轻车熟路。他首先明确公司必须转移工作重心，倾公司之力支持清淤业务运行；同时安排副经理带队，组建清淤项目部，项目部负责人承诺："直面困难，少提条件，多干实事，群策群力解决问题。"就是在这次动员会上，该公司确立了大工作量清淤的施工原则：分片承包，逐一击破，推进合围，协同作战。

自此，习惯了朝七晚五模式的公司员工彻底改变了生物钟。每天清晨6时，近300人的清淤大军就奔赴各个作业区，几十台套的设备机械在曙四联、曙五联、175块等区块展开作业，项目带班人员始终坚守在现场，实时汇报每

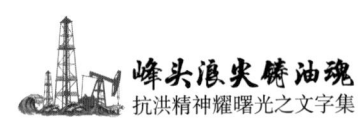

日工作进度；项目调度负责统计车辆台班以及人员数量，材料保管核实材料消耗……一切看起来像是着急忙慌，实则张弛有度。调度长大明，号称清洗公司院里的"大喇叭"，协调了一个多星期的车辆，已经从男高音降到了嘶哑摇滚派。

每天 19 时 30 分，当夜幕降临，各路人马纷纷下班休整时，清淤项目部仍要雷打不动地召开"日总结会"，汇报工作进展，提出现场问题。项目总协调老陈除了兼职记录员，还要连夜统一汇总，并及时与采油厂相关科室沟通，落实安排好第二天的工作计划。

9 月 6 日，也就是复产清淤开工整整 17 天的日子，趁着清淤项目部骨干都在整理工作量的间隙，他们召开临时会议，对前一阶段的工作进行了总结，大家的表现可圈可点，互相加油鼓劲。

就是在这样相互支持、相互体谅、相互改进的氛围中，金宇清洗公司顺利完成复产清淤第一批工作量。

（金宇公司　王　烽）

第五篇 故事讲述——复产篇

平凡的党员 不平凡的坚守

——记金宇众和公司安全员关震

"关震，你这吃了多长时间的盒饭了？受得了吗？"

"没啥，快一个月了，都习惯了！"

边说边快速往嘴里扒拉饭的人，正是众和公司安全员关震，明眼人都看得出来他黝黑消瘦的脸上满是疲惫。没一会儿工夫，他就麻利地收拾好吃完的饭盒，跟旁边的王师傅说："走，咱们再去一趟盘山，刚才那边来电话说电机已经修好了，今天贪点儿晚，咱们赶紧把电机拉回来。"说完后拎起一瓶矿泉水就往车上走去。

自从接到曙采厂复产通知后，众和公司机关几乎没见过他的身影。从曙一联污水站复产开始，一直忙碌到曙五联老化油站，再到现在的曙四联现场，每天只有中午吃盒饭的时间算是休息。

1975年出生的关震是一名有着27年党龄的老党员，转业军人出身的他工作起来任劳任怨，从不挑拣。在整个复工期间，他是名副其实的"工作砖"——哪里需要哪里搬。

8月中旬，接到曙四联复产通知后，刚刚从曙五联忙完的他就马不停蹄地赶到曙四联老化油现场。机房里20多台被水浸泡过的电机是那里最棘手的问题，需要赶紧拆下来送到维修点进行烘干。

"老化油车间能不能正常复工，就全靠这些电机了，可我们现在根本就没有人手，这电机里不是铜就是铁的，怎么干啊！"车间的李师傅焦急地对关震说。"现在确实是人手不够，但我们等不了，不能因为这点困难拖了复产的后腿，更不能耽误联合站的整体进度！"说干就干，关震边说边撸起袖子带着车

间的两个师傅一起拆起了电机。

拆卸好办,最难的就是将这足有100多千克重的"铁疙瘩"装到车上运到维修点。关震凭着多年在一线干活的经验,指挥大家用钢管做撬棍,用铁板做搭桥,在电机上绑上麻绳,再一点点将电机拖到车上。就这样拆卸、装车、送往维修点,返回、拆卸、继续装车……整整用了一天的时间终于拆卸完了所有的电机,并全部安全送到了维修点。

在关震的带领下,老化油泵房提前5天完成了复产准备。此后,关震又投入到污水车间接受新的挑战。坚毅的目光、瘦小的身影,却蕴藏着无穷的力量,关震用实际行动践行着党员的职责和担当。

由于工作强度大、工作时间长,领导劝了好几次让他休息几天,得到的回答都是:"再等等,现在正是关键时期,现场需要我。"几句朴实简单的话语,却流露出了他坚守一线的决心。

(金宇公司　张爱宁)

握好手中焊枪　站好最后一班岗
——记金宇热力保公司电焊工高晓梅

随着曙采厂有序复工复产，热力保公司迅速转移工作重心，将保障曙采厂复产作为该公司的首要任务，他们快速组织人员，科学安排部署，全面助力曙采厂复产上产。

在复产队伍中，有一个49岁的老大姐，她就是该公司电焊工高晓梅，4个月后即将退休的她依然选择坚守生产一线，不畏高温站好最后一班岗。

1989年，高晓梅带着自己的理想和向往走进电焊行业，成了热力保公司的一名电焊工，这一干就是30多年。30多年来，她始终爱岗敬业、任劳任怨，经她手生产的管线及配件不计其数，带出的徒弟一波又一波。这还不算，她还是一个善于动脑筋的人，充分利用业余时间，凭借聪明才智进行多项小改小革，目前应用良好。

一听说曙采复产，她连怀双胞胎的女儿也顾不上，主动请缨重返焊工岗位。懂事的女儿理解母亲的心思，知道她舍不得干了几十年的老本行。

走进隔热管车间，一股热气扑面而来，随之而来的是独特的铁锈味儿，焊工师傅们干得热火朝天。在他们中间唯一的女焊工高晓梅特别显眼，只见她驼着背、低着头，左手拿焊帽，右手握焊枪，焊枪发出嗤嗤的声音，迸射出耀眼的火花，一根根管线就这样在她手里"应运而生"了。

自接到复产任务以来，高晓梅每天早出晚归，有时产品要的急，连饭都顾不上吃，扒拉几口就赶紧往车间赶。在高晓梅的带动下，大家的干劲更足了。

每当有人问起："高姨，马上就要退休了，每天加班到深夜，那么辛苦值得吗？"

她嘿嘿一笑说："干了一辈子，对公司有感情啊！只要公司需要，我就上！咱要站好最后一班岗，充分发挥老员工的光和热。"几句简单又质朴的话语，令在场员工无不动容。

高晓梅一边说，一边麻利地焊接，时间紧、任务重，她舍不得耽误一分一秒。随着高晓梅手中的焊花不停地绽放，大家向这位将要退休的女焊工投去了赞许的目光。

（金宇公司　王焕英）

一根迟到的雪糕

——记金宇热力保公司电焊工冯巩

独身一人,他本应该陪伴在孩子身边,却因采油厂复产,忙着加班加点抢生产。他就是金宇热力保公司的电焊工冯巩。

今年孩子刚刚 11 岁,在井下实验小学上 4 年级。8 月 30 日,孩子开学那天,冯巩接到儿子电话,听到儿子说获得学校颁发的优秀班干部奖状,他高兴地说:"儿子太棒了,想要啥奖励?"儿子说了句:"爸爸,我想吃一根雪糕。"简单的愿望却让这头的冯巩沉默了——等到下班,超市早关门了。

自接到复产任务以来,冯巩把公司当成他的"第二个家"。11 岁的孩子,本应该上下学有家长接送,可口的饭菜准备好,早晨有人叫起床,衣服放到床头……而这些在孩子眼里只是奢望。

因复产工作时间紧、任务重,冯巩提前与孩子商量好,午饭、晚饭爸爸订外卖,放学后孩子自己回家吃。定好闹铃,每天早上孩子醒来,爸爸早已上班了。就这样,冯巩一心扑在工作上,一边抓焊接,一边保生产。有时产品订单催得急,冯巩就把孩子交托给邻居,自己吃住在单位。复产之路既紧张又忙碌,每天顾不上和孩子多说一句话,总是在"呲呲"的焊接声中匆忙挂断电话,放下手机,迅速恢复状态,投入到焊接作业中。

近年来,该公司焊接技术人员短缺,在此次复产工作中,作为焊接技术大拿,冯巩一边带徒弟把"绝技"传下去,一边挑起焊接"大梁"。当时,最高温度达到 30 多摄氏度,冯巩依然身着工服,头戴护目镜,全副武装。只见他对准焊接点,时而焊接,时而用角磨机打磨多余的焊瘤,动作干脆利落。焊花在他周围起舞,犹如烟花转瞬即逝,随之一同落下的,还有豆大的汗珠。

这个姿势他一坐就是一天,坐久了,腰直不起来,胳膊抬不起来,周身上下处处酸痛。

作为一名党员,冯巩时刻冲锋在最前沿。2021年抗洪复产战役中,他就开启了"白+黑"模式,吃住在单位,一心专注焊接作业,独自承担起复产65%的工作量。一个多月的时间,他焊接5700道焊口,探伤1686道焊口,累计工作816小时。

今年中秋节当天,冯巩焊接完最后一根管线,拖着疲惫的身躯走出车间,来不及清洗一身污渍,匆忙开车回家,去超市为儿子买了一根迟来的雪糕。

(金宇公司　王焕英)

邰宇的复产"日记"

——物资装备科复产记

"全厂的设备复产工作量都在这张表里……"9月20日，曙光采油厂物资装备科科员邰宇向记者展示了他们科室近期已经完成的设备复产工作和下步工作量。这段时间，邰宇就像写日记一样，用数据台账记录着科室人员的复产故事。

随着复产不断推进，该厂各井站陆续达到复产条件，物资装备科作为恢复设备运行的职能科室，冲到了复产队伍的最前头。自8月中旬以来，他们就进入了高强度的更换、维修设备等工作中。

"复产工作很艰难、很复杂，咱们首先必须要有打硬仗的心理准备，每个人要严格按照复产方案做实分管工作，安装、维修设备必须保障施工安全，更要做到心中有数……"早在复产前，科室长张岩就对大家做了思想动员。3000多台电机、1900余台泵以及95台热采锅炉等都需要维修，将"不让复产等设备"的工作要求落地落实，是他们面临的最严峻考验。

"我们首先就将设备受损情况摸清楚，按照采油厂复产方案，换什么设备、怎么换，我们科每人分管一路，了然于胸。"通过密密麻麻的数据、表格可以看出，他们已经对设备维修做好点对点的规划。

8月11日，水势回落。一早，科室人员孙贤良、张有民、朱世德以及邰宇早早就赶到现场，他们分工明确，朱世德负责机泵维修，邰宇负责自动化控制系统维修，张有民负责电机维修，孙贤良负责天然气压缩机维修……

8月14日，曙五联水退。邰宇、柏峰闻讯立刻换上叉裤赶赴现场。由于欢曙公路不通，他们必须从兴隆台外环绕到欢喜岭，再折返到曙五联，一来

一回十分耗时,因此邰宇就将车变成了临时办公室,与科室其他人、基层单位以及施工队伍进行沟通协调,将曙一联设备复产工作量进行汇总和上报。下了车,联合站里到处是淤泥和被水泡坏了的设备保温层……尽管立秋已过,但中午气温依然很高,他们就在这样的环境中完成了机泵、加热炉等设备维修、更换配件以及下步工作的现场勘查和汇总。

"从7月中旬到现在,科室每个人都付出了极大努力,白天跑现场,晚上加班到深夜,每周最多能在家住2个晚上……"邰宇说,这段时间和家人联系,全靠打电话和发视频。

(党委宣传部　刘　力　姜旭沐)

解金良"分身有术"

——记信息档案科主任解金良

"大家都往后靠一靠，马上要送电了，千万注意安全。"9月2日一大早，安排完当天的工作后，解金良反复叮嘱配电间送电前的注意事项。

今年四月，时任曙光采油厂集输大队副大队长的解金良被调配到信息档案科担任负责人，离开了他工作近20年的集输系统。短短三个月后，一场规模庞大的洪水给防汛工作带来巨大挑战。

"联合站设备设施多，工艺复杂，从来没有遭受洪水侵扰，我不能袖手旁观。"看着日益严峻的防汛形势，解金良始终放心不下曾经的"老单位"，主动请缨支援集输抗洪复产。

说起来容易，做起来可并不简单。一边是现在的新单位，作为主管领导肩负着不可推卸的责任和义务，一边是曾经的老单位，几十年的工作经历早已结下深厚的感情，无论哪一边做不好都会深感愧疚。

"再苦再难我都要挺过去。"面对繁重的工作任务，解金良硬是咬牙坚持，拼尽全力做好每一项工作。抗洪期间，信息档案科负责在关键区域安装布控球，实时监测水位，他带着科室员工仅用13天时间就安装了60个布控球。联合站关站前，他参与制定关站方案，合理安排管线扫线、流程切换、隐患点排查，为后续快速复产打下了坚实基础。科里的人都说，主任就像是有"分身术"，一天"两头跑"，一项工作也没耽误，白天处理科里的工作，晚上还要忍着酷暑闷热、蚊虫叮咬参加巡坝工作，真是辛苦。

8月1日，按照上级指示要求，联合站紧急停产关站。危急关头，他立刻加入了关站组织工作，当最后一道电闸被拉下的那一刻，昔日热闹的站区一

片寂静,仿佛一切都按下了暂停键,这份安静让解金良感到前所未有的难过和无力。

停产关站后,他马上把目光瞄准复产工作,加入采油厂复产方案编制的队伍,重点负责集输系统。联合站不仅承担着原油脱水外输的任务,还肩负着周边生活生产供水的重任,是采油厂复产至关重要的一环。痛失"家园"的场景历历在目,解金良只想看到联合站早日复产,白天他协调安装网络线路,帮助政府应急抢险单位建立信息化办公,晚上参与复产方案讨论,经常加班加点到深夜。数不清加班了几个夜晚,也记不清修改了多少版本,但他始终坚信,复产的日子不远了。

8月14日,曙一联站内积水渐退,采油厂决定在这里打响集输系统复产第一枪。曙一联能否高效恢复生产直接影响着后续班站的复产工作,站内管线纵横交错,工艺流程复杂繁琐,哪一个环节出了问题都会导致复产难以推进。为了保证复产顺利进行,解金良整日泡在站上,每一道流程,每一条管线都要反复确认好几遍。

距离曙一联正式复产的日子越来越近,8月15日,一场复产重头戏牵挂着解金良的心。当天,站内组织工艺流程内循环,刚开始没多久,缓冲罐到四区脱水泵的脱水管线就出现了不畅通的现象。这条管线作为大干线,直接关系到联合站能否顺利运行,一旦出现预热不畅,其他管线的畅通也难以实现。"这么重要的环节决不能掉链子!"考虑到受水淹停产影响,管线里的原油早已不具备流动性,才导致脱水泵无法正常运转,解金良立刻与其他人员确定解决方案,最后决定一边抽空泵内气体,一边向管线中注水,让水的流动性带动原油流动。放气、抽空、注水……一遍又一遍的操作,大家都在焦急地等待。终于,3个小时的努力没有白费,管线成功疏通。

在抗洪复产前线,他是"分身有术"的战士,可面对家庭,这项技能却失了效。一心扑在前线,两个月来,他回家的次数屈指可数。"关于我回家这事儿，女儿和她妈玩起了打赌，有一天女儿跟我视频说她赚了妈妈5块钱，就是因为打赌那天我依然回不来。"提到妻女，解金良的笑容中隐藏着思念和惭愧。

9月3日，曙四联污水系统恢复基本运行，来不及停歇，他又快马加鞭奔赴原油处理系统恢复的"战场"……

（党委宣传部　刘　力　杨　川）

众志成城战洪图

——抗洪精神耀曙光之专题片

这是一场不容有失的大考。

这是一份不同凡响的答卷。

这是一部波澜壮阔的史诗。

2022年夏季,受持续强降雨、上游来水、支流汇入、潮水顶托等因素叠加影响,地处绕阳河畔的曙光采油厂遭遇了70年一遇特大洪涝灾害。洪水流量之大、来势之猛、频次之高、破坏之强,超出预期,超出想象,超出历史,最终导致全厂2277口油井、106台热注锅炉和3座联合站全部关停,建厂47年来采油厂产量历史首次归零。

灾情罕见,受到集团公司党组高度关注。党组书记、董事长戴厚良,党组副书记、总经理侯启军,党组成员焦方正、黄永章等领导先后做出指示批示,并指派集团公司安全副总监张明禄、股份公司副总裁张道伟、勘探与生产分公司副总经理闫天禹等领导先行了解情况、转达关切,侯启军更是在关键节点深入抗洪一线调研指导。

严峻的汛情牵动着油田、盘锦市、辽宁省乃至全国人民的心。国家防汛抗旱总指挥部、水利部、应急管理部、辽宁省委省政府领导赶赴绕阳河防汛一线,检查指导工作。油地双方坚持一家人、一条心、一盘棋,并肩携手、共克时艰。特别是油田公司党委站位全局、科学统筹,决策有高度、指挥有力度、措施有深度、要求有温度,成为我们万众一心抗击洪魔的主心骨、定盘星。

闻汛而动、尽锐出征。曙采厂紧急成立抗洪复产领导小组,主要领导靠前指挥,分管领导驻守一线,班子成员深入现场,全厂上下团结奋斗,坚持

"执行、安全、环保、合规、高效"十字要求,众志成城防大汛、抗大洪,勠力同心抢大险、救大灾,打响打赢了一场历时百天、规模空前的抗洪复产攻坚战。

一、全力以赴 战洪斗汛

7月7日,正值曙采厂乘势而上夺取全年生产经营主动权之际,油区遭遇首轮洪峰,流量达每秒288立方米,部分油井开始关停,舟桥处"1.5"千米大坝首次出现险情。

汛情就是命令,防汛就是责任。曙采厂紧急调运上百台工程车辆,向水而行、处置险情,连夜打通3条抗洪抢险道路,为筑牢坝体争取了宝贵时间,防住了第一轮洪峰袭击。全厂干部员工恪守"多守一处堤坝、力保一个井场、晚关一口油井、多产一吨油气"责任使命,不到最后一刻绝不轻言关井,不到最后一刻绝不轻言放弃。但洪峰一次又一次叠袭,险情一次又一次加剧。

7月9日,绕阳河流量达到每秒670立方米,对3.5千米"回"形堤形成巨大压力,采油厂与多家驰援的兄弟单位组织精兵强将1000余人共同装沙袋、抛石块、扛水泥,合力将堤防抬高40厘米,坚决顶住了洪水侵袭。

7月13日,绕阳河又拉警报,无情的洪水再次逆行冲击"L"形新筑路堤,多处管涌导致溃坝,洪水包抄倒灌,主力生产区域杜84块历史首次全面水淹。

重要关头,油田公司果断决策,将工作重心调整为"保安全、防污染",全力排涝。然而就在排涝工作即将取得重大胜利、全厂上下摩拳擦掌抢复产之际,7月31日绕阳河发生1951年有水文记录以来最大洪水,洪峰流量每秒1850立方米。

危急时刻,油田公司接连发布两次洪水红色预警。各路抢险队伍连夜对围堤再加高再加固。但受流量大、底水高等多重因素影响,8月1日,最糟糕的情况还是发生了,在绕阳河曙四联段,围堤历史首次决口。

洪水如脱缰野马,穿越50多米的溃口,瞬间向曙光矿区方向倾泻而来,家园危在旦夕、人民生命财产危在旦夕！这是一场输不起，也绝不能输的战斗！全厂党员干部再次紧急集结，连夜在曙13支抢筑第三道防线。但水位越来越高、水势越来越大，面对西线无抢险通道的严峻形势，在牛都无法通过的狭窄泥泞堤坝上，在近40摄氏度的高温雨水天气下，最终经过三天三夜的鏖战，才将长4.15千米的临时护堤持续加高近2米，艰难守住了曙光家园的"生命底线""幸福底线"。

8月6日，随着最后一车石料的倒入，绕阳河国堤溃口成功合龙。长夜散尽，曙光乍现，与洪水搏斗了一个多月的人们来不及喘一口气、歇一歇脚，又紧张地投入到下一场更为艰巨的战斗。

二、开足马力　复产上产

洪水逐渐消退，当人们再次走进水淹区，污泥遍布、满目疮痍，昔日美丽的家园一片狼藉，曾经充满生机的火热生产现场，也失去了往日的活力。没有时间悲伤，没有时间犹豫，加快脚步战斗，共同建设家园！在复产上产的紧要关头、吃劲儿时刻，全厂干部员工第一时间学习习近平总书记在辽宁考察时的重要讲话和油田公司党委发出的慰问信、"战斗信"，汲取奋进力量，一场力度空前、捍卫千万吨稳产规模的攻坚战全面打响。

科学谋划、系统推进。提前制定抗洪复产实施方案，设立10个重点工作支持小组，成立强制排水、井站恢复、工程系统重构、地质工艺措施、复产保障等六大专班，挂图作战、网格管理、逐日销项，全力推进"凝心聚力再奋战、安全日增一万吨"复产上产劳动竞赛。

及时打响采油系统提产上产攻坚战。按照"一站一策、一井一策"复产原则，8月7日，组织非水淹区通过管输和罐车拉液相结合方式进行生产，当日复站15座、复井143口、复产217吨。11月底，日产量就恢复至灾前水平的87%。快速打响集输系统稳定运行保卫战。优先恢复原油脱水、污水处理和外输功能。在曙一联站内水深仍然超过1米时，日均动用300多人，利用

铲车等装备，涉水拆运设备186台套。仅用18天时间，9月3日，3座联合站全部恢复主体功能。全面打响热注系统加快恢复歼灭战。抽调热注技术骨干开展集中攻关，倒排时间、一炉一策，71支队伍昼夜抢修，到9月底就圆满完成77台注汽锅炉复产阶段目标任务。

严控风险，力保安澜。始终秉持"守住安全环保才能守住最终胜利"的原则，把安全第一、环保优先、生命至上真正落到了抗洪复产全过程、各环节。

坚决守住安全底线。组建QHSE管理专班，深入开展安全生产"四大"活动，全面实施"点对点、区域化、清单制、网格化"升级监管措施。坚决守住环保红线。按照"远防近守、先控后收、分割处置、缩小范围、快速清理"的工作思路，全面构建井站、区块、河道、入海口"四道防线"，不让一滴油入海。坚决守住健康防线。设立24小时前线医务服务站，在复产现场设置核酸检测点，全面进行井站消杀，确保了灾后无大疫。

9月14日，油田公司党委发来《贺信》，对采油厂"比照原计划提前5天复产百吨井、提前10天复产稀油井、提前15天恢复作业区运行，实现输油、输气、输水中枢环节全线畅通"给予充分肯定，高度赞扬采油厂展现了辽河第一大厂"大的样子""大的担当"，诠释了伟大抗洪精神、石油精神和大庆精神铁人精神。这是全体曙采人的无比荣耀、无上荣光。

三、一方有难　八方支援

考验若火，淬炼真金。面对历史罕见洪灾，油田上下众志成城，油田内外守望相助，一支支抢险队伍、一车车应急物资、一台台特种设备，源源不断奔赴一线，共同奏响了荡气回肠的壮丽凯歌。油田机关部室科学的安排部署、高效的协调服务，油田公司专业保障等队伍高超的能力素质、过硬的战斗作风，油田采油生产等单位顾全大局的自觉、不讲代价的相助，油田服务和科研等单位保姆式的后勤保障、融合式的生产支持，国家安全生产应急救援中心、中国安能、中油海上应急响应中心、大庆油田、吉林油田、辽河石化、东方物探、渤海装备、长城钻探、通用技术集团,以及地方各级政府和驻辽部队,都以各种方式给予我们宝贵支持,助力曙采厂最短时间打赢了抗洪抢险保卫战、最快速度打响了复产上产攻坚战,中国石油一面旗的石油情结得到充分彰显,油地携手一家亲的家国情怀得到充分展现。

四、精神如炬　党旗飘扬

这是一场没有硝烟的战争,一线就是前线,现场就是战场。汛情发生后,各级党组织和广大党员干部不畏艰险、勇挑重担,几十支党员突击队、抗洪复产预备队、机关服务队争先恐后、冲锋在前,党旗、国旗,烈烈旌旗遍插风险关口。大仗、小仗,场场硬仗都是干群同上。无论年龄,无论男女,没有旁观者,没有局外人,"我是党员我先上""洪潮不退我不退","强堡垒、树先锋、全力复工复产"岗位实践如火如荼、"学贺信、鼓干劲、找差距、再作为"劳动竞赛高潮迭起。在大大小小上百次的抢险中,每天几十条船只涉水而行、数百台车辆往返一线、上千名员工拼搏鏖战,建料场9个,打桩800多根,抛石笼、抽油机基础300多个,堵大型管涌70多处,抢修堤坝35处,铺设隔油栏2000多套,整体排水量1亿多立方米,相当于7.3个杭州西湖。曙光人用行动回答了"严防死守、堤在人在",用担当践行了"大战决战,决战决胜"。千百个黢黑黝黯的"抗洪脸"、呕哑嘲哳的"抢险嗓"、跟跄蹒跚的"防洪步",成为这场战役功勋的标志,成为人们心中最美的风景!

总有一种精神,让我们热血沸腾;总有一种力量,让我们众志成城;总有一种信念,让我们坚忍顽强。在这场抗洪复产的大战大考中,广大党员、干部、员工主动请缨、连续作战,同时间赛跑,与命运较量,汇聚了攻坚克难的磅礴力量,锻造了敢打敢拼的精神品格,他们用一次次的胜利在采油厂发展丰碑上镌刻下不朽印记,交上了一份无愧于自己、无愧于时代、无愧于历史的"答卷"。

渐渐远去了,抗洪抢险的战斗鼓声;更加嘹亮了,高质量发展的进军号角。让我们在党的二十大精神指引下,继续弘扬伟大抗洪精神,踔厉奋发、勇毅前行,奔跑在"加油增气"的新征程上,奋力谱写新时代能源报国的新篇章。

开始战斗,敢挑重担、敢打硬仗的曙光人!

继续战斗,敢扛红旗、敢站排头的曙光人!

永远战斗,敢争一流、敢创卓越的曙光人!

(党委宣传部 刘 力 王 野)

代 跋

蓄力新征程　再上新台阶
——在油田抗洪复产表彰大会上的讲话（题目为编者所加）

辽河油田公司总经理　任文军

6月下旬以来，辽河油田遭受了有史以来最为严重的洪涝灾害，给油田正常生产秩序带来严峻挑战。灾情发生后，油田公司党委第一时间启动应急响应，广大干部员工闻令而动、向险前行，在集团公司党组和辽宁省委省政府的坚强领导下，油田上下众志成城、日夜奋战，取得了抗洪复产全面胜利，涌现出一批可歌可泣的先进事迹和先进个人。今天，我们在这里隆重召开表彰大会，全面总结抗洪复产工作，开展典型经验交流，表彰抗洪复产先进集体和先进个人，激励鼓舞广大干部员工将抗洪精神转化为推进油田高质量发展的强大动力，进一步奋力拼搏、扎实工作，坚决完成全年各项业绩指标。

李忠兴书记在讲话中充分肯定了抗洪复产工作成绩，对我们在困难面前展现出顽强的辽河精神予以高度赞扬，就做好下步工作提出了具体要求。各单位各部门要认真学习领会，充分认清做好当前工作的重要性、紧迫性，继续发扬抗洪精神，集中精力推进油气生产、经营创效、安全稳定等各项工作，确保会议精神落地见效。

一是要进一步提高站位，汲取政治能量蓄力新征程。刚刚胜利闭幕的党的二十大，对保障国家能源安全提出了新的更高要求。我们作为国有能源骨干企业，作为新时代、新征程的辽河人，要切实把学习贯彻党的二十大精神

落实到工作实际中,把抗洪斗争积累的精神财富转化为"加油增气"的前进动力,进一步强化责任、细化工作、优化措施,守正创新、勇毅前行,用最强的担当和作为在保障国家能源安全、推动能源强国建设中贡献辽河力量。

二是要进一步统一思想,深入领会学习会议精神。在这场历史罕见洪涝灾害面前,我们迎着困难和挑战勇敢前进,坚韧不拔、团结一心,取得了抗洪复产全面胜利,体现了辽河人的坚强意志和强大凝聚力。站在新起点、新征程上,我们要乘胜追击,把本次会议精神层层传递下去,既要深刻学习领悟李书记讲话精神,树立好决胜全年目标的导向氛围;也要积极对标汲取先进典型的优秀经验,在比学赶超中凝聚持续奋斗共识,把学习成果转化为工作再上新台阶的持久动力。

三是要进一步坚定信心,牢牢锁定高质量发展目标。油气产量是油田发展的根基。我们要锚定生产原油943万吨、天然气9.1亿方目标,抓住当前上产冲刺关键期,不讲条件、不打折扣,一鼓作气、众志成城,尽快追回洪灾造成的产量损失,坚决完成全年生产经营任务,守牢守稳千万吨规模稳产"生命线",巩固扩大上市未上市"双盈利"态势,确保今年高质量收官、明年高起点开局。